主　　编　曹士兵　中国应用法学研究所所长
副 主 编　关　毅　国家法官学院科研部主任
　　　　　刘　畅　国家法官学院科研部副主任
主编助理　边疆戈　国家法官学院科研部编辑
　　　　　苏　烽　国家法官学院科研部编辑

《中国法院年度案例》编辑人员（按姓氏笔画）
边疆戈　朱建伟　刘　畅　关　毅　苏　烽
杨小利　罗胜华　赵丽敏　袁登明　唐世银
曹士兵　曹海荣　梁　欣　程　瑛　谭　红

本书编审人员　曹海荣

中国法院
2019年度案例

国家法官学院案例开发研究中心◎编

房屋买卖合同纠纷

中国法制出版社
CHINA LEGAL PUBLISHING HOUSE

《中国法院年度案例》通讯编辑名单

序

法律的生命在于实施，而法律实施的核心在于法律的统一适用。《中国法院年度案例》丛书出版的价值追求，即公开精品案例，研究案例所体现的裁判方法和理念，提炼裁判规则，为司法统一贡献力量。

《中国法院年度案例》丛书，是国家法官学院于2012年开始编辑出版的一套大型案例丛书，之后每年年初定期出版，由国家法官学院案例开发研究中心具体承担编辑工作。此前，该中心坚持20余年连续不辍编辑出版了《中国审判案例要览》丛书近90卷，分中文版和英文版在海内外发行，颇有口碑，享有赞誉。现在编辑出版的《中国法院年度案例》丛书，旨在探索编辑案例的新方法、新模式，以弥补当前各种案例书的不足。该丛书2012～2018年已连续出版7套，一直受到读者的广泛好评，并迅速售罄。为更加全面地反映我国司法审判的发展进程，顺应审判实践发展的需要，响应读者需求，2014年度新增3个分册：金融纠纷、行政纠纷、刑事案例，2015年度将刑事案例调整为刑法总则案例、刑法分则案例2册，2016年度新增知识产权纠纷分册，2017年度新增执行案例分册，2018年将刑事案例扩充为4个分册。现国家法官学院案例开发研究中心及时编撰推出《中国法院2019年度案例》系列丛书，共23册。

总的说来，当前市面上的案例丛书百花齐放，既有判决书网，可以查询各地、各类的裁判文书，又有各种专门领域的案例汇编书籍，以及各种案例指导、案例参考等读物，十分活跃，也各具特色。而《中国法院年度案例》丛书则试图把案例书籍变得“好读有用”，故在编辑中坚持以下方法：一是高度提炼案例内容，控制案例篇幅，每个案例基本在3000字以内；二是突出争议焦点，剔除无效信息，尽可能在有限的篇幅内为读者提供有效、有益的信息；三是注重对案件裁判文书的再加工，大多数案例由案件的主审法官撰写“法官后语”，高度提炼、总结案例的指导价值。

同时，《中国法院年度案例》丛书还有以下特色：一是信息量大。国家法官学院案例开发研究中心每年从全国各地法院收集到的上一年度审结的典型案例超过10000件，使该丛书有广泛的选编基础，可提供给读者新近发生的全国各地的代表性案例。二是方便检索。为节约读者选取案例的时间，丛书分卷细化，每卷下还将案例主要根据案由分类编排，每个案例用一句话概括裁判规则、裁判思路或焦点问题作为主标题，让读者一目了然，迅速找到需求目标。

中国法制出版社始终全力支持《中国法院年度案例》的出版，给了作者和编辑们巨大的鼓励。2018年新推出数据库增值服务，2019年继续提供数据库增值服务并充实完善数据内容。购买本书，扫描前勒口二维码，即可在本年度免费查阅使用上一年度案例数据库。我们在此谨表谢忱，并希望通过共同努力，逐步完善，做得更好，真正探索出一条编辑案例书籍、挖掘案例价值的新路，更好地服务于学习、研究法律的读者，服务于社会，服务于国家的法治建设。

本丛书既可作为法官、检察官、律师等司法实务工作人员的办案参考和司法人员培训推荐教程，也是社会大众学法用法的极佳指导，亦是教学科研机构案例研究的精品素材。当然，案例作者和编辑在编写过程中也不能一步到位实现最初的编写愿望，可能会存在各种不足，甚至错误，欢迎读者批评指正，我们愿听取建议，并不断改进。

曹士兵

目　录

Contents

一、商品房预售

二、商品房销售

三、二手房买卖

四、农村房屋买卖

八、房屋确权纠纷

九、定金与违约金

十、房屋借贷与担保纠纷

十一、其　　他

一、商品房预售

1

房屋买卖预约合同的司法认定和违反预约的处理

——张某诉北京宝苑房地产开发有限公司商品房预售合同案

【案件基本信息】

1. 裁判书字号

北京市顺义区人民法院（2017）京0113民初18807号民事判决书

2. 案由：商品房预售合同纠纷

3. 当事人

原告：张某

被告：北京宝苑房地产开发有限公司（以下简称宝苑公司）

【基本案情】

涉诉房屋位于北京市顺义区天竺镇薛大人庄村丽来花园项目。该项目由宝苑公司开发建设。张某欲购买涉诉房屋，2015年10月27日，宝苑公司（甲方）与张某（乙方）签订《诚意金协议》一份。双方约定：1. 乙方同意于本协议签订当日，向甲方支付诚意金，乙方支付的诚意金金额为人民币贰拾万元；2. 甲方承诺，在乙方向甲方按时足额支付诚意金，且未要求退还的情况下，乙方在甲方指定的时间内成功认购房屋的，甲方可就乙方选定的该项目一套房屋在选定房屋销售价格的基础上给予乙方人民币20万元的优惠……3. 乙方在甲方指定的时间内认购房屋并签署《认购书》时，乙方所付诚意金自动转为《认购书》项下的认购定金……5.3 乙方承诺其应按照相关主管部门的要求如实填写购房申请文件及提供购房所需的材料，若乙方未按照相关主管部门的要求如实填写购房申请文件，及/或未提交或未依相关部门的要求提交提供其购房所需的材料、文件及/或由于乙方其他行为或原因导致相关主管部门未能于《认购书》签订之日起十个工作日内对乙方之居民家庭购房资格作出审核结果的，则自审核期限届满之日，甲方有权解除《认购书》，另行处分该商品房，乙方已支付的认购定金不予退还……6. 乙方如在就选定房屋签署《认购书》前提出解除本协议，须书面通知甲方，本协议自乙方的书面通知实际到达甲方时解除，甲、乙双方在本协议项下的权利义务均终止……

同日，张某作为认购人与出卖人宝苑公司签订《北京市商品房认购书》（以下简称《认购书》）及《补充协议》。

张某于2015年10月27日向宝苑公司缴纳涉诉的20万元。

此后，因张某未按期提交相关材料宝苑公司于2016年2月23日向张某发出《解除〈北京市商品房认购书〉通知书》，通知解除《认购书》及相关协议。现双方因涉诉认购书的解除以及后续事项的处理发生争议。

【案件焦点】

1. 原、被告双方所签订的涉案合同是否属于预约；2. 违反预约应当如何处理。

【法院裁判要旨】

北京市顺义区人民法院经审理认为：双方当事人在该认购书和补充协议中对房屋的基本情况包括房屋所处位置、面积、价款计算方法以及签署本约等问题进行了明确约定。双方所签《认购书》及《补充协议》在法律性质上属于预约，也系双方的真实意思表示，不违反法律和行政法规的强制性规定，应属合法有效。

因张某未按期提交相关材料，2016年1月26日，宝苑公司向张某寄送《催交购房材料通知》，通知其于2016年2月2日前向宝苑公司提交购房资格审核主管部门审核购房资格所需材料。2016年2月2日前，张某仍未按期提交上述相关材料。宝苑公司于2016年2月23日向张某发出《解除〈北京市商品房认购书〉通知书》。2月24日张某签收。根据双方所签《认购书》以及相关《补充协议》的约定，张某未按期提交购房所需材料，宝苑公司按照认购书以及补充协议的约定通过向张某发出解除通知书的方式行使解除权。根据相关法律规定以及本案所查明的事实，法院认定涉诉认购书及补充协议于2016年2月24日解除。

预约是合同的一种，对双方当事人都有约束力，双方当事人都应本着诚信原则进行履约，违反预约当然构成违约，违约方应承担违约责任。具体到本案中，按照双方所签《诚意金协议》的约定，张某认购了涉诉房屋并签署了《认购书》，故其所付诚意金自动转为《认购书》项下的认购定金。根据双方举证质证情况以及庭审查明的相关事实，本院认为导致合同无法继续履行的原因在于张某未按照认购书和相关补充协议的要求提交购房所需材料。现张某在本案中以其起诉所主张的理由要求宝苑公司退还涉诉的20万元，有违双方所签《认购书》以及《补充协议》的相关约定和相关法律规定。张某的诉讼请求没有事实和法律依据，本院不予支持。

北京市顺义区人民法院依照《中华人民共和国合同法》第八条、第九条、第十条、第三十二条、第四十四条、第六十条、第九十四条、第九十七条、第一百一十五条，参照《最高人民法院关于审理商品房买卖合同纠纷案件适用法律若干问题的解释》第四条之规定，作出如下判决：

一、确认原告张某与被告北京宝苑房地产开发有限公司就涉诉房屋所签的《北京市商品房认购书》及《〈北京市商品房认购书〉补充协议》于2016年2月24日解除；

二、驳回原告张某的其他诉讼请求。

【法官后语】

该案涉及房屋买卖预约的司法认定以及出现违约行为时相关问题的处理，具体分析如下：

一、关于预约的司法认定

契约可分为预约和本约。本约即指正式合同，当事人直接可据此要求相对方履行约定的义务。预约则是谈判当事人一方或双方为将来订立确定性本约合同达成的书面允诺或协议。预约是谈判期间对未来事项的预先规划，内容应包含将来订立本约的基本条件和基本内容。关于房屋预售的认购书、意向书、允诺书等，具体内容一般包括：双方当事人的概况；房屋的基本情况包括房屋所处位置、楼层、大致面积；价款计算方法；签署本约的时间约定。而关于房屋实际面积与约定误差的处理、价款支付方式、房屋交付等其他重要条款尚未订立、此类认购书并非本约，但符合预约的特征。

具体到本案中，宝苑公司作为出卖人与买受人张某就涉诉房屋签订了《认购书》及相关《补充协议》。双方当事人在该认购书和补充协议中对房屋的基本情况包括房屋所处位置、面积、价款计算方法以及签署本约等问题进行了明确约定。双方所签认购书及补充协议在法律性质上属于预约，也系双方的真实意思表示，不违反法律和行政法规的强制性规定，应属合法有效。

二、违反预约约定行为的认定及处理

合同解除是司法实践中运用十分广泛的一项制度，且违约解除作为违约救济的一种方式，可以产生合同终止等法律效果，直接关系到当事人订约目的的实现。按照我国合同法的相关规定，合同解除分为法定解除和约定解除。合同法对合同约定解除和法定解除的具体情形均有明确之规定。《合同法》第九十三条规定：当事人协商一致，可以解除合同。当事人可以约定一方解除合同的条件。解除合同的条件成就时，解除权人可以解除合同。《合同法》第九十四条规定：有下列情形之一的，当事人可以解除合同：（一）因不可抗力致使不能实现合同目的；（二）在履行期限届满之前，当事人一方明确表示或者以自己的行为表明不履行主要债务；（三）当事人一方迟延履行主要债务，经催告后在合理期限内仍未履行；（四）当事人一方迟延履行债务或者有其他违约行为致使不能实现合同目的；（五）法律规定的其他情形。一方违约时，守约方依照合同法的上述相关规定可以行使解除权。合同解除后，尚未履行的，终止履行；已经履行的，根据履行情况和合同性质，当事人可以要求恢复原状、采取其他补救措施，并有权要求赔偿损失。预约是合同的一种，对双方当事人都有约束力，双方当事人都应本着诚信原则进行履约，违反预约当然构成违约，违约方应承担违约责任。

具体到本案中，宝苑公司于2016年2月23日向张某发出《解除〈北京市商品房认购书〉通知书》，通知解除《认购书》及相关协议。2月24日张某实际签收了上述解除通知书。根据双方所签《认购书》以及相关《补充协议》的约定，张某未按期提交购房所需材料，宝苑公司按照认购书以及补充协议的约定通过向张某发出解除通知书的方式行使解除权。根据相关法律规定以及本案所查明的事实，本院认定涉诉《认购书》及《补充协议》于2016年2月24日解除。张某所缴纳的20万元的退还问题有明确约定。根据《合同法》第一百一十五条的规定：给付定金的一方不履行约定的债务的，无权要求返还定金；收受定金的一方不履行约定的债务的，应当双倍返还定金。现张某在本案中以其起诉所主张的理由要求宝苑公司退还涉诉的20万元，有违双方所签《认购书》以及《补充协议》的相关约定和相关法律规定，故其诉讼请求没有事实和法律依据。

编写人：北京市顺义区人民法院　张鹏飞

2

能否依据房产买卖预约合同向开发商要求交付房产

——刘某举诉章丘市城市建设综合开发公司房屋买卖合同案

【案件基本信息】

1. 裁判书字号

山东省济南市章丘区人民法院（2016）章民初字第126号民事判决书

2. 案由：房屋买卖合同纠纷

3. 当事人

原告：刘某举

被告：章丘市城市建设综合开发公司

【基本案情】

2009年6月22日，由甲方山东财政学院代表该院购房教职工与乙方章丘市城市建设综合开发公司签订合同，甲方同意购买乙方位于圣井办事处山东财政学院章丘新校区附近开发建设的商品房。本项目为交钥匙工程，教工宿舍交付使用前的所有事宜，如征地、勘察、规划、报建、招投标、施工、监理、材料和设备供应，以及安装、验收等，均由乙方按照有关规定组织实施并办理相关手续。教工宿舍每平方米2300元。关于房款交付，本协议签订20天后，甲方支付乙方该协议总价款的50%；主体封顶且经质量监督部门初步验收合格15日内甲方再支付乙方房款总额的35%；全部教工宿舍竣工验收合格后15日内甲方再付乙方房款总额的13%，余款2%留作房屋质量保证金。乙方负责办理规划、征地、设计、报建、招投标、施工、预售许可证的办理手续，甲方代表单位保证已接受本单位所有购房职工的委托，作为团购商品房的代表，在授权范围内有权处理购买商品房过程中所有与之相关的事项。开工时间：2009年6月30日前，竣工时间：2010年6月31日前。(注：协议书如此写，笔误)。特约条款：乙方开发的房产在办理完商品房预售许可证后由甲方住户与乙方直接签订商品房销售合同；商品房销售合同采用当地房管部门要求使用的合同并符合本合同的基本的要求。违约责任，如因甲方资金不到位影响工期进度致使延误工期造成的经济损失由甲方负责，拖欠部分按同期银行贷款利息向乙方赔付。如因乙方原因逾期交房，延期90日内按已付款总额的同期银行贷款利息向甲方赔付。逾期90日以上，每延期一天，乙方应按照已付购房款总额的0.04%向甲方支付违约金。另外，该协议书还有四个附件，分别为：一、《山东财政学院教职工宿舍规划设计方案》(待定)，二、《新校区教工宿舍建设标准》，三、《山东财政学院教工宿舍开发费用清单》，四、《山东财政学院教工宿舍建设购房职工授权委托书》。

2009年6月22日，原告交购房定金2万元，2009年7月27日交房款144450元，合计164450元，被告为其出具收据。该收据载明系10号楼一单元西户××的房款。后原告刘某举与山东财政学院另外两名工作人员陈某琴、朱某通过学院建房领导小组进行了调房，具体是刘某举将其所选房屋转给了陈某琴，朱某将其所选房屋转给了刘某举，朱某放弃购房。

山东财政学院代表原告与被告签订协议书后，被告并没有按期开工建设。2011年6月2日，在章丘市国土局的挂牌出让活动中被告竞得本案所涉土地的国有建设土地使用权。2011年11月22日，被告办理了本院所涉土地的土地使用权，用途为居住。因为被告迟迟不能开工，许多教职工退了房子，最后确定盖7栋楼，并进行了二次选房。2012年11月，被告就本案所涉工程开始施工，并作出“财大花园工程形象进度计划承诺”，系对所建7栋楼进度的承诺：2013年1月31日完成一层主体，2013年12月31日前竣工验收交钥匙。但所建楼房实际系于2014年9月通过竣工验收。

2014年2月28日，被告取得本案所涉楼房的《商品房预售许可证》。原告因房屋单价与协议书不符，未与被告签订商品房销售合同，遂诉至本院，要求被告交付房屋并承担相应违约金。

【案件焦点】

山东财政学院代表原告与被告签订协议书的性质认定，是预约合同，还是房屋买卖合同。

【法院裁判要旨】

山东省济南市章丘区人民法院经审理认为：本案的关键是对原、被告双方所签订协议书的性质认定，原、被告的购房活动并不是典型意义上的卖房、购房，实际上是由学校出面，找一家有资质的房地产开发公司建房，由学校组织分房，学校的权力较大，设有购房领导小组，有点类似于以前单位自行建房，是一种半市场化行为，此点从原告不经过被告，而是通过学院购房领导小组即与朱某、陈某琴进行调房也可看出。

但是，原、被告所签协议书，究竟是一份预约合同（为签订本约合同而订立的合同），还是本约合同，还是得依据本院认定的事实及相关法律、法规来认定。经全面分析，法院认为本案所涉协议书，应认定系预约合同，理由如下：

一、《最高人民法院关于审理商品房买卖合同纠纷案件适用法律若干问题的解释》第五条规定："商品房的认购、订购、预订等协议具备《商品房销售管理办法》第十六条规定的商品房买卖合同的主要内容，并且出卖人已经按照约定收受购房款的，该协议应当认定为商品房买卖合同。"《商品房销售管理办法》（建设部2001年发布）第十六条规定："商品房销售时，房地产开发企业和买受人应当订立书面商品房买卖合同。商品房买卖合同应当明确以下主要内容：（一）当事人名称或者姓名和住所；（二）商品房基本状况；（三）商品房的销售方式；（四）商品房的价款的确定方式及总价款、付款方式、付款时间；（五）交付使用条件及日期；（六）装饰、设备标准承诺；（七）供水、供电、供热、燃气、通讯、道路、绿化等配套基础设施和公共设施的交付承诺和有关权益、责任；（八）公共配套建筑的产权归属；（九）面积差异的处理方式；（十）办理产权登记有关事宜；（十一）解决争议的办法；（十二）违约责任；（十三）双方约定的其他事项。"本案中，原告与被告所签订的协议书并不具备该办法规定的主要内容，如商品房的基本状况不清楚，并且开始计划是建设20栋楼，后来最终建成7栋楼，付款方式按工程进度付款，像建设工程合同的付款方式，有开工日期、竣工日期，但无交房日期，却约定了逾期交房的违约责任，等于没有约定，被告所作“财大花园工程形象进度计划承诺”所称的2013年12月31日前竣工验收交钥匙，并不能作交房日期理解，因为协议书第二条规定，该工程为交钥匙工程，应系指完成工程所有工序，达到交房要求。协议书也没有该办法第十六条规定的第七项、第八项、第九项三项内容，因此说，原、被告所签团购协议书不具备商品房销售合同的主要内容，虽然被告依据该协议书收取了部分房款，是一种违法行为，但该协议书从性质上来说，仍应认定为是一份预约合同。二、原、被告签订该份协议书时，被告并没有取得建设用地使用权，被告并不具备预售房屋的权利，预售房屋必须在取得房屋预售许可证的前提下，所签售房合同才是有效的。三、从该份协议书的命名上来看，是一份协议书，并没有直接命名为房屋买卖合同，虽然是内容决定形式，但也可看出双方签订时的初衷。四、该份协议书第十条规定了特约条款：乙方开发的房产在办理完商品房预售许可证后由甲方住户与乙方直接签订商品房销售合同；商品房销售合同采用当地房管部门要求使用的合同并符合本合同的基本的要求。从该条也可反映出，双方也知道该协议书并非正式的商品房销售合同，商品房销售合同须在被告具备相应的法定条件后再予以签订，也使得该份协议书具备了预约合同的特征。五、原告未按协议书规定交清房款。

综上，一审法院认为，原、被告所签协议书在性质上是一份预约合同，原告并不能以此主张被告交付房屋，遑论支付违约金。因此，本案应驳回原告的诉讼请求。

山东省济南市章丘区人民法院依照《最高人民法院关于审理商品房买卖合同纠纷案件适用法律若干问题的解释》第五条，参照《商品房销售管理办法》第十六条，依照《中华人民共和国民事诉讼法》第六十四条第一款、第一百四十四条之规定，作出如下判决：

驳回刘某举的诉讼请求。

【法官后语】

关于预约合同的规定，最早见于2012年5月10日最高人民法院公布的《最高人民法院关于审理买卖合同纠纷案件适用法律问题的解释》第二条，即“当事人签订认购书、订购书、预订书、意向书、备忘录等预约合同，约定将来一定期限内订立买卖合同，一方不履行订立买卖合同的义务，对方请求其承担预约合同违约责任或者要求解除预约合同并主张损害赔偿的，人民法院应予支持”。该条对预约的效力、违反预约的违约责任和违约救济进行了规定。通常情形下，预约乃约定将来成立一定契约之契约。预约签订后，当事人负有在一定期限内签订本约之义务。违反预约，承担的是违约责任，而非缔约过失责任。在审理商品房买卖合同纠纷中，区分当事人订立的协议是商品房买卖的预约合同还是本约合同，要结合当事人立约时的真实意思以及法律、司法解释对于商品房买卖合同形式要件的要求进行综合判定，关键在于区分合同是否还存在法律或事实上的障碍，导致合同部分条款缺失或不确定的情形。如存在这类情形，一般应认定为预约合同。

本案中，原告委托第三人山东财政学院代表原告与被告签订购房协议书，但是，首先，该协议书并不具备《商品房销售管理办法》第十六条规定的商品房买卖合同的主要内容，商品房的基本状况不清楚，并且开始计划是建设20栋楼，后来最终建成7栋楼，付款方式按工程进度付款，像建设工程合同的付款方式，有开工日期、竣工日期，但无交房日期，却约定了逾期交房的违约责任，等于没有约定，虽然被告依据该协议书收取了部分房款，是一种违法行为，但该协议书从性质上来说，仍应认定为是一份预约合同。其次，该份协议书第十条规定了特约条款：乙方开发的房产在办理完商品房预售许可证后由甲方住户与乙方直接签订商品房销售合同；商品房销售合同采用当地房管部门要求使用的合同并符合本合同的基本要求。从该条也可反映出，双方也知道该协议书并非是正式的商品房销售合同，商品房销售合同须在被告具备相应的法定条件后再予以签订，也使得该份协议书具备了预约合同的特征。最后，原、被告双方签订协议书时，被告并没有取得建设用地使用权，被告并不具备预售房屋的权利。从当时签订协议书的条件来看，被告的真实意思亦是签订一份预约合同，即购房协议书。综上几点，本院判定双方所签协议书为预约合同。

被告违反预约合同，应按上述司法解释追究其违约责任，但原告根据该份预约合同要求交付房屋，在法律上是不能得到支持的。

编写人：山东省济南市章丘区人民法院　刘焕敏

3

基于后让与担保签订的商品房预售合同经调解解除是否构成虚假诉讼

——山东倪氏房地产开发有限公司诉文登市惠和房地产开发有限公司商品房预售合同案

【案件基本信息】

1. 裁判书字号

山东省威海市中级人民法院（2017）鲁10民再20号民事判决书

2. 案由：商品房预售合同纠纷

3. 当事人

原告：山东倪氏房地产开发有限公司（以下简称倪氏公司）

被告：文登市惠和房地产开发有限公司（以下简称惠和公司）

【基本案情】

2014年7月21日，倪氏公司向威海市环翠区人民法院提起诉讼，主张其因资金紧张不能按照约定时间付清房款，请求依法解除与惠和公司签订的商品房预售合同。审理过程中，双方当事人达成调解协议：解除倪氏公司与惠和公司所签订的商品房预售合同；双方对其他无争议。威海市环翠区人民法院以调解书对上述调解协议予以确认。

2017年8月30日，山东省威海市人民检察院向山东省威海市中级人民法院提起抗诉称：有新的证据足以证明威海市环翠区人民法院的民事调解书系倪氏公司与惠和公司进行虚假诉讼作出的，倪氏公司与惠和公司之间系借款合同关系，而非商品房买卖合同关系。双方签订房屋买卖合同、到房管部门备案的目的不是买卖房屋，而是为倪氏公司与威海市金诺房地产开发有限公司（以下简称金诺公司）之间的借款提供担保；倪氏公司与惠和公司进行诉讼解除合同的原因不是倪氏公司无力支付购房款，而是解除借款担保。倪氏公司与惠和公司通过虚构的法律关系、虚假的合同和陈述提起诉讼，违反了民事诉讼的诚实信用原则，浪费了司法资源，妨害了司法秩序，损害了国家利益。

山东省威海市中级人民法院再审查明，2014年4月30日，倪氏公司、金诺公司、惠和公司三方签订了一份借款协议。该借款协议约定，金诺公司向倪氏公司借款1340万元，借款期限自2014年4月30日起至2014年10月30日止，惠和公司同意作为共同借款人对该借款承担共同还款责任。金诺公司及惠和公司从倪氏公司借款专项用于清偿金诺公司与工行经开支行签订的2011年（经开）字0010号《房地产借款合同》项下所产生的贷款本息，倪氏公司同意自协议签订之日起2日内将所借款项支付至金诺公司账户。借款利率为月利率2%，利息支付方式为利随本清。为保障债务的履行，金诺公司及惠和公司同意将其开发建设的位于文登区侯家镇和合花园居民小区项目中的411套住宅用房及商业网点房在协议签订后2个工作日内全部网签到倪氏公司或倪氏公司指定人员名下；借款期满后，如金诺公司及惠和公司按时履行还款义务，则倪氏公司同意在全部借款本息结清后解除网签；如金诺公司及惠和公司未能完全履行借款本息偿还责任或违反协议项下任意承诺与保证的，则金诺公司及惠和公司同意倪氏公司对网签房屋有权自行处置或直接办理产权证给倪氏公司，金诺公司及惠和公司无条件配合将在建工程手续资料变更给倪氏公司，产生的费用由金诺公司及惠和公司承担，牵扯到与房产有关的纠纷均由金诺公司及惠和公司解决；借款期限内，金诺公司及惠和公司销售已网签给倪氏公司的房屋取得的销售收入需存入指定专户，由工行经开支行进行监管，监管账户内资金达到50万元时，应用于偿还倪氏公司。

上述借款协议签订后，倪氏公司于2014年4月30日共向金诺公司的账户转入款项1340万元。2014年5月1日，倪氏公司、惠和公司就文登区侯家镇和合花园居民小区1~7号房屋签订了一份商品房预售合同。合同约定，倪氏公司向惠和公司购买该房屋，购房款33000元于2014年4月30日以现金的方式一次性付清，合同在履行过程中发生的争议，协商不成的，依法向山东省威海市环翠区人民法院起诉。同日，该合同在威海市文登区住房保障和房产管理局（以下简称文登房产局）网签。

2016年7月27日，山东省威海市中级人民法院裁定金诺公司重整。2017年8月31日，山东省威海市中级人民法院认定金诺公司与惠和公司构成法人人格混同，裁定惠和公司与金诺公司合并重整。

另查明，金诺公司与惠和公司尚欠倪氏公司的借款本金及利息未付清，现尚欠的借款本息已列入破产债权。

【案件焦点】

倪氏公司与惠和公司经调解解除商品房预售合同的行为是否属于虚假诉讼。

【法院裁判要旨】

山东省威海市中级人民法院经审理认为：倪氏公司与金诺公司、惠和公司签订借款协议，并约定金诺公司、惠和公司用涉案房屋进行担保，在金诺公司、惠和公司不能清偿借款时，倪氏公司有权处置房屋。在此基础上，倪氏公司与惠和公司签订了涉案商品房预售合同。倪氏公司与惠和公司签订该预售合同的真实目的是给借款关系提供担保，并非为了实现商品房预售合同的目标，双方之间形成的系让与担保，商品房预售合同系让与担保的表现形式。因此，双方真实的法律关系为借款关系，并非商品房买卖关系。但签订商品房预售合同以设定担保系双方真实的效果意思，该意思表示并非虚假。双方基于真实的商品房预售合同进行诉讼，并未虚构主要事实，故本案并非虚假诉讼。倪氏公司在惠和公司尚欠其借款本息的情况下起诉要求解除涉案商品房预售合同，使房屋恢复到可自由交易的状态，原审中双方当事人达成的解除商品房预售合同的调解协议并未侵犯其他债权人的利益。同时，该调解协议并不违反法律、行政法规的强制性规定，也未损害国家利益、社会公共利益或者案外人的合法权益，不应予以撤销。

综上所述，原审民事调解书未损害国家利益、社会公共利益，本案应终结再审程序。经本院审判委员会讨论决定，依照《中华人民共和国民事诉讼法》第二百零七条第一款、第一百七十四条，《最高人民法院关于适用〈中华人民共和国民事诉讼法〉的解释》第四百零九条第一款第二项之规定，裁定如下：

本案终结再审程序。

【法官后语】

考察双方签订商品房预售合同是否系其真实意思表示，提起诉讼是否系试图通过虚构法律关系、利用法院裁判权实现非法目的，是处理此类案件的基础。

后让与担保，是指债务人或者第三人为担保债权人的债权，与债权人签订不动产买卖合同，约定将不动产买卖合同的标的物作为担保标的物，但权利转让并不实际履行，于债务人不能清偿债务时，须将担保标的物的所有权转让给债权人，债权人据此享有以担保标的物优先受偿的担保物权。让与担保虽是我国民法未明文规定的担保方式，但在社会生活尤其是民间借贷中大量存在。学理及司法实务中均认为，为保护社会交易安全，应认可合同双方设定担保是真实的意思表示，其买卖合同系让与担保的外在表现形式，让与担保并非通谋虚伪意思表示。

本案中，倪氏公司与惠和公司签订商品房预售合同的真实目的是给借款关系提供担保，双方之间存在真实的法律关系为民间借贷关系，商品房预售合同系后让与担保的表现形式，双方并非虚构法律关系。倪氏公司与惠和公司虽在原审中进行了虚假陈述、隐瞒了存在借款关系的事实，但该虚假陈述、隐瞒事实的行为应区别于虚假诉讼中的恶意串通、伪造证据、虚构事实的行为，故本案并非虚假诉讼。按照正常审理程序，本案原审在查清该事实后，首先应当向倪氏公司行使释明权，告知其可以变更诉讼请求，然后再根据其具体诉讼请求进行审理。但原审系调解结案，当事人可以在案件的调解过程中自愿处分自己的民事权利，达成解除商品房预售合同的协议，本案的审理不应再受上述程序的限制。双方达成的调解协议使房屋恢复到可自由交易的状态，并不违反法律、行政法规的强制性规定，也未损害国家利益、社会公共利益或者案外人的合法权益，不应予以撤销，故应裁定终结再审程序。

双方当事人在原审中进行虚假陈述，隐瞒存在借款关系的事实，也违反了民事诉讼的诚信原则，应予以否定评价，予以批评和谴责，以维护司法权威和司法公信力，促进社会诚信体系的建立。

编写人：山东省威海市中级人民法院　宋智慧　程慧

4

未尽到明确告知义务构成根本违约致合同解除

——冯某某诉安徽瑞达房地产开发有限公司霍邱分公司商品房预售合同案

【案件基本信息】

1. 裁判书字号

安徽省六安市中级人民法院（2018）皖15民终307号民事判决书

2. 案由：商品房预售合同纠纷

3. 当事人

原告（被上诉人）：冯某某

被告（上诉人）：安徽瑞达房地产开发有限公司霍邱分公司（以下简称瑞达公司霍邱分公司）

【基本案情】

2016年12月10日，冯某某与瑞达公司霍邱分公司签订预售《商品房买卖合同》，冯某某购买瑞达公司霍邱分公司开发的商业营业用房6间（前后各3间，互相连通）。后冯某某发现购买的门面房正前方10米左右的地方建有一条地下车道，对冯某某经营有较大影响，冯某某与瑞达公司霍邱分公司多次协商未果。冯某某向法院提出诉讼请求：1. 判决解除冯某某、瑞达公司霍邱分公司之间签订的预售《商品房买卖合同》；2. 判决瑞达公司霍邱分公司返还冯某某购房款5490000元及利息，并赔偿损失；3. 由瑞达公司霍邱分公司承担本案的诉讼费用。

【案件焦点】

1. 瑞达公司霍邱分公司是否履行了明确、细致的告知义务，即是否保障了冯某某的知情权；2. 冯某某签订合同的目的能否实现。

【法院裁判要旨】

安徽省六安市霍邱县人民法院经审理认为：关于瑞达公司霍邱分公司是否保障了冯某某的知情权。根据民法理论，民事法律行为属表意行为，以意思表示真实为成立要件。当事人设立民事关系时，其应对交易的主体、客体、内容以及交易的性质等享有知情的权利。《中华人民共和国消费者权益保护法》第八条规定，消费者享有知悉其购买、使用的商品或者接受的服务的真实情况的权利。买房人作为特殊的消费者，其对购买的商品（即商品房）信息亦当然享有知情权。开发商作为商品房的“生产者”和销售者，其行为必然受《中华人民共和国消费者权益保护法》的规制和约束。为了保障购房人对商品房信息的知情权，开发商有义务就商品房的价款、质量、结构、位置、面积、功能以及房地产开发的规划设计等相关信息进行真实、全面的说明。同时，开发商应以有效的方式和载体履行其说明义务，宣传彩页、横幅广告、沙盘、效果图等虽是开发商常用的楼盘推介方法，但上述载体并不足以成为购房人了解商品房信息的客观依据，而仅仅具有参考作用。在商品房预售中，因缺乏现房参照，买卖标的的具体情况难以直观反映，开发商应当运用更为精确的文字、符号或者图形对商品房的信息作出确定性说明，如实告知购房人所购房屋的翔实情况。由此产生纠纷，则应由开发商对其出售的商品房信息承担举证证明责任。本案中，原、被告签订的《商品房买卖合同》（预售）的“说明”部分第三条指出：“出卖人应当就合同重大事项对买受人尽到提示义务”，冯某某所购门面房前面设计有地下车库入口，且高出地面 2.2 米，遮挡了门面房，应属于“合同重大事项”，瑞达公司霍邱分公司负有严格的说明义务。但瑞达公司霍邱分公司没有举出证据证明其履行了自己应尽的义务，相反，瑞达公司霍邱分公司不仅没有将案涉商铺门前有车道、车道的宽度和高度以及至商铺的距离等特定信息写入双方签订的购房合同中（如，在附件十“出卖人关于遮挡或妨碍房屋正常使用情况的说明”中如实对商业营业用房前面有公共车道遮挡门面视线的情况进行说明），而且亦认可“销售人员只告诉了门前有车道，其他情况没有讲”。因此，本案瑞达公司霍邱分公司未能充分履行说明义务，没有保障冯某某的知情权，其行为违约。

关于冯某某签订合同的目的能否实现。我国合同法中违约行为导致合同解除权成就，是以当事人一方的违约行为致使另一方“不能实现合同目的”为标准。不能实现合同目的，是指当事人一方违约致使另一方在订立合同时期望得到并且在正常履行情况下能够得到的预期利益无法实现。本案原告家庭经商，其购买商铺用于生意经营。但其与瑞达公司霍邱分公司签订合同购买的面向蓼城路（主路）的3间商铺门前仅10米处设计有地下车库入口，且建成后高达2.2米，将严重遮挡商铺“门脸”，妨碍顾客进出店屋，对原告经营有较大影响，从而导致其在订立合同时期望得到的预期利益无法实现。同时，原告购买的前后各3间商铺前后贯通，是作为整体使用的，因此，属全部合同目的不能实现。综上，瑞达公司霍邱分公司的行为已构成根本违约。

安徽省六安市霍邱县人民法院依照《中华人民共和国合同法》第六条、第四十二条第二项、第九十四条第四项、第九十七条，《中华人民共和国民事诉讼法》第六十四条第一款规定，判决：

一、解除原告冯某某与被告安徽瑞达房地产开发有限公司霍邱分公司签订的六份《商品房买卖合同》（预售）；

二、被告安徽瑞达房地产开发有限公司霍邱分公司于本判决生效之日起五日内返还原告冯某某购房款5490000元并支付利息（按照银行同期贷款基准利率，其中2780000元自2016年12月14日、2710000元自2017年1月10日起均计算至清偿日止）；

三、被告安徽瑞达房地产开发有限公司霍邱分公司于本判决生效之日起五日内赔偿原告冯某某印花税、契税、登记费和维修基金等损失合计312887.84元；

四、驳回原告冯某某的其他诉讼请求。

安徽瑞达房地产开发有限公司霍邱分公司持原审答辩意见提起上诉。

安徽省六安市中级人民法院经审理认为：一审判决认定事实清楚，适用法律正确，应予维持。依照《中华人民共和国民事诉讼法》第一百七十条第一款第一项之规定，判决如下：

驳回上诉，维持原判。

【法官后语】

法院审理后认为，尽管法律明文规定：“民事主体从事民事活动，应当遵循公平原则，合理确定各方的权利和义务。”但在市场经济过程中，在各种因素的影响下，交易主体双方往往很难达到实质上平等的状态。由于房屋买卖合同双方在交涉权、知情权等方面均处于不同程度的不对等地位，以至于形成了强势方对弱势方的压迫。本案中，商品房效果图是霍邱县府东小区改造设计方案及建筑设计总平面图，不能反映冯某某所购商铺的详情，同时冯某某作为一名普通购房者也难以看懂平面图；规划图和车道施工图并非展示在售楼处，冯某某无法看到；销售模型虽然陈列在售楼部，但瑞达公司霍邱分公司对地下车库入口并未标注，也无证据证明冯某某选房购房时，瑞达公司霍邱分公司销售人员明确告知冯某某地下车库入口距离商铺多远、车道墙体和雨篷有多高，销售模型、效果图等上述载体并不足以成为购房人了解商品房信息的客观依据，而仅仅具有参考作用。所以在商品房预售中，因缺乏现房参照，买卖标的的具体情况难以直观反映，开发商应当运用更为精确的文字、符号或者图形对商品房的信息作出确定性说明，如实告知购房人所购房屋的翔实情况，保障购房人对商品房信息的知情权。

合同目的是合同的灵魂和核心，是订立合同的立足点和出发点，也是合同存续和当事人履行的合理性根基和唯一理由。目的条款是一份合同中最重要的条款，其他任何条款都围绕目的条款而展开，服从并服务于目的条款，并依托目的条款而获得其正当性解释。本案中的瑞达公司霍邱分公司修建的地下车库入口对冯某某经营有较大影响，同时，冯某某购买的前后各3间商铺前后贯通，是作为整体使用的，因此，属全部合同目的不能实现。瑞达公司霍邱分公司一方违约致使冯某某在订立合同时期望得到并且在正常履行情况下能够得到的预期利益无法实现，所以法院依法支持冯某某解除与瑞达公司霍邱分公司签订的商品房预售合同。

由于房价的飞速上涨，面对巨额的利益，交易当中的不诚信行为就属于违法行为，同时也是对诚信交易的践踏。所以，在司法实践中，法院会通过审理案件打击违约行为，保障房屋买卖交易市场的稳定。生活中，我们不论做人做事都应诚实守信，保证交付物品的质量。另外，如果遇到交付的物品质量不符合约定的情况，应保持冷静，协商解决。在协商不成的情况下，及时向有关部门反映情况，依法维护自己合法权益。

编写人：安徽省六安市霍邱县人民法院　蔡东明

二、商品房销售

5

开发商变更建设工程规划设计是否违约

——陆某发诉广西平南县月亮湾房地产有限公司商品房买卖合同案

【案件基本信息】

1. 裁判书字号

广西壮族自治区贵港市中级人民法院（2017）桂08民终1201号民事判决书

2. 案由：商品房买卖合同纠纷

3. 当事人

原告（上诉人）：陆某发

被告（被上诉人）：广西平南县月亮湾房地产有限公司（以下简称月亮湾公司）

【基本案情】

月亮湾公司以出让方式取得位于平南县平南镇乌江村月亮湾面积为426642.66平方米的土地使用权，用于平南县月亮湾城市花园项目建设，其2005年取得平南县建设局批准的广西平南县月亮湾规划总平面图后，开始分期投资建设平南县月亮湾城市花园小区，并陆续销售商品房等物业。陆某发于2007年5月22日与月亮湾公司签订《商品房买卖合同》，购买月亮湾公司在上述项目中的雅苑1座××号房一套。合同第一条“项目建设依据”第三款的内容为“……建设工程规划许可证号为平建2005012”，第十条“规划、设计变更的约定”第一款的内容为“经规划部门批准的规划变更、设计单位同意的设计变更导致下列影响到乙方所购商品质量或使用功能的，甲方应当在有关部门批准同意之日起10日内，书面告知乙方：(1)该商品房结构形式、户型、间隔、朝向”，第十八条的内容为“乙方的房屋……除合同及其附件另有规定外，乙方在使用期间有权与其他权利人共同享用与该商品房有关联的公共部位和设施，并按占地和公共房屋分摊面积承担义务。甲方不得擅自改变与该商品房有关联的公共部位和设施的使用性质”。陆某发于2007年12月10日领取上述商品房。

2010年3月10日，月亮湾公司为了解决小区小学生入学难问题，向平南县建设局提出关于“修改平南县月亮湾城市花园项目建设总体规划的请示”。2010年3月17日，平南县人民政府作出《关于同意修改月亮湾城市花园项目建设总体规划的批复》，同意对月亮湾小区项目建设总体规划进行修改。2010年11月17日，平南县人民政府十四届第46期常务会议同意变更规划方案的部分经济技术指标，即由2005年容积率为1.7，建筑密度为32%，绿地率为45%，变更为容积率2.106，建筑密度32.7%，绿地率36%。2010年12月29日，平南县住建委员会批准被告月亮湾公司变更平南县月亮湾规划总平面图。之后月亮湾公司按上述变更后的方案实施月亮湾城市花园后期项目建设。

【案件焦点】

月亮湾公司变更建设规划，增加建筑密度，提高容积率，降低绿化率，是否违约的问题。

【法院裁判要旨】

原、被告自愿签订的《商品房买卖合同》，是双方当事人的真实意思表示，内容不违反法律、行政法规的强制性规定，为有效合同。该合同对当事人具有法律约束力，当事人应当按照约定履行自己的义务，不得擅自变更。建设工程规划许可证不等同于建设工程规划，虽然双方在合同中明确了工程项目建设依据的建设工程规划许可证号，但未将经过许可实施的2005年广西平南县月亮湾建筑工程规划载入商品房买卖合同，原告也未能提供证据证实该规划应视为合同内容。在合同中，双方对容积率、建筑密度、绿地率没有明确约定，虽然对影响到原告方所购商品质量或使用功能的商品房结构形式、户型、间隔、朝向的规划变更被告的书面告知义务和被告不得擅自变更与所购商品房有关的公共部位和设施的使用性质进行约定，但对其他规划内容如容积率、建筑密度、绿地率等能否变更没有明确约定。故原告主张被告于2010年变更2005年月亮湾规划、提高容积率、增加建筑密度、降低绿地率等属于违约没有事实依据，依法不予采信。

广西壮族自治区贵港市平南县人民法院依照《中华人民共和国民法通则》第一百零六条、第一百一十一条、第一百一十七条，《中华人民共和国物权法》第一百三十五条，《中华人民共和国合同法》第八条、第六十条第一款、第一百零七条、第一百二十二条，《中华人民共和国侵权责任法》第二条、第三条、第六条的规定，判决如下：

驳回原告的诉讼请求。

原告不服一审判决，向广西壮族自治区贵港市中级人民法院提出上诉。

广西壮族自治区贵港市中级人民法院依照《中华人民共和国民事诉讼法》第一百七十条第一款第一项之规定，作出如下判决：

驳回上诉，维持原判。

【法官后语】

在商品房价格大幅上涨，利润空间增大的市场环境下，开发商可能会出现变更建设工程规划、设计以提高容积率、增加建筑密度、降低绿地率等来增加商品房开发量的情形，从而引发业主与开发商之间的纠纷。在此类案件中，争议焦点主要有（1）开发商变更规划、设计是否构成违约；（2）若开发商变更规划、设计通过规划部门的批准，业主能否要求开发商承担违约责任的问题。

第一，关于开发商变更规划、设计是否构成违约的问题。依据《合同法》第一百零七条规定，当事人一方不履行合同义务或者履行合同义务不符合约定的，应当承担继续履行、采取补救措施或者赔偿损失等违约责任。因此关于建设工程规划、设计变更在合同里有明确约定的，如合同内容不违反法律、行政法规的强制性规定，房地产开发商违反约定，擅自变更规划、设计应承担违约责任。具体到本案而言，《商品房买卖合同》第十条“规划、设计变更的约定”第一款的内容为“经规划部门批准的规划变更、设计单位同意的设计变更导致下列影响到乙方所购商品质量或使用功能的，甲方应当在有关部门批准同意之日起10日内，书面告知乙方：（1）该商品房结构形式、户型、间隔、朝向；”月亮湾公司为了在小区内兴建小学解决小区内学生入学难的问题，在项目建设用地中拿出30亩作为兴建月亮湾小学的用地因而变更建设工程规划，并不涉及商品房结构形式、户型、间隔、朝向的设计变更或影响商品房的使用功能，也就是说，月亮湾公司并没有违反合同约定。另外，《商品房买卖合同》对容积率、建设密度、绿地率等指标亦没有明确约定，故月亮湾公司并没有违反约定，陆某发诉请不应得到支持。

第二，关于开发商变更建设工程规划、设计通过规划部门的批准，业主能否要求开发商承担违约责任的问题。在此情形下只能免除开发商的行政责任，不能免除其相应的民事责任。行政法律责任与民事法律责任是两种不同的法律关系，开发商变更建设工程规划、设计符合行政法上的规定，与是否承担民事责任虽然有关联，但系属不同，不能将开发商是否遵守行政机关的行政管理与是否承担违约责任等同起来。规划部门批准开发商变更建设工程规划、设计，是作为行政主体对开发商作出的具体行政行为，这一行政法律关系的效力仅发生在行政主体与相对人即开发商之间，与业主所诉因开发商变更建设工程规划、设计违反合同约定构成违约的民事责任是两种不同的法律关系，不能混为一谈。故开发商变更建设工程规划、设计即使通过规划部门的批准，如果违反合同约定侵害业主的合法权益造成损失的，开发商也应当承担违约责任。

编写人：广西壮族自治区贵港市平南县人民法院　李艺汕

6

开发商因“政策不明，正在协调”逾期办理房屋权属证书是否构成违约

——孔某英诉福建省直房地产开发公司商品房销售合同案

【案件基本信息】

1. 裁判书字号

福建省福州市鼓楼区人民法院（2017）闽0102民初2462号民事判决书

2. 案由：商品房销售合同纠纷

3. 当事人

原告：孔某英

被告：福建省直房地产开发公司

【基本案情】

2011年10月11日，原、被告签订了《商品房买卖合同》，合同约定：原告向被告购买坐落于福州市鼓楼区福飞路省直湖前小区广厦三期工程第5号、第8号、第×号楼地下室【幢】-1【层】10车位号房；车位总价款为150000元；原告付款方式：一次性付款合同签订当日付购房款人民币150000元；被告应当在2011年12月31日前将车位交付买受人使用；被告应当在车位交付使用后60日内，向当地房屋权属登记机构办理房屋所有权初始预登记，并将办理权属登记需由出卖人提供的资料交付原告，因被告原因，无法实现上述约定的，经双方协商一致同意，被告应当在商品房使用后365日内办理房屋所有权初始预登记，并将办理权属登记需由被告提供的资料交付原告。如因被告的原因，原告不能在商品房交付使用后365日内取得房屋权属证书的，双方同意按下述方式处理：原告不退房的，被告自逾期之日起每日按原告已付款的0.01%向原告支付违约金。合同签订后，原告向被告支付了全部价款。庭审中，被告称诉争车位实际交付时间是2011年12月31日，并非在签订合同的当日即2011年10月11日。

被告于2012年7月9日办理了诉争车位产权初始登记（总登记）。被告并于2016年8月25日告知购买车位的业主可以办理产权证书。

原告分别于2013年3月27日、2015年3月25日通过EMS特快专递向被告邮寄《催告函》，称由于被告原因，诉争车位至今无法进行产权登记，要求赔偿违约金。

2016年8月25日，被告通知原告及其他业主带上相关办证所需资料到房产交易中心办证。

被告在庭审中陈述，诉争车位无法办理权属登记并非被告的原因造成的，而系政府相关政策调整变更等原因所致，在此期间被告一直积极与相关政府部门协调处理此事。被告提供了相关部门的协调函予以证明。

【案件焦点】

被告因政府关于经济适用房的相关政策不明晰，正在协调处理而逾期办理过户登记手续，是否构成违约。

【法院裁判要旨】

福建省福州市鼓楼区人民法院经审理认为：原、被告签订的《商品房买卖合同》系原、被告的真实意思表示，不违反法律禁止性规定，该合同真实有效。根据双方合同的约定，被告应当在车位交付使用后60日内，向当地房屋权属登记机构办理房屋所有权初始登记，并将办理权属登记需由出卖人提供的资料交付原告，因被告原因，无法实现上述约定的，经双方协商一致同意，被告应当在商品房使用后365日内办理房屋所有权初始预登记，并将办理权属登记需由被告提供的资料交付原告。如因被告的原因，原告不能在商品房交付使用后365日内取得房屋权属证书的，双方同意按下述方式处理：原告不退房的，被告自逾期之日起每日按原告已付款的0.01%向原告支付违约金，原告已依约支付了全部购房款，被告应协助原告在约定的期限内向房地产产权登记机关办理相关权属登记手续。因被告原因导致原告未能及时取得房屋权属证书，已构成违约。依据诉争合同的约定，被告应于车位交付使用时间即2011年12月31日后365日即2012年12月31日起向原告支付逾期办证违约金。被告称诉争车位无法办理权属登记并非被告的原因造成的，而系政府相关政策调整变更等原因所致，并提供相关部门协调函予以证明，本院认为，被告与相关部门协调问题，不足以排除被告自身的原因，故被告该辩称本院不予采纳。被告称原告的起诉已超过两年的诉讼时效，因原告分别于2013年3月27日、2015年3月25日通过EMS特快专递邮寄催告函给被告，根据《中华人民共和国民法通则》第一百四十条的规定，诉讼时效因提起诉讼、当事人一方提出要求或者同意履行义务而中断。从中断时起，诉讼时效期间重新计算。故被告该辩称本院亦不予采纳。原告诉请逾期办证违约金，因被告于2016年8月25日告知原告诉争车位可以办理产权证书，故原告该项主张合理部分本院予以支持。

综上所述，福建省福州市鼓楼区人民法院依照《中华人民共和国民法通则》第一百三十五条、第一百四十条，《中华人民共和国合同法》第六十条、第一百零七条的规定，判决如下：

一、被告福建省直房地产开发公司于本判决生效之日起十日内向原告支付逾期办证违约金（每日按已付款15万元的0.01%计算，从2012年12月31日起算至2016年8月25日止）；

二、驳回原告的其他诉讼请求。

【法官后语】

经济适用房在开发、销售的过程中，通常会涉及一系列的政府政策。有时候这些政策的实施将直接影响经济适用房销售合同的履行，甚至导致一方或多方当事人违约，此时，违约一方当事人可否以不可抗力或情势变更为由主张不承担违约责任呢？对此应当结合具体情况分析，不可一概而论。

通常来讲，政策可以作为不可抗力的一种，或者成为情势变更的原因，但并不是所有的政策都是不可抗力，或可以作为情势变更的原因。能够成为免责事由的政策，通常都具有突发性，并且适用对象较为广泛。对于不符合法定免责事由构成要件的政策，不能将其认定为不可抗力或情势变更的事由，进而免除违约一方的违约责任。

本案中，被告辩称其之所以逾期为原告办理案涉车位的权属登记，是因为政府关于经济适用房的相关政策不明晰，因而无法为原告按约定办理权属登记。被告认为其没有过错，不应当承担违约责任。实践中确实有法院认定政府的政策构成不可抗力，进而认定相关当事人不承担违约责任。但与这些案件不同，本案中尚未形成完整明确的政策内容。从被告的抗辩来看，其之所以逾期办理权属证书，是因为当地政府政策不明晰，并且一直处于协调处理的过程中。但“政策不明”与通常的“政策”不同，“政策不明”不能成为违约免责的事由。

在政策不明的情况下，其实并没有完整明确的政策形成，在这种情况下当事人无法以未定的政策指导自己的行为，法官也不可能以不确定的内容作为司法判断的依据。本案被告虽然辩称其一直在与政府协调处理，但由于没有确定的内容可供判断，因此被告的辩称不能被支持。

此外，被告认为本案情形属于因行政部门或者非出卖人原因导致买受人无法及时取得权属证书，被告不应当承担违约责任。被告辩称的依据为《福建省高级人民法院关于审理商品房买卖合同纠纷案件疑难问题的解答》第十五条，但被告对该条解答的内容理解有误。福建省高级人民法院的该条答复以当事人是否有明确约定为标准，将内容分为两部分，第一部分为当事人明确约定由出卖人负责办理房屋权属证书的情形，第二部分为当事人没有明确约定的情形。被告的辩称断章取义，只截取了第二部分的最后一句作为依据，得出因行政部门的原因导致买受人无法及时取得权属证书时出卖人不承担违约责任的结论，这是错误的。该句话只适用于当事人没有明确约定由出卖人负责办理房屋权属证书的情形，本案中当事人对此已有明确约定，因此被告的该项抗辩不能成立。

被告还认为其签订合同后一直积极与政府协调处理，其在整个过程中没有过错，因此被告不应当承担违约责任。但由于我国的违约责任是严格责任，即便被告本身没有过错，其逾期为原告办理权属证书的行为仍然构成违约，需要承担违约责任。

政策在有的情况下可以作为不可抗力或构成情势变更，但政策不明并不能成为违约免责的事由。因政策不明导致合同一方当事人违约时，就算其没有过错，仍然要承担违约责任。

编写人：福建省福州市鼓楼区人民法院　林玉萍　张喜荣

7

房屋买卖合同与网签合同就争议解决方式有不同约定应如何认定

——杨某梅、冯某朋诉申某琦房屋买卖合同案

【案件基本信息】

1. 裁判书字号

广东省广州市中级人民法院（2018）粤01民终2842号民事裁定书

2. 案由：房屋买卖合同纠纷

3. 当事人

原告（上诉人）：杨某梅、冯某朋

被告（被上诉人）：申某琦

【基本案情】

2017 年 3 月 9 日，杨某梅、申某琦、安宇公司签订《房屋买卖合同》，约定申某琦向杨某梅出售涉案越秀区环市东路淘金坑 49 号 × × 房屋，其中第十四条约定，合同三方在履行合同中发生争议且无法协商解决的，应向该物业所在地人民法院提起诉讼。2017 年 4 月 7 日，杨某梅、申某琦、安宇公司签订《补充协议》，变更相关交易条件。2017 年 4 月 7 日，杨某梅、冯某朋与申某琦、安宇公司签订《广州市存量房买卖合同》（合同编号：穗存量房合字 1704008 × × × × 号，即网签合同），其中第十六条争议的解决方式约定，该合同在履行过程中发生的争议，由双方当事人协商解决，协商不成的，提交广州仲裁委员会仲裁。

原、被告因合同履行问题发生纠纷，原告将被告起诉至广东省广州市越秀区人民法院，被告申某琦在本案首次开庭前向本院提出异议，认为本案纠纷应由广州仲裁委员会管辖，本院没有管辖权。

【案件焦点】

房屋买卖合同与网签的存量房买卖合同对于争议的解决方式约定不同，应以哪个合同约定为准。

【法院裁判要旨】

广东省广州市越秀区人民法院经审理认为：原、被告自愿签订的《存量房买卖合同》是双方当事人的真实意思表示，为有效合同。合同明确约定争议处理方式是向广州市仲裁委员会申请仲裁解决。根据《中华人民共和国民事诉讼法》第一百二十四条第二项规定，依照法律规定，双方当事人达成书面仲裁协议申请仲裁、不得向人民法院起诉的，告知原告向仲裁机构申请仲裁；以及《中华人民共和国仲裁法》第二十六条的规定：当事人达成仲裁协议，一方向人民法院起诉未声明有仲裁协议，人民法院受理后，另一方在首次开庭前提交仲裁协议的，人民法院应当驳回起诉。现被告申某琦在首次开庭前对人民法院受理该案提出异议，认为本案应由广州仲裁委员会管辖。按照上述约定的仲裁条款及法律规定，对该《存量房买卖合同》产生的房屋买卖纠纷，不属于人民法院主管，原告不得向人民法院提起诉讼，应向仲裁机构申请仲裁，原告对被告的起诉不符合法律规定的受理条件。

综上，广东省广州市越秀区人民法院依照《中华人民共和国仲裁法》第二十六条，《中华人民共和国民事诉讼法》第一百二十四条第二项、第一百五十四条第一款第三项，裁定如下：

驳回原告杨某梅、冯某朋的起诉。

原告不服，向广东省广州市中级人民法院提起上诉，原告认为杨某梅、冯某朋与申某琦、安宇公司之间不存在仲裁协议或仲裁裁定。本案当事人一致同意以2017年3月签订的《房屋买卖合同》及2017年4月签订的《补充协议》作为各方权利义务的最终依据，本案当事人约定了原审法院管辖。2017年4月7日各方当事人签订的网签合同《广州市存量房买卖合同》已被撤销，杨某梅、冯某朋、申某琦、安宇公司之间最终未形成网签合同，各方未达成仲裁协议。原审法院未作严格审查，导致有关事实认定错误，应予以纠正。据此，上诉请求撤销原审裁定，裁定本案归属原审法院受理并管辖。

广东省广州市中级人民法院经审理后认为，本案系房屋买卖合同纠纷，杨某梅、冯某朋、申某琦、安宇公司就涉案房屋的买卖事宜先后于2017年3月9日签订《房屋买卖合同》、于2017年4月7日签订《补充协议》《广州市存量房买卖合同》。其中，《房屋买卖合同》《广州市存量房买卖合同》关于争议解决方式的约定并不相同，但由于《广州市存量房买卖合同》签订在后，故可视为各方当事人就争议解决方式达成变更，即变更为签订在后的《广州市存量房买卖合同》约定的争议解决方式。据此，涉案纠纷的争议解决方式应按照《广州市存量房买卖合同》第十六条约定的仲裁条款来确定，由相应的仲裁机构仲裁。虽然杨某梅、冯某朋主张上述《广州市存量房买卖合同》已经被撤销而无效，各方又未签订新的网签合同，并提供了安宇公司出具的《情况说明》予以证明，但上述证据不足以证明各方已经达成撤销《广州市存量房买卖合同》的一致意思表示及就争议解决方式达成新的约定，况且根据《最高人民法院关于适用〈中华人民共和国仲裁法〉若干问题的解释》第十条第一款的规定“合同成立后未生效或者被撤销的，仲裁协议效力的认定适用仲裁法第十九条第一款的规定”及《中华人民共和国仲裁法》第十九条第一款的规定“仲裁协议独立存在，合同的变更、解除、终止或者无效，不影响仲裁协议的效力”，即使如杨某梅、冯某朋主张《广州市存量房买卖合同》被撤销，也不影响该合同中的仲裁协议的效力。据此，杨某梅、冯某朋与申某琦、安宇公司之间存在有效的仲裁条款，根据《中华人民共和国民事诉讼法》第一百二十四条第一款第二项的规定“依照法律规定，双方当事人达成书面仲裁协议申请仲裁、不得向人民法院起诉的，告知原告向仲裁机构申请仲裁”，杨某梅、冯某朋不应向原审法院起诉，而应向有关仲裁机构申请仲裁。综上所述，原审法院裁定正确，本院予以维持。依照《中华人民共和国民事诉讼法》第一百七十条第一款第一项、第一百七十一条、第一百七十五条，《中华人民共和国仲裁法》第十九条第一款之规定，裁定如下：

驳回上诉，维持原裁定。

【法官后语】

本案有以下几个问题值得探讨：

一、有效的仲裁协议具有排除人民法院司法管辖权的法律效力

当事人在签订合同时，可以约定争议的解决方式为向法院起诉或者申请仲裁。在当事人协商约定争议解决方式为仲裁的情况下，根据《民事诉讼法》第一百二十四条第一款第二项的规定“依照法律规定，双方当事人达成书面仲裁协议申请仲裁、不得向人民法院起诉的，告知原告向仲裁机构申请仲裁”，《仲裁法》第五条规定：当事人达成仲裁协议，一方向人民法院起诉的，人民法院不予受理，但仲裁协议无效的除外；第二十六条规定：当事人达成仲裁协议，一方向人民法院起诉未声明有仲裁协议，人民法院受理后，另一方在首次开庭前提交仲裁协议的，人民法院应当驳回起诉。在本案中，原、被告双方于2017年4月7日签订的《广州市存量房买卖合同》约定争议解决的方式为提交广州仲裁委员会仲裁，在本案首次开庭前，被告亦提出对法院的管辖提出异议，故该关于仲裁的约定排除了法院的司法管辖权，法院应裁定驳回原告的起诉。

二、签订的合同对争议的解决方式约定不同该如何处理

在本案中，原、被告就涉案房屋的买卖签订了两份合同，一份是于2017年3月签订的《房屋买卖合同》，其中约定的争议解决方式为向涉案房屋所在地人民法院提起诉讼，另一份则是于2017年4月7日网签的《广州市存量房买卖合同》，其中约定的争议解决方式为提交广州仲裁委员会仲裁。对于两份合同的争议解决方式

约定不同的问题，因两份合同签订时间不一，故合同签订时间在后的可视为各方对争议解决方式达成变更，争议的解决方式应以签订时间在后的为准。

三、主合同解除，仲裁协议的效力如何

该案中，原告不服一审判决，上诉理由之一即网签合同已经撤销，故各方未达成仲裁协议。原告的该上诉理由忽略了仲裁协议具有独立性的特点。根据《最高人民法院关于适用〈中华人民共和国仲裁法〉若干问题的解释》第十条第一款的规定"合同成立后未生效或者被撤销的，仲裁协议效力的认定适用仲裁法第十九条第一款的规定"及《仲裁法》第十九条第一款的规定"仲裁协议独立存在，合同的变更、解除、终止或者无效，不影响仲裁协议的效力"。上述规定体现了仲裁协议的独立性，即仲裁条款作为主合同的一个条款，尽管依附于主合同，但可独立于主合同而存在，不因主合同的变更、解除、终止或者无效而受到影响。仲裁协议的独立性使得当事人在因合同履行问题发生纠纷时，能够更好、更有效率地解决纠纷。

编写人：广东省广州市越秀区人民法院　程朝阳　何婧

8

开发商逾期办证的违约责任以不超过购房款总额的一定比例为宜

——杜某东诉南阳市博基置业有限责任公司商品房销售合同案

【案件基本信息】

1. 裁判书字号

河南省南阳市中级人民法院（2016）豫13民终5306号民事判决书

2. 案由：商品房销售合同纠纷

3. 当事人

原告（被上诉人）：杜某东

被告（上诉人）：南阳市博基置业有限责任公司（以下简称博基置业公司）

【基本案情】

2011年，被告博基置业公司以出让方式取得位于河南省××电力广场南侧、土地面积为6969.70平方米地块的土地使用权，经有关部门批准在上述地块建设商品房，定名“玉都华府”，并于2012年1月9日取得玉都华府1、3号商住楼的商品房预售许可证。2011年2月13日，原告杜某东与被告博基置业公司签订了“玉都华府项目认购书”，认购了被告尚未动工建设的“玉都华府”1号楼4层、建筑面积为155.19平方米的××号住宅楼一套及地下储藏室一间，同时交付了购房定金30000元和储藏室定金10000元，约定付款方式为按揭贷款。同年5月25日、6月11日原告分别支付被告70000元和45000元首付款后，于6月11日又与被告签订了“商品房认购协议”，约定原告认购的房产按建筑面积2288元/平方米计算，应付房款为355075元，首付款按房款总额的约40%支付，为145000元（含已付购房定金30000元），同时约定竣工时间为2012年12月30日，合同约定的交房日顺延三个月未交工视为逾期，逾期原告有权按已付房款的日万分之一向被告追究违约金；地下室的交付标准在该协议上也有显示。该协议签订后，双方经协商又将付款方式改为分期付款，被告答应提供1个点的优惠，原告分别于2011年11月27日、2011年12月7日、2012年11月25日交付被告房款50000元、85000元、71320元，至此原告按双方约定交清房款。后原告与被告又签订了“商品房买卖合同”，关于产权登记约定：被告应当在商品房交付使用后180日内，将办理产权登记需提供的资料报产权登记机关备案，如因被告的责任原告不能在规定期限内取得房地产权属证书的，被告退还房款，并按已付房款的3%向原告赔偿损失；原告不退房的，被告按已付房价款的10%向买受人支付违约金。2013年6月12日，被告交付原告玉都华府1号楼4层××户商品房钥匙，原告对该房进行了装修。原告入住该房后发觉被告将楼下原约定的绿化区域变为停车场。由于被告超出规划建设，不符合办证条件，至今原告所购买的商品房未能取得房地产权属证书。

【案件焦点】

商品房买卖合同约定开发商逾期未办理房地产权属证书应承担违约责任，但没有约定违约金的具体数额和计算方法，法院判决违约金时如何确定数额。

【法院裁判要旨】

河南省南阳市镇平县人民法院经审理认为：原、被告双方签订的三份合同均为有效合同，具有同等法律效力，双方均应按合同履行各自的义务。被告存在以下违约行为：1. 未按约交付房屋，被告应按合同约定支付原告违约金2530元。2. 因被告超规划建设，导致原告不能在规定期限内取得房地产权属证书，实属违约。双方未约定违约金具体计算办法，应按法律规定予以计算。即参照中国人民银行规定的金融机构计收逾期贷款利息的标准从2013年12月10日算至原告能取得房屋权属证书条件成就之日止。3. 地下室套内面积不足。因合同约定净面积6.82平方米，而实有面积为5.38平方米，面积误差比绝对值超出3%，原告请求解除玉都华府地下储藏室购买合同予以准许，被告应返还原告已支付的价款19096元并按中国人民银行公布的同期同类贷款利率标准计付利息。4. 未按照承诺面积对小区进行绿化，应承担相应违约责任。

河南省南阳市镇平县人民法院判决：

一、解除原告杜某东与被告南阳市博基置业有限责任公司所签订的玉都华府地下储藏室购买合同；

二、限被告南阳市博基置业有限责任公司于判决生效后十日内退付原告杜某东购买地下储藏室房款19096元及利息；

三、限被告南阳市博基置业有限责任公司于判决生效后十日内偿付原告杜某东逾期交房违约金2530元；

四、限被告南阳市博基置业有限责任公司于判决生效后十日内偿付给原告杜某东逾期办房地产权属证书违约金（该违约金按已付购房款350312元，参照中国人民银行公布的同期同类贷款基准利率基础上加罚50%的标准，从2013年12月10日起算至原告取得房屋权属证书条件之日止）；

五、驳回原告的其他诉讼请求。

一审宣判后博基置业公司不服判决，上诉至河南省南阳市中级人民法院。

河南省南阳市中级人民法院经审理认为：原审第一项、第二项、第三项、第五项判决正确。关于原审第四项判决，二审认为，《中华人民共和国合同法》第一百一十三条规定，当事人一方不履行合同义务或者履行合同义务不符合约定，给对方造成损失的，损失赔偿数额应当相当于因违约所造成的损失，包括合同履行后可以获得的利益，但不得超过违反合同一方订立合同时预见到或者应当预见到的因违反合同可能造成的损失。《最高人民法院关于适用〈中华人民共和国合同法〉若干问题的解释（二）》第二十九条规定，当事人主张约定违约金过高请求予以适当减少的，人民法院应当以实际损失为基础，兼顾合同的履行情况、当事人的过错程度以及预期利益等综合因素，根据公平原则和诚实信用原则予以衡量，并作出裁决。当事人约定的违约金超过造成损失的百分之三十的，一般可以认定为合同法第一百一十四条第二款规定的“过分高于造成的损失”。本案中，签订合同时当事人应预见到因逾期办证可能造成的损失不超过购房款，被上诉人也未提供充分证据证明损失超出房款，故违约金的计算总额不应超过可能造成的最大损失即购房款的30%，即351320×30%＝105396元。对被上诉人主张违约金过高部分不予支持。

河南省南阳市中级人民法院判决：

维持一审判决第一项、第二项、第三项、第五项，改判一审判决第四项为“南阳市博基置业有限责任公司于判决生效后十日内偿付给杜某东逾期办房地产权属证书违约金（违约金总额不超过105396元）”。

【法官后语】

本案中，杜某东向法院起诉请求判决博基置业公司逾期不代办产权证书的违约金136328.37元。对该项诉请一审、二审法院意见出现分歧，二审因此将一审改判，笔者试对该问题分析如下：

一、博基置业公司逾期未办理房地产权属证书构成违约

《最高人民法院关于审理商品房买卖合同纠纷案件适用法律若干问题的解释》第十八条第一款规定：“由于出卖人的原因，买受人在下列期限届满未能取得房屋权属证书的，除当事人有特殊约定外，出卖人应当承担违约责任：（一）商品房买卖合同约定的办理房屋所有权登记的期限……”杜某东与博基置业签订的商品房买卖合同中约定：“被告应当在商品房交付使用后180日内，由被告将需提供办理产权登记的资料报产权登记机关备案，如因被告的责任，原告不能在规定期限内取得房地产权属证书的，被告退还房款，并按已付房款的3%向原告赔偿损失；原告不退房的，被告按已付房价款的1%向买受人支付违约金。”博基置业公司于2013年6月12日将涉案商品房交付杜某东使用，则按双方约定博基置业公司应当在2013

年12月10日前为杜某东办理房地产权属证书，但由于博基置业公司超出规划建设，不符合办证条件，至今杜某东所购买的商品房未能取得房地产权属证书，则博基置业公司当然构成违约。

二、博基置业公司应否承担违约责任

虽然博基置业公司构成违约，双方合同中也约定了违约条款，但合同原文为“原告不退房的，被告按已付房价款的1%向买受人支付违约金。”现杜某东并未退房，则博基置业应当支付违约金，但该条款并未规定杜某东不退房时的违约金数额或计算方法，在这种情况下是否能支持杜某东的违约金请求？对此实践中是有争议的。有观点认为合同是双方当事人为一定目的而达成的合意，合同中的所有条款都是双方当事人之间的真实意思表示，具有相应的法律效力，双方当事人均受条款约束，如果合同中没有违约条款，就不应当要求当事人承担违约责任；如果违约条款不明确，无法作为据以裁判的依据，则视为双方当事人之间没有约定违约责任，发生纠纷后当事人无权提出违约责任请求。也有观点认为违约责任是法律明文规定的，当事人没有约定违约条款或违约条款不明确并不影响当事人向违约方提出违约责任请求。笔者认同第二种观点，因为《合同法》第一百零七条对于违约责任的规定并不以当事人约定违约责任或违约责任清晰明确为前提，只要当事人存在违约行为，就可以依法追究其违约责任，只不过当事人约定有违约责任且违约责任清晰明确不违反法律规定的依约定判决，反之则依法判决而已。本案中博基置业公司当然构成违约，双方又约定有违约责任，则博基置业公司应当承担违约责任，至于如何计算违约金数额则是另一个层次的问题。

三、如何认定博基置业公司应当支付给杜某东的逾期未办理房地产权属证书的违约金数额

关于逾期未办理房地产权属证书的违约责任，《最高人民法院关于审理商品房买卖合同纠纷案件适用法律若干问题的解释》第十八条第二款明确规定：“合同没有约定违约金或者损失数额难以确定的，可以按照已付购房款总额，参照中国人民银行规定的金融机构计收逾期贷款利息的标准计算。”本案属于双方没有约定违约金的具体数额，也没有约定计算方法，违约金难以确定，法院可以按照上述规定判决。但该条款仅规定了参照标准，却没有给这个标准规定上限，也就是说可以将该条款理解为按照已付购房款总额，参照中国人民银行规定的金融机构计收逾期贷款

利息的标准一直计算下去，而不论这样计算下来的违约金实际数额与当事人因违约而遭受的损失相比是否畸高，是否显失公平，一审法院就是按照这个思路判决博基置业公司支付杜某东逾期未办房地产权属证书违约金，从2013年12月10日起算至原告取得房屋权属证书条件成就之日止。

《合同法》第五条规定：“当事人应当遵循公平原则确定各方的权利和义务。”公平原则是民法的一项基本原则，它要求当事人在民事活动中以社会正义、公平观念指导自己的行为，衡平各方利益，同时以社会正义、公平观念来处理当事人之间的纠纷。公平原则表现在违约责任上就是既要维护守约当事人的合法权益，让其因违约方违约造成的损失得到充分弥补，又要避免违约方因其违约行为承担远高于其所造成损失的违约金。这也就是为什么《合同法》第一百一十三条规定“……损失赔偿额应当相当于因违约所造成的损失……但不得超过违反合同一方订立合同时预见到或者应当预见到的因违反合同可能造成的损失。”为了衡平当事人利益，《合同法》第一百一十四条进一步规定“……约定的违约金过分高于造成的损失的，当事人可以请求人民法院或者仲裁机构予以适当减少。”《最高人民法院关于适用〈中华人民共和国合同法〉若干问题的解释（二）》（以下简称《合同法解释二》）第二十九条又对《合同法》第一百一十四条进一步解释到：“……当事人约定的违约金超过造成损失的百分之三十的，一般可以认定为合同法第一百一十四条第二款规定的‘过分高于造成的损失’。”虽然《合同法》第一百一十四条和《合同法解释二》第二十九条针对的是双方约定的违约金过高或过低的情形，并非严格对照本案中双方没有约定违约金数额，由法院依法裁判的情形，但不言而喻其所体现出的公平公正原则和利益衡平原则是相通的，其条款是可以参照适用到本案中的，二审法院据此改判博基置业公司支付杜某东逾期未办理房地产权属证书的违约金总额不超过该违约行为可能给杜某东造成的最大损失即购房款的30%是可行的。

编写人：河南省南阳市中级人民法院　陈立丽

9

商品房销售合同面积与实际面积不符时如何处理

——李某坤、陈某梅诉平远县盛世富港房地产开发有限公司商品房销售合同案

【案件基本信息】

1. 裁判书字号

广东省梅州市平远县人民法院（2017）粤1426民初403号民事判决书

2. 案由：商品房销售合同纠纷

3. 当事人

原告：李某坤、陈某梅

被告：平远县盛世富港房地产开发有限公司

【基本案情】

2011年5月14日，原、被告双方签订《商品房买卖合同》（合同编号：2011-05-××）和《合同补充协议》，原告自愿认购被告开发的位于广东省平远县大柘镇平兴路优山美地第E2-1幢10层××号房，合同约定建筑面积175.59平方米，其中套内建筑面积149.20平方米，该商品房属预售，房屋单价为每平方米人民币3358.59元，总金额为人民币589735元。约定付款方式为一次性付款，并约定2011年7月9日前支付全部房价款。约定房屋交付时间为2012年7月31日前。面积确认及面积差异处理（略）；《合同补充协议》第一条对《商品房买卖合同》中面积确认及面积差异处理补充约定（略）。合同签订后，原告于2011年7月9日付清了全部购房款，被告于2012年7月7日将房屋交付给原告使用。2015年8月3日，平远县房地产管理局收到被告提交的涉案房屋办证所需的资料，2015年8月3日，房地产权属登记部门为该房屋进行了权属登记，并颁发了房地产权属证书（粤房地权证平远县字第A-00011237号）。2015年8月28日，原告收到由被告公司代为发

放的房地产权属证书。该房地产权属证书显示涉案建筑面积170.69平方米，套内建筑面积145.20平方米。该房屋产权证上实际登记建筑面积比合同约定建筑面积少4.9平方米，实际登记套内建筑面积比合同约定套内建筑面积少4平方米。据此确定被告多收原告购房款16457.09元（3358.59元×4.9平方米）。2015年3月12日，原告向被告发出《关于给付房屋面积差额及延付产权证违约金的申请》，要求被告对延期办理房产证及房屋面积差异退款一事作出处理，双方因此发生纠纷，原告为此诉至本院，提出上述诉请。

【案件焦点】

1. 关于原告请求被告应承担至房产证登记日止的违约金问题；2. 关于被告违约金请求是否超过诉讼时效问题；3. 关于原告要求被告支付超出产权登记面积部分的购房款人民币16457.09元及利息4295.30元的问题。

【法院裁判要旨】

广东省梅州市平远县人民法院经审理认为：原、被告双方签订的《商品房买卖合同》及《合同补充协议》系双方当事人的真实意思表示，该《商品房买卖合同》及《合同补充协议》合法有效，原、被告双方均应按合同约定的内容全面履行相应义务。按照《商品房买卖合同》第十五条约定，出卖人应当在商品房交付使用后365日内，将办理权属登记需由出卖人提供的资料报产权登记机关备案。被告于2015年8月3日才将办证所需资料提交产权登记机关备案，并非在合同约定的期间内履行协助办证义务，已构成违约。被告关于违约金请求已超过诉讼时效的抗辩，因被告的违约行为一直处于持续状态，从2015年8月3日被告违约行为结束之日起算原告在两年内起诉，应认定为未超过诉讼时效。关于原告要求被告支付超出产权登记面积部分的购房款人民币16457.09元及利息4295.30元的请求，根据《最高人民法院关于审理商品房买卖合同纠纷案件适用法律若干问题的解释》第十四条的规定，因原、被告双方签订的《合同补充协议》第一条第一项、第二项约定了面积误差绝对值在0.6%以上（含本数）至3%以内（含本数）的，原、被告双方按产权登记面积及合同约定的房屋单价据实结算房款及契税，多退少补；面积误差比绝对值超过3%时，被告只需返还面积误差比绝对值减少3%（不含本数）部分的房价款及相应的利息。综上所述，广东省梅州市平远县人民法院依照《中华人民共和国民法通则》

第一百一十一条、第一百一十二条，《中华人民共和国合同法》第六十条、第一百零七条，《最高人民法院关于审理商品房买卖合同纠纷案件适用法律若干问题的解释》第十四条之规定，判决如下：

一、被告平远县盛世富港房地产开发有限公司应于本判决生效之日起十日内向原告李某坤、陈某梅支付因逾期提交办理涉案房屋权属登记所需资料给产权登记机关备案的违约金人民币44583.97元；

二、被告平远县盛世富港房地产开发有限公司应于本判决生效之日起十日内向原告李某坤、陈某梅返还超出产权登记建筑面积部分的购房款16457.09元，以及利息3080.11元；

三、驳回原告李某坤、陈某梅的其他诉讼请求。

【法官后语】

商品房买卖一直是社会热点问题，在今天不断发展的同时，也暴露出一些问题。其中面积问题是近年来商品房买卖和交易的常见疑难问题，因此产生不少纠纷。如何处理面积差异纠纷，对房地产法律研究和实务，维护房地产市场健康发展起到重要作用。面积差异是目前房地产交易中产生纠纷的一大缘由。因为目前的房屋销售主要以预售方式为主，这种方式的主要优势为：一是对开发商的投入要求较小；二是购房者通常可以享受到较大的优惠，但是预售时的面积是在图纸上测出来的，与实际完工的房屋面积肯定会存在误差。面积是房屋使用价值和房屋交易价值的基础，因商品房买卖面积误差问题而引发的纠纷，本案是典型的案例。关于面积误差问题的处理原则，《最高人民法院关于审理商品房买卖合同纠纷案件适用法律若干问题的解释》第十四条已作出了明确的规定，主要包含两层意思：一、出卖人交付的商品房因面积误差发生纠纷诉至法院，合同有约定的按合同约定处理；二、合同没有约定的，以面积误差比绝对值在3%（包含3%）以内或以外作为是否支持解除合同及承担不同责任的标准。从法律上讲，出卖商品房出现面积误差属于标的物的瑕疵，如该房屋已经交付，即瑕疵给付。依据《合同法》第一百零七条的规定：当事人一方不履行合同义务或者履行合同义务不符合约定的，应当承担继续履行、采取补救措施或者赔偿损失等违约责任。房产公司交付的房屋不符合约定，买受人就有权拒绝接收，直至房产符合约定，如果由于房产公司的不当交付造成买受人的损失，还可以要求其赔偿。考虑到商品房建设过程中不可避免地会出现合理的误差，同时也是为了避免出现买受人动辄退房的现象，《最高人民法院关于审理商品房买卖合同纠纷案件适用法律若干问题的解释》参照建设部《商品房销售管理办法》规定了3%的合理比率。应该说，这一规定大大提高了人民法院对商品房买受人合法权益的保障力度。但实践中，当事人在合同中往往约定有“多退少补、按实结算”“以产权登记部门实测面积为准”等类似条款，这是否属于《最高人民法院关于审理商品房买卖合同纠纷案件适用法律若干问题的解释》第十四条规定的“合同有约定的，按照约定处理”的情形？如果属于这种情形，当出现面积误差过大以至于明显不合理时，是否仍然可以简单套用“当事人另有约定除外”的规则？所以笔者认为，出卖人交付使用的房屋套内建筑面积或者建筑面积与商品房买卖合同约定面积不符，合同有约定的，按照约定处理；合同没有约定或者约定不明确的，按照以下原则处理：（一）面积误差比绝对值在3%以内（含3%），按照合同约定的价格据实结算，买受人请求解除合同的，不予支持；（二）面积误差比绝对值超出3%，买受人请求解除合同、返还已付购房款及利息的，应予支持。买受人同意继续履行合同，房屋实际面积大于合同约定面积的，面积误差比在3%以内（含3%）部分的房价款由买受人按照约定的价格补足，面积误差比超出3%部分的房价款由出卖人承担，所有权归买受人；房屋实际面积小于合同约定面积的，面积误差比在3%以内（含3%）部分的房价款及利息由出卖人返还买受人，面积误差比超过3%部分的房价款由出卖人双倍返还买受人。

编写人：广东省梅州市平远县人民法院　迟宝良

10

已交付精装修房屋水管冻裂后的赔偿责任认定

——陆某远、顾某夷诉无锡苏宁置业有限公司房屋买卖合同案

【案件基本信息】

1. 裁判书字号

江苏省无锡市中级人民法院（2017）苏02民终1645号民事裁定书

2. 案由：房屋买卖合同纠纷

3. 当事人

原告（被上诉人）：陆某远、顾某夷

被告（上诉人）：无锡苏宁置业有限公司（以下简称苏宁公司）

【基本案情】

2014年4月29日，陆某远、顾某夷与苏宁公司签订《商品房买卖合同》一份，约定：由陆某远、顾某夷向苏宁公司购买无锡市悦园C区11单元××号预售精装修房屋。合同签订后，陆某远、顾某夷按约支付了房款，苏宁公司亦在约定时间内向陆某远、顾某夷交付了已通过竣工验收的房屋。陆某远、顾某夷收取房屋后于2015年9月16日与案外人无锡市苏可装饰设计工程有限公司签订《样板房租赁合作协议》一份，将房屋出租用于样板房展示，自2015年9月17日至2016年4月30日，每月租金3500元。2016年1月26日，涉案房屋阳台处隐蔽于墙砖后的供水管冻裂致使房屋漫水，地板、柜体、墙纸等均存在不同程度的毁损。无锡市苏可装饰设计工程有限公司于2016年1月29日与陆某远、顾某夷解除租赁合同，陆某远、顾某夷退还自2016年1月27日起三个月零五天的租金11000元。

2016年7月1日，法院组织双方，就涉案房屋漏水部位及漏水原因至现场确认，经现场勘察，发现供水管因低温爆裂，室内地板及墙角、柜体、部分家具均出现发霉，案涉小区阳台均采用开放式、均未封闭，户内供水仅有总阀一个，向阳台

供水的管道没有单独控水阀。因对房屋修复及损失赔偿，双方未能达成一致意见，遂由陆某远、顾某夷向本院提出鉴定申请。无锡诚益价格事务有限公司于2016年11月16日至涉案房屋现场对现场装潢、物品损失价格进行评估，并于2016年11月30日出具评估报告，损失总计49685.6元。另经双方确认一把价值600元的受损梳妆椅未列入评估报告。

事发期间，无锡为寒潮天气，且相关部门频繁预警，事发时最低气温为零下7.1℃。自1955年有气象记录以来，无锡最低气温是1969年2月6日的零下12.5℃。同时期，涉案房屋所在苏宁公司开发的同一小区约有十余户出现类似阳台供水管爆管情况。

庭审中，对涉案房屋的租金损失，苏宁公司确认按3000元每月计算；陆某远、顾某夷对2016年4月30日前的坚持要求按照3500元每月计算，之后的同意按3000元每月计算。

【案件焦点】

苏宁公司交付陆某远、顾某夷的涉案房屋是否存在质量问题，苏宁公司是否应当承担赔偿责任。

【法院裁判要旨】

江苏省无锡市滨湖区人民法院经审理认为：出卖人交付的标的物，应当符合双方合同约定及国家、行业标准，且能够保证买受人在正常使用的情况下不发生事故损失。本案中，苏宁公司作为开发商，向陆某远、顾某夷提供的是精装修房屋。房屋的设计施工均由苏宁公司负责，苏宁公司在房屋设计施工过程中应就可能出现的特殊情况予以充分考虑。结合本案，阳台在没有封闭的状况下，相应水管处与室外空间直接接触的环境，且相关管道内置于墙砖，又无专门的控水阀。结合无锡本地情况，绝大多数年份冬季均会出现零下结冰天气，低于零下五摄氏度的寒冷天气亦不鲜见。结合同小区多达十余户存在同样情况的事实，苏宁公司提供的供水管明显没能经受正常气候条件下环境的考验，是导致此次事故发生的根本原因，对相关损失负有直接责任。但陆某远、顾某夷将涉案房屋交于承租人使用，在相关部门提前多次发布寒潮预警的情况下，未能对其所有的房屋履行谨慎注意的义务，未采取诸如采暖、开启开关续滴等可以避免此次事故发生的任何措施，且在日间房屋漏水后亦未能及时发现，导致房屋大面积漫水，对于最终损失，也有相应过错。结合上述情况，本院认定陆某远、顾某夷对其损失自行承担30%的责任，由苏宁公司承担70%的责任。

关于装潢物品方面的损失，根据评估及双方确认情况，本案认定为50285.6元。关于租金方面的损失，2016年4月30日前，11000元的可得利益损失实际发生，予以认可。之后双方一致认可按3000元每月计算，予以准许。对于计算期间，因苏宁公司不认可其责任导致受损房屋迟迟未能恢复原状，房屋现场在2016年11月16日才经评估机构现场勘察，此后陆某远、顾某夷要求给予合理的修复期至2016年12月31日，法院认为合情合理，予以支持。故租金方面损失认定为35000元。综上，苏宁公司应向陆某远、顾某夷赔偿59700元（取整）。

江苏省无锡市滨湖区人民法院依照《中华人民共和国合同法》第一百一十一条、第一百一十三条第一款、第一百一十九条，《最高人民法院关于审理买卖合同纠纷案件适用法律问题的解释》第三十条之规定，判决如下：

一、被告无锡苏宁置业有限公司于本判决生效之日五日内立即向原告陆某远、顾某夷支付赔偿款59700元；

二、驳回原告陆某远、顾某夷的其他诉请。

苏宁公司持原审抗辩意见提起上诉但未预交二审案件受理费，且经催交后，仍未交纳。江苏省中级人民法院裁定如下：

本案按无锡苏宁置业有限公司自动撤回上诉处理，一审判决自本裁定送达之日起发生法律效力。

【法官后语】

本案系寒潮天气引发精装修房屋供水管破裂而产生的纠纷。本案中开发商提供的房屋各项验收均已通过，相关供水管道质量也达标，且事故系因较为特殊的天气原因引起。不论从合同约定的交付标准来看还是从国家、行业标准来看，涉案房屋均不存在违反标准的情形。但符合相应标准，并不等于不存在质量问题。商品之所以在市场上具有交换价值，是源于其自身的使用价值。因此，判断标的物是否具有质量问题，首先要判断其存在的问题是否影响了其应有的使用价值。进而，判断该标的物是否能够胜任正常的使用所需。若不能胜任正常使用所需，则应认定存在质量问题，出卖人应承担由此带来的损失。

本案中，苏宁公司作为开发商，提供了可以拎包入住的精装修房屋。故而判断该房屋是否存在质量问题，需将整个房屋作为一个整体对待。即便各个部分都符合质量标准，但不恰当的组合，或对如寒潮、梅雨等非一般性使用条件的欠缺考虑，导致房屋在正常使用情况下出现诸如管道被冻裂或墙纸大面积发霉等情况的，均应认定为质量问题。此种意义上的违约责任之约定，并不必须详见于合同文本，而是来源于常识层面的约定俗成。考虑到房屋已交付给业主使用，相应控制权利已移交。作为所有权人，陆某远在使用房屋时，在遇到较为极端的寒潮天气时，在气象部门及广播电视等多种媒体的宣传告知下，并未采取任何注意或防范措施。若陆某远采取开启空调等供暖设备或将水龙头打开小水流动等成本极小的措施，均不会发生此次漏水事故。故而，根据《最高人民法院关于审理买卖合同纠纷案件适用法律问题的解释》相关规定，法院援引侵权责任中的过失相抵原则，判决陆某远对其损失的30%承担责任。该小区发生管道破裂的其余十余户，亦按该规则由开发商与业主自行处理了赔偿事宜。

编写人：江苏省无锡市滨湖区人民法院　吴传杰

11

住房限购政策出台导致居间合同无法继续履行应如何处理

——牛某理诉北京华鑫置地房地产经纪有限公司居间合同案

【案件基本信息】

1. 裁判书字号

北京市昌平区人民法院（2017）京0114民初10734号民事判决书

2. 案由：居间合同纠纷

3. 当事人

原告：牛某理

被告：北京华鑫置地房地产经纪有限公司（以下简称华鑫置地公司）

【基本案情】

2017 年 3 月 25 日，在华鑫置地公司的居间下，案外人闫某强（出卖人）与牛某理（买受人）签订了《北京市存量房屋买卖合同》。同日，牛某理（委托人）与华鑫置地公司（受托人）签订了《房屋购买委托协议》，合同约定，委托人委托受托人购买位于北京市昌平区北清路 1 号院小区 5 号楼 1 单元 × × 号的房屋，委托价格为 5550000 元；委托人委托受托人提供下列服务并同意支付相应服务费：提供居间服务协助并撮合委托人与上述房产所有人签订房屋买卖合同，提供过户服务协助办理上述房产的权属过户手续，协助办理上述房产贷款手续，办理交易房屋的存量房买卖合同网上签约手续，委托人实际需支付的费用共计 50000 元；本协议委托期限至办理完毕房屋转移登记手续为止。上述合同签订后，牛某理向华鑫置地公司支付了居间费 38000 元，余款 12000 元未支付。

2017 年 3 月 26 日，北京市住房和城乡建设委员会等部门联合出台《关于进一步加强商业、办公类项目管理的公告》。该公告第五条规定，“本公告执行之前，已销售的商办类项目再次上市出售时，可出售给企事业单位、社会组织，也可出售给个人，个人购买应当符合下列条件：1. 名下在京无住房和商办类房产记录的；2. 在申请购买之日起，在京已连续五年缴纳社会保险或者连续五年缴纳个人所得税”。因涉案房屋系商业用房，且牛某理在京已有住房，故牛某理无法履行《北京市存量房屋买卖合同》，牛某理称出卖人闫某强已将购房定金返还。

牛某理认为双方签订的《房屋购买委托协议》由于不可抗力的因素被终止，牛某理无权要求华鑫置地公司继续履行合同，华鑫置地公司同样须将收取牛某理的中介费予以退还。故牛某理诉至法院，请求判令解除双方签订的《房屋购买委托协议》，华鑫置地公司退还牛某理中介费 38000 元。华鑫置地公司辩称公司已经履行了合同义务，新政出台后，牛某理没有资格购买涉案房屋与华鑫置地公司无关。

【案件焦点】

1. 牛某理要求解除与华鑫置地公司的居间合同关系是否合理；2. 若双方的居间合同不能继续履行，华鑫置地公司是否应当退还中介服务费用，退还的数额是多少。

【法院裁判要旨】

北京市昌平区人民法院经审理认为：依法成立的合同，对当事人具有法律约束力。本案中，原、被告签订的《房屋购买委托协议》系双方当事人的真实意思表示，且不违反法律、行政法规的强制性规定，该合同合法有效，双方均应按照合同约定履行各自的义务。根据该合同所约定的内容，牛某理与华鑫置地公司之间形成居间合同关系。

涉案房屋属于商业用房，根据京建发〔2017〕第112号文件的规定，牛某理不再具有购买涉案房屋的资格，其无法继续履行《北京市存量房屋买卖合同》，故原、被告签订的《房屋购买委托协议》中的相关服务内容亦无法全部履行，故牛某理起诉请求解除《房屋购买委托协议》的诉讼请求具有事实及法律依据，本院予以支持。鉴于华鑫置地公司已经向牛某理提供了促成签订《北京市存量房屋买卖合同》等合同义务，但未完成协助办理过户手续、协助办理贷款手续、办理网上签约手续等合同义务，故华鑫置地公司应当退还部分中介费用，本院根据合同的约定及具体履行情况，酌定华鑫置地公司应退还的数额。

综上所述，牛某理的诉讼请求，理由正当，本院对其请求中的合理部分予以支持，对其请求中的过高部分不予支持。依照《中华人民共和国合同法》第六十条、第九十四条、第九十七条、第四百二十四条之规定，判决如下：

一、解除原告牛某理与被告北京华鑫置地房地产经纪有限公司签订的《房屋购买委托协议》；

二、被告北京华鑫置地房地产经纪有限公司于本判决生效后七日内退还原告牛某理中介费25000元；

三、驳回原告牛某理的其他诉讼请求。

【法官后语】

此案关键在于厘清住房限购政策的出台是否影响到基于房屋买卖合同而签订的居间服务合同，确定双方约定的居间服务内容不能继续履行的真实原因，若不能继续履行，那么华鑫置地公司是否应当退还中介服务费用。

2017年3月26日，北京市住房和城乡建设委员会等部门联合出台《关于进一步加强商业、办公类项目管理的公告》。该公告第五条规定，“本公告执行之前，已销售的商办类项目再次上市出售时，可出售给企事业单位、社会组织，也可出售给个人，个人购买应当符合下列条件：1. 名下在京无住房和商办类房产记录的；2. 在申请购买之日起，在京已连续五年缴纳社会保险或者连续五年缴纳个人所得税”。

根据双方陈述及审理查明事实，涉案房屋系商业用房且牛某理在京已有住房，故根据京建发〔2017〕第 112 号文件的规定，牛某理不再具有购买涉案房屋的资格，其无法继续履行《北京市存量房屋买卖合同》。《房屋购买委托协议》是基于房屋买卖合同而签订的，因为房屋买卖合同无法继续履行，故牛某理与华鑫置地公司之间的后续中介服务内容已不可能履行。因此牛某理要求解除双方之间的居间合同关系理由正当，应予支持。

由于住房限购政策的出台，致使房屋买卖合同无法继续履行并解除，从而导致居间服务合同中的部分内容无法继续履行，此情形双方均不构成违约，双方可解除居间合同，居间方可根据已提供的居间服务收取相应的居间服务费用。本案中，《房屋购买委托协议》中规定了华鑫置地公司应向牛某理提供的居间服务，包括提供居间服务协助并撮合委托人与上述房产所有人签订房屋买卖合同，提供过户服务协助办理上述房产的权属过户手续，协助办理上述房产贷款手续，办理交易房屋的存量房买卖合同网上签约手续。并约定了委托人实际需支付的费用共计 50000 元，实际上，牛某理仅向华鑫置地公司交纳了 38000 元的中介费用。华鑫置地公司按照规定已经为牛某理提供了一部分的居间服务，即促成签订《北京市存量房屋买卖合同》等合同义务，但未完成协助办理过户手续、协助办理贷款手续、办理网上签约手续等合同义务。由于牛某理已经无法继续履行《北京市存量房屋买卖合同》，故《房屋购买委托协议》中的协助办理过户手续、协助办理贷款手续、办理网上签约手续等合同义务亦没有了履行的基础。华鑫置地公司根据已经完成的合同义务可适当收取相应的中介服务费，其余的中介费用应当退还，考虑到双方的实际情况，法院酌定华鑫置地公司应退还的数额为 25000 元。

编写人：北京市昌平区人民法院　曹松清

12

附条件解除合同中对条件的审查与认定

——佛山市三水区兆辉房地产有限公司诉潘某梅、邓某生商品房销售合同案

【案件基本信息】

1. 裁判书字号

广东省佛山市三水区人民法院（2017）粤0607民初2764号民事判决书

2. 案由：商品房销售合同纠纷

3. 当事人

原告：佛山市三水区兆辉房地产有限公司（以下简称房产公司）

被告：潘某梅、邓某生

【基本案情】

原告房产公司与被告潘某梅于2015年8月27日签订《购房合同》，约定："首付20万元，余款30万元按揭支付。"合同签订后，潘某梅支付了全部房款，房产公司向潘某梅交付了房屋。此后，因潘某梅未按期偿还银行贷款，银行依照其于2013年3月1日与房产公司签订的《楼宇抵押贷款合作协议》中关于"房产公司对银行在楼宇的全部抵押贷款承担连带责任"的约定，起诉潘某梅与房产公司，要求潘某梅偿还全部贷款本息320000元，房产公司承担连带责任。法院经审理予以支持。判决生效后，房产公司履行了320000元的担保义务。

2017年6月3日，房产公司根据其与潘某梅签订的《购房合同补充协议》第四条关于"买受人未能履行其向银行机构应尽的义务，令出卖人作为担保责任人承担担保责任而导致的出卖人损失，概由买受人承担，同时自银行机构向出卖人发出承担担保责任通知之日起，或自出卖人知道买受人逾期付款之日起，视买受人根本违约，出卖人有权解除该合同及本补充合同，买受人须按总房价款的30%向出卖人

支付违约金”之约定，要求潘某梅支付代偿的320000元，并解除双方《购房合同》，由潘某梅返还房屋，支付违约金150000元。

【案件焦点】

是否应支持解除合同、返还房屋、支付总房价款30%的违约金的诉请。

【法院裁判要旨】

广东省佛山市三水区人民法院经审理认为：本案主要涉及以下法律问题：一、原告履行担保责任后的追偿权问题；二、原告能否依照《购房合同补充协议》第四条第四项之规定，行使合同解除权；三、原告能否依照《购房合同补充协议》第四条第四项之规定，要求被告按照总房价款的30%支付违约金。四、原告因本案而支付的律师费用是否应该由被告方承担。对此，本院具体分析如下：

关于追偿权问题。本案中，因被告未按照其与中国建设银行佛山市三水支行签订的《借款合同》的约定，向中国建设银行佛山市三水支行偿还借款。中国建设银行三水支行依照其于2013年3月7日与原告签订的《楼宇抵押贷款合作协议》，向本院提起诉讼，要求原告承担担保责任。原告依照本院生效的（2017）粤0607民初852号民事判决书于2017年6月8日向本院支付了包括被告所欠借款本金利息在内的执行款323577元，本院实际执行原告317322元。在原告履行担保义务后，原告有权依照《中华人民共和国担保法》第三十一条之规定，向被告主张追偿权。原告诉请被告支付代偿款317322元，及从2017年6月8日起至实际履行之日止，按照中国人民银行同期贷款利率赔偿利息损失的请求，本院予以支持。

关于原告是否享有合同解除权以及违约金请求权问题。首先，本案中存在两个合同关系，一是原告与被告潘某梅之间的房屋买卖合同关系，二是被告与中国建设银行佛山三水支行之间的借款合同法律关系。在房屋买卖合同关系中，被告已经履行了全部的付款义务，并不存在合同违约行为。在借款合同法律关系中，被告未按照合同约定，履行还款义务，存在违约行为。其次，原告与中国建设银行佛山三水支行签订的《楼宇抵押贷款合作协议》，签订于2013年3月7日，而原告与被告之间的《购房合同》以及《购房合同补充协议》签订于2015年8月27日，从现有证据看，并无证据证明原告在与被告潘某梅签订房屋买卖合同时，将其两年前与中国建设银行佛山市三水支行签订的《楼宇抵押贷款合作协议》告知被告，在被告与中国建设银行佛山市三水支行签订的借款合同中，原告也没有以保证人的身份签字，而《购房合同补充协议》第四条第四项“买受人未能履行其向银行机构应尽的义务（包括但不限于拖欠银行的月供款），令出卖人作为担保责任人承担担保责任而导致的出卖人损失，概由买受人承担，同时自银行机构向出卖人发出承担担保责任通知之日起，或自出卖人知道买受人逾期付款之日起，视买受人根本违约，出卖人有权解除该合同及本补充合同，买受人须按总房价款的30%向出卖人支付违约金”之规定，属于附条件解除合同之约定。在该项条件成就时（被告未按期偿还借款，原告履行了担保责任），原告享有合同解除权。但从本案情况来看，被告并不知晓该条件的具体内容，被告对该条件成就时的法律后果，亦缺乏明确预知。而本案中该条件成就的法律后果是，被告不仅应当承担逾期偿还银行贷款的违约责任，还要承担房屋买卖合同中解除合同、支付高额违约金的违约责任，尤其在目前三水区房价上涨的情形下，被告还须承担较大房屋升值损失。法律应遵循常理，当事人只有在知晓合同条款时，才负有诚实履行义务。本案中，由于原告未将其两年前与中国建设银行佛山市三水支行之间的《楼宇抵押贷款合作协议》告知被告，被告并不知道其与中国建设银行佛山市三水支行之间的借款合同中还存在原告的担保关系。因此《购房合同补充协议》第四条第四项之约定，内容不明确，对被告不具有约束力。原告要求解除《商品房买卖合同》以及补充合同，要求被告按照总房价款的30%支付违约金的请求，本院不予支持。

关于律师费及二被告应否承担连带责任问题。由于本案诉讼，是原告代替被告履行借款合同责任后，而行使追偿权诉讼。原告支付的律师费属于其实际损失，被告应当予以赔偿。原告诉请被告赔偿律师费损失24363.62元的请求，本院予以支持。被告邓某生与被告潘某梅属于夫妻关系，依法应对本案中的民事责任承担连带责任。

综上，广东省佛山市三水区人民法院依照《中华人民共和国合同法》第五条、第八条、第三十九条第一款、第四十条，《中华人民共和国担保法》第三十一条之规定，判决如下：

一、被告潘某梅、邓某生在本判决生效之日起十日内支付原告佛山市三水区兆辉房地产有限公司代偿款317322元，并按中国人民银行同期银行贷款利率赔偿原告佛山市三水区兆辉房地产有限公司自2017年6月8日起至实际付清之日止的利息损失；

二、被告潘某梅、邓某生在本判决生效之日起十日内赔偿原告佛山市三水区兆辉房地产有限公司律师费损失24363.62元；

三、驳回原告佛山市三水区兆辉房地产有限公司的其他诉讼请求。

【法官后语】

在审理过程中，对是否支持解除合同、返还房屋、支付总房价款30%的违约金的诉请，存在争议。第一种观点认为，《购房合同补充协议》第四条之约定属于附条件解除合同，现潘某梅违约，银行已起诉，房产公司履行了担保义务，解除条件已经成立，应予支持。第二种观点认为，《购房合同补充协议》第四条属于格式合同条款，潘某梅与房产公司签约时不知晓房产公司与银行存在担保关系，对担保关系的法律后果缺乏实际认知与预判，且解除条件成立后的法律后果显失公平，明显损害潘某梅利益。因此，第四条之约定属于无效，应驳回房产公司该项诉请。

笔者同意第二种观点，分析如下：

首先，本案中存在三个合同关系，一是潘某梅与房产公司之间的房屋买卖合同关系；二是潘某梅与银行之间的借款合同法律关系；三是银行与房产公司的保证合同关系。在房屋买卖合同法律关系中，潘某梅已经履行了全部的付款义务，并不存在合同违约行为。在借款合同法律关系中，潘某梅未按照合同约定，履行还款义务，存在违约行为。在保证合同法律关系中，该保证合同性质上属于最高额保证合同，它是概括性地就特定项目发生的债务提供担保，债务人并未特定化。房产公司履行担保义务后，依法享有对潘某梅的追偿权。存在的问题是，房产公司是否还享有《购房合同》的解除权和违约赔偿请求权。

其次，《购房合同补充协议》第四条之约定属于附条件解除合同之约定。在该项条件成就时（潘某梅未按期偿还借款，房产公司履行了担保责任），房产公司享有合同解除权。但本案中，房产公司与银行签订《楼宇抵押贷款合作协议》的时间是2013年3月1日，而房产公司与潘某梅之间的购房合同以及补充协议时间是2015年8月27日，相距两年多。从现有证据看，并无证据证明房产公司在与潘某梅签订《购房合同》时，将其两年前与银行签订的《楼宇抵押贷款合作协议》告知潘某梅，在潘某梅与银行签订的借款合同中，房产公司也没有以保证人的身份签字。可见，潘某梅并不知晓该条件的具体内容，对该条件成就时的法律后果，亦缺乏明确预知。本质上，该条约定属于未经充分协商和自由选择的条款，缺乏合意基础。法律应遵循常理，当事人只有在知晓合同条款时，才负有诚实履行义务。因此，该《购房合同补充协议》第四条之约定缺乏合意基础，对被告不具有约束力。

最后，该《购房合同补充协议》第四条属于格式条款，法律后果显失公平，应属无效。若第四条成立，潘某梅不仅应当承担《借款合同》中逾期偿还银行贷款的违约责任，还要承担《购房合同》中解除合同、支付总房款30%的高额违约金的违约责任，尤其在当地房价大幅上涨情形下，潘某梅还须承担较大房屋升值损失。这明显不利于潘某梅利益，不合理加重了潘某梅的责任，依照《合同法》第三十九条、第四十条之规定，应属无效。

编写人：广东省佛山市三水区人民法院　黄凤腾

13

《合同法》第九十四条第四项中“违约行为”应当理解为订立合同当事人一方的行为违反合同双方之间的约定

——泰州广城房地产开发有限公司诉邱某辉商品房买卖合同案

【案件基本信息】

1. 裁判书字号

江苏省泰州市中级人民法院（2017）苏12民终578号民事判决书

2. 案由：商品房买卖合同纠纷

3. 当事人

原告（上诉人）：泰州广城房地产开发有限公司（以下简称广城房地产公司）

被告（被上诉人）：邱某辉

【基本案情】

广城房地产公司与邱某辉于2009年12月31日签订《商品房买卖合同》，约定：广城房地产公司将其位于泰州市九龙镇九龙路18号第12幢3单元××号房屋及附属用房出售给邱某辉，总房价为242347元。协议约定付款方式为银行按揭付款。同日，双方签订补充协议一份，约定："二、付款方式：买受人于2009年12月31日前向出卖人支付首期房款人民币49347元，除上述首付款外，其余房款总计人民币193000元，被称作按揭款，由买受人于2010年1月7日向银行申请按揭贷款，贷得款项用于向出卖人支付房款……四、买受人未经出卖人同意，擅自迟延任何一期付款达三个月的，则出卖人有权解除《商品房买卖合同》，所引起的损失由买受人承担"。2010年2月1日，中国建设银行股份有限公司泰州分行（以下简称建行泰州分行）与邱某辉及案外人钱某芳签订《个人住房（商业用房）借款合同》，合同金额193000元，用于向广城房地产公司购买坐落于泰州市海陵区九龙镇水岸豪庭12号楼××室的房产，同时约定以该房产作为合同项下借款的抵押担保，广城房地产公司为合同项下的借款做连带责任担保。建行泰州分行依约向邱某辉发放193000元借款，该借款于2010年2月1日经由邱某辉在建行泰州分行开设的账号支付给广城房地产公司，后因邱某辉未能按《个人住房（商业用房）借款合同》约定，及时办理房屋抵押权登记，建行泰州分行认为邱某辉及案外人钱某芳构成违约诉至江苏省泰州市海陵区人民法院。江苏省泰州市海陵区人民法院判决邱某辉、钱某芳向建设泰州分行偿还借款本金人民币133656.28元及利息，广城房地产公司承担连带保证责任，其在清偿后有权向邱某辉、钱某芳追偿。该判决书生效后，建行泰州分行向广城房地产公司申请强制执行，一审法院扣划被执行人广城房地产公司银行存款163565.28元。现广城房地产公司认为邱某辉未依据合同约定及时偿还银行按揭贷款，致使购房按揭贷款被法院从广城房地产公司账户内扣划，邱某辉的行为已经构成根本违约，要求解除双方之间的合同。

【案件焦点】

案涉《商品房买卖合同》能否解除。

【法院裁判要旨】

江苏省泰州市海陵区人民法院经审理认为：从《合同补充协议》的内容来看，

涉讼的《合同补充协议》系双方对购房款项给付方式及时间进行的约定，双方将购房款分为首期房款及按揭款两期，并分别约定了两期款项交付的时间，协议中并未涉及银行按揭贷款的还款时间，广城房地产公司认为《合同补充协议》中第四条的延期付款系针对邱某辉偿还银行按揭贷款而言，与《合同补充协议》的总体内容不相符。其次，从《商品房买卖合同》及《合同补充协议》的履行来看，根据广城房地产公司当庭陈述及一审法院（2015）泰海商初字第0163号民事判决书查明的情况，双方签订《商品房买卖合同》及《合同补充协议》后，邱某辉依据双方之间的协议约定，在银行放贷后已依约将款项支付给广城房地产公司。双方签订的《合同补充协议》中约定的行使合同解除权的条件，只限于邱某辉逾期给付购房款。江苏省泰州市海陵区人民法院依照《中华人民共和国合同法》第九十三条，《中华人民共和国民事诉讼法》第一百四十四条的规定，判决：

驳回原告泰州广城房地产开发有限公司的诉讼请求。

广城房地产公司不服，提起上诉。江苏省泰州市中级人民法院经审理认为：一、关于约定解除的审理意见，同意一审法院的意见。二、关于法定解除的上诉理由，《中华人民共和国合同法》第九十四条第四项规定“当事人一方迟延履行债务或者有其他违约行为致使不能实现合同目的”，当事人可以解除合同。这里的“违约行为”应当理解为当事人一方的行为违反双方签订的合同，而并非当事人一方违反其与案外人签订的其他合同。本案中，双方签订的合同为《商品房买卖合同》及《合同补充协议》，广城房地产公司起诉所依据的法律关系也是双方的商品房买卖合同关系。邱某辉在履行《商品房买卖合同》及《合同补充协议》过程中并不存在违约行为，只是由于其逾期偿还银行借款，导致广城房地产公司承担了担保责任。广城房地产公司完全可以通过向邱某辉追偿等合法途径实现自己的权益。广城房地产公司以合同目的无法实现，认为一审法院适用法律错误的上诉理由，不予采信。江苏省泰州市中级人民法院依照《中华人民共和国民事诉讼法》第一百七十条第一款第一项之规定，判决：

驳回上诉，维持原判。

【法官后语】

本案中上诉人诉讼请求解除合同的请求权基础集中在两个方面，一个是《合同法》第九十三条的约定解除；另一个是《合同法》第九十四条的法定解除，具体到本案中上诉人主张适用的是第九十四条第四项。判决书的说理部分即围绕上述两个法条展开。对于约定解除，因双方对“首期”的适用情形约定明确，故对双方合同中第四条的“任何一期”中“期”的范围就应当是“首期”房款及按揭贷款两项。邱某辉经银行贷款，银行已经将按揭贷款足额打入上诉人的账户，足以证明邱某辉已履行合同义务，上诉人以《合同法》第九十三条作为请求权基础就不存在了。对于法定解除，《合同法》第九十四条第四项规定，当事人解除合同的条件是“当事人一方迟延履行债务或者有其他违约行为致使不能实现合同目的”。这里就需要分析邱某辉不向银行偿还贷款的行为能否认定为其与上诉人之间的合同“不能实现合同目的”。首先，上诉人与被上诉人达成商品房买卖合同的目的即以出卖商品房为手段达到获利购房款。在合同履行过程中，被上诉人已经以首付和按揭贷款的形式足额向上诉人支付了购房款，从这一角度出发，被上诉人已经履行了合同的义务，上诉人订立合同的目的已经实现。至于后来因被上诉人未能偿还银行贷款导致上诉人账户被扣划，并不影响上述行为的定性。其次，从文义解释来说，《合同法》第九十四条第四项规定的适用情形为“迟延履行债务”或者“有其他违约行为”。从上面的分析得知被上诉人不存在迟延履行债务的问题。那么被上诉人的行为能否构成“其他违约行为”？承办人认为，“违约行为”的适用客体应当是当事人双方订立的合同，而不是当事人与他人订立的合同。韩世远教授在《合同法总论》中认为，“（合同）不完全履行，即债务人虽以适当履行的意思进行了履行，但其履行不符合法律的规定或合同的约定”。这里强调的意思也是限于当事人之间的合同，并不涉及案外人。被上诉人在与上诉人订立合同后也并未有违反合同约定的行为，因此不能认定被上诉人对银行违约的行为构成其与上诉人之间的合同“不能实现合同目的”。

值得一提的是，在其他法院的判决中认定上述行为属于“不能实现合同目的”的情形，承办人认为上述判决值得商榷。

编写人：江苏省泰州市中级人民法院　田扬

14

商品房销售合同解除后的法律后果

——云南滇沪房地产开发有限公司诉胡某跃商品房销售合同案

【案件基本信息】

1. 裁判书字号

云南省昆明市官渡区人民法院（2017）云0111民初2014号民事判决书

2. 案由：商品房销售合同纠纷

3. 当事人

原告：云南滇沪房地产开发有限公司

被告：胡某跃

【基本案情】

2013年8月7日，云南滇沪房地产开发有限公司与胡某跃签订《商品房购销合同》，约定由胡某跃向云南滇沪房地产开发有限公司购买位于昆明市官渡区银海尚御小区Ⅱ第2幢某号商品房（用途为住宅），建筑面积69.27平方米，总价款为801060.45元，付款方式为首期支付总价款的30.09%即241060.45元，其余价款560000元向中国工商银行贷款支付，房屋交付期限为2014年10月31日前。同日，双方签订《合同补充协议》，其中约定“若在依法办妥房产证之前，乙方（即胡某跃）不能履行其与银行签订的借款合同中约定的还款义务，从而导致银行要求甲方（即云南滇沪房地产开发有限公司）承担连带保证责任的，甲方在承担保证责任后，有权解除合同，收回房屋，并要求乙方承担甲方向银行支付的全部贷款本息（包括逾期利息、罚息或其他、违约金、诉讼费、律师费及其他损失，下同）；同时，乙方应向甲方支付房价款5%的违约金；乙方已向甲方支付的房价款（包括首付款及银行代乙方直接支付给甲方的银行担保贷款购房款），在扣除甲方已向银行支付的贷款本息及乙方应当支付的违约金、诉讼费、律师费及其他损失后，尚有余额的，甲方应将该余额退还给乙方；余额为负数的，乙方还应按该数额向甲方予以赔偿。”上述《商品房购销合同》于2013年8月7日备案［合同登记号（KM201308075××××）］。2013年8月19日，云南滇沪房地产开发有限公司、胡某跃与中国工商银行股份有限公司昆明关上支行签订《个人购房借款/担保合同》并于2013年8月29日进行了公证，该合同约定由胡某跃向中国工商银行股份有限公司昆明关上支行贷款560000元用于购买涉案房屋（贷款期限为30年），并授权银行将贷款一次性划入云南滇沪房地产开发有限公司账户，云南滇沪房地产开发有限公司就相应贷款向银行提供阶段性连带责任保证担保。2016年12月21日，中国工商银行股份有限公司昆明关上支行向云南滇沪房地产开发有限公司发出《关于承担保证责任的函》，以胡某跃逾期14期为由要求云南滇沪房地产开发有限公司履行担保责任代偿截至2016年12月21日止胡某跃借款债务581786.86元。次日，中国工商银行股份有限公司昆明关上支行出具《个人贷款结清证明》，记载“兹有借款人胡某跃，购买银海尚御小区某号房屋，在我行申请个人一手房购置贷款，贷款发放日期为2013年10月12日，贷款金额为560000元，贷款期限为360个月，该笔贷款本息已于2016年12月21日全部结清”。2017年1月3日，中国工商银行股份有限公司昆明关上支行出具《补充情况说明》，其主要内容为：“云南滇沪房地产开发有限公司同意履行我行个贷客户胡某跃于我行债务的保证担保义务，并于2016年12月21日将581786.86元转账至我行账户（户名为其他应付款异地、同城网外贷款暂收户，账号为250201701120002××××）。我行于2016年12月21日以此款清偿客户胡某跃全部贷款本息。现贷款已全部结清，债权金额合计581786.86元，其中具体计算如下：1. 贷款本金为546791.61元（536228.10+10563.51；536228.10元为剩余贷款正常本金，10563.51元为积欠逾期贷款本金）；2. 利息为34995.25元［32422.27+656.88+430.57+1485.53；积欠利息为33079.15元（32422.27+656.88）；430.57元为积欠罚息；1485.53元为积欠复息］。”另，2014年8月29日，胡某跃因涉嫌犯罪被刑事拘留。2016年3月28日，官渡法院作出（2015）官刑二初字第372号刑事判决，认定胡某跃犯组织卖淫罪，判处有期徒刑六年，并处罚金12000元。另，云南滇沪房地产开发有限公司委托律师作为诉讼代理人进行本案的诉讼支出了律师费15000元，申请诉讼保全支出了保险费4550元。庭审中，云南滇沪房地产开发有限公司确认胡某跃已交付其首付款241060.45元，按揭贷款

560000元已实际发放至云南滇沪房地产开发有限公司账户。此外，双方当事人均确认涉案房屋未办理交房手续。

【案件焦点】

因买受人的原因导致《商品房购销合同》解除后，对于买受人已支付的购房款应当如何处理。

【法院裁判要旨】

云南省昆明市官渡区人民法院经审理认为：双方当事人签订的《商品房购销合同》合法有效，胡某跃已按合同约定交付云南滇沪房地产开发有限公司购房款801060.45元。但就按揭贷款合同的履行，胡某跃未依约偿还银行贷款本息，致使云南滇沪房地产开发有限公司在承担阶段性保证责任的情形下代为提前清偿银行贷款本息共计581786.86元。现云南滇沪房地产开发有限公司以胡某跃不履行按揭贷款合同义务导致其承担保证责任、《商品房购销合同》解除条件已成就为由诉至法院，请求判令解除涉案《商品房购销合同》及补充协议。庭审中胡某跃明确表示同意解除合同，云南省昆明市官渡区人民法院根据《中华人民共和国合同法》第九十三条第一款“当事人协商一致，可以解除合同”之规定，确认双方当事人所订立《商品房购销合同》及《合同补充协议》于庭审之日即2017年7月27日解除。在涉案合同解除的情形下，根据《中华人民共和国合同法》第九十七条“合同解除后，尚未履行的，终止履行；已经履行的，根据履行情况和合同性质，当事人可以要求恢复原状、采取其他补救措施，并有权要求赔偿损失”之规定，就合同解除后果，云南省昆明市官渡区人民法院认为：云南滇沪房地产开发有限公司作为房屋买卖按揭贷款合同的阶段性保证人，其所代偿的借款本金系胡某跃按购房款交付云南滇沪房地产开发有限公司的款项，其余代偿款项（利息、罚息、复利）为胡某跃作为借款人就履行按揭贷款合同应承担的债务。在将买卖合同与银行按揭贷款合同关联而确定合同解除后返还义务情形下，胡某跃交付云南滇沪房地产开发有限公司的首期款和已由其实际清偿的借款本金应作为返还款项处理，云南滇沪房地产开发有限公司代偿的借款本金属于其已先行收取款项可不作为返还款项处理，云南滇沪房地产开发有限公司代偿的其他款项应作为损失处理；在将买卖合同与银行按揭贷款合同非关联而确定合同解除后返还义务情形下，云南滇沪房地产开发有限公司已实际收取款项作为返还款项处理，其代偿款项可作为追偿款项处理。两种方式之间并无本质差异。现云南滇沪房地产开发有限公司诉请要求胡某跃返还代为清偿的所有银行按揭贷款本息，系按保证追偿方式主张权利。在此前提下，云南滇沪房地产开发有限公司应当同时返还被告已收取的款项。据此，云南省昆明市官渡区人民法院确定由云南滇沪房地产开发有限公司返还胡某跃已付购房款 801060.45 元（含胡某跃支付的首付款 241060.45 元及胡某跃向中国工商银行贷款支付的 560000 元），由胡某跃返还云南滇沪房地产开发有限公司代为清偿的中国工商银行贷款本息 581786.86 元。另，商品房买卖合同备案为商品房销售行政管理措施，在买卖合同解除时，合同当事人应当依照相关规定申请注销（或撤销）备案，该事项的办理亦为合同当事人的附随义务。故云南省昆明市官渡区人民法院对云南滇沪房地产开发有限公司要求胡某跃配合解除商品房买卖合同登记备案的请求予以支持。此外，关于违约金的诉请，云南省昆明市官渡区人民法院认为，双方当事人所签订补充协议对在云南滇沪房地产开发有限公司就胡某跃按揭贷款提供阶段性担保期间胡某跃拒绝或迟延履行借款合同义务的处理方式进行了约定，并明确胡某跃违反借款合同约定导致原告承担保证责任时应支付原告按购房价款 5% 计算的违约金。双方就与房屋买卖合同关联的按揭贷款合同履行约定违约责任并不违反法律规定，但违约金的计付本质应为弥补合同当事人的实际损失。本案胡某跃迟延清偿银行按揭贷款可认定为同时违反与原告之间的约定，构成违约。但在房屋买卖合同解除双方相互履行返还义务（或云南滇沪房地产开发有限公司行使追偿权）的情况下，双方的权利义务已基本平衡。具体而言，云南滇沪房地产开发有限公司返还胡某跃已经收取的房款前，客观上已获取相应资金的占用使用利益，在合同解除后房屋的处分权利已回转。基于此，在云南滇沪房地产开发有限公司未提供依据证实本案合同履行造成其他损失（包括可能的市场行情下滑所造成的价差）的情况下，对其要求胡某跃按照补充协议约定支付违约金的请求不予支持。又，关于律师费的诉请，双方当事人在《合同补充协议》中约定云南滇沪房地产开发有限公司承担保证责任后，有权要求胡某跃承担云南滇沪房地产开发有限公司向银行支付的全部贷款本息（包括逾期利息、罚息或其他、违约金、诉讼费、律师费及其他损失），而云南滇沪房地产开发有限公司行使追偿权支出的律师费并不属于云南滇沪房地产开发有限公司因承担保证责任而需要向银行支付的上述款项，即对于云南滇沪房地产开发有限公司行使追偿权或行使合同解除权而支出的律师费的负担事项，双方当事人未进行过约定。因此，关于律师费15000元的诉请无依据，云南省昆明市官渡区人民法院不予支持。关于原告投保财产保全责任保险作为诉讼保全担保而支出的保险费，因其并非必要支出，故云南省昆明市官渡区人民法院不予支持。

云南省昆明市官渡区人民法院依照《中华人民共和国合同法》第九十三条第一款、第九十七条以及《中华人民共和国担保法》第三十一条之规定，作出如下判决：

一、原告云南滇沪房地产开发有限公司与被告胡某跃于2013年8月7日签订的《商品房购销合同》（合同编号：YHSY－××××）及《合同补充协议》于2017年7月27日解除；

二、由被告胡某跃于本判决生效之日起十日内协助原告云南滇沪房地产开发有限公司办理上述商品房买卖合同登记备案（合同登记号KM201308075××××）的撤销手续；

三、由被告胡某跃返还原告云南滇沪房地产开发有限公司代偿款581786.86元；

四、由原告云南滇沪房地产开发有限公司返还被告胡某跃购房款801060.45元；

五、上述第三项、第四项相互抵扣后由原告云南滇沪房地产开发有限公司于本判决生效之日起十日内返还被告胡某跃219273.59元；

六、原告云南滇沪房地产开发有限公司的其他诉讼请求不予支持。

【法官后语】

本案处理重点主要在于，因买受人的原因导致《商品房购销合同》解除后，对于买受人已支付的购房款，应当如何处理。对此，《合同法》第九十七条规定，合同解除后，尚未履行的，终止履行；已经履行的，根据履行情况和合同性质，当事人可以要求恢复原状、采取其他补救措施，并有权要求赔偿损失。就合同解除后果，云南滇沪房地产开发有限公司作为房屋买卖按揭贷款合同的阶段性保证人，其所代偿的借款本金系胡某跃按购房款交付云南滇沪房地产开发有限公司的款项，其余代偿款项（利息、罚息、复利）为胡某跃作为借款人就履行按揭贷款合同应承担的债务。在将买卖合同与银行按揭贷款合同关联而确定合同解除后返还义务情形下，胡某跃交付云南滇沪房地产开发有限公司的首期款和已由其实际清偿的借款本金应作为返还款项处理，云南滇沪房地产开发有限公司代偿的借款本金属于其已先行收取款项可不作为返还款项处理，云南滇沪房地产开发有限公司代偿的其他款项应作为损失处理；在将买卖合同与银行按揭贷款合同非关联而确定合同解除后返还义务情形下，云南滇沪房地产开发有限公司已实际收取款项作为返还款项处理，其代偿款项可作为追偿款项处理。两种方式之间并无本质差异。现云南滇沪房地产开发有限公司诉请要求胡某跃返还代为清偿的所有银行按揭贷款本息，系按保证追偿方式主张权利。在此前提下，云南滇沪房地产开发有限公司应当同时返还被告已收取的款项。据此，云南省昆明市官渡区人民法院确定由云南滇沪房地产开发有限公司返还胡某跃已付购房款801060.45元（含胡某跃支付的首付款241060.45元及胡某跃向中国工商银行贷款支付的560000元），由胡某跃返还云南滇沪房地产开发有限公司代为清偿的中国工商银行贷款本息581786.86元。

编写人：云南省昆明市官渡区人民法院　曾惠祥

15

商品房销售协议中的本约合同与预约合同的区别与认定

——郑某武诉广州颐年园发展有限公司商品房销售合同案

【案件基本信息】

1. 裁判书字号

广东省高级人民法院（2016）粤民再348号民事判决书

2. 案由：商品房销售合同纠纷

3. 当事人

原告（被上诉人、被申请人、被申诉人）：郑某武

被告（上诉人、再审申请人、申诉人）：广州颐年园发展有限公司（以下简称颐年园公司）

【基本案情】

2000年7月11日，郑某武、颐年园公司签订《临时订购书》，约定郑某武订

购广州颐年园荔园二路2栋单元房产。后双方签订《内部认购合同》，主要内容：郑某武向颐年园公司购买位于广州颐年园荔园二路2栋单元房产，建筑面积为412.03平方米（颐年园公司暂测之面积数据）。正式签署《商品房预售合同》前，售房面积颐年园公司将重新测绘，楼房单价4767.50元/平方米，总成交价1964356元，届时楼价在单价保持不变的情况下，总楼价实行多退少补；郑某武同意选择银行按揭付款方式付款；对房屋装修标准在合同附件二中作了详细约定；对房屋交付时间及房屋产权证的办理事项未作明确约定；双方同意在广州颐年园预售证转名工作完成后正式签署《商品房预售合同》；双方另对违约责任等作了约定。认购书的附件一《广州颐年园付款办法》、附件二《广州颐年园装修标准》对付款方式、装修标准等进行了详细约定。2000年8月17日及2001年4月30日，郑某武依约向颐年园公司分别支付了12万元、100万元购房款，颐年园公司对该两笔款项均分别出具了收据。后双方在合同履行中发生争议，郑某武向法院起诉要求颐年园公司继续履行合同，交付房屋。

【案件焦点】

当事人订立商品房销售协议应如何认定其性质是商品房买卖的预约合同还是本约合同。

【法院裁判要旨】

广东省广州市萝岗区人民法院经审理认为：颐年园公司已取得商品房预售许可证，具备销售商品房主体资格，其与郑某武签订的《内部认购合同》对双方买卖房屋的标的、单价、总价款、付款时间等作了明确具体的约定，该协议虽名为“内部认购合同”，但已具备《商品房销售管理办法》第十六条规定的商品房买卖合同的主要内容，且郑某武已向颐年园公司支付了超过合同约定房款一半以上的购房款，根据《最高人民法院关于审理商品房买卖合同纠纷案件适用法律若干问题的解释》第五条的规定，该《内部认购合同》应认定为商品房买卖合同。

一审法院判决：

颐年园公司应向郑某武交付广州颐年园荔园二路2栋单元房屋。

颐年园公司不服提起上诉。广东省广州市中级人民法院经审理认为：一审判决认定事实清楚，适用法律正确，判决：

驳回上诉，维持原判。

宣判后，颐年园公司向广东省高级人民法院申请再审，广东省高级人民法院指令广东省广州市中级人民法院再审本案。

广东省广州市中级人民法院再审认为：虽然从本案的《临时订购书》《内部认购合同》的内容来看，郑某武、颐年园公司对房屋交付时间及房屋产权证的办理事项等未作明确约定，但上述协议已具备《商品房销售管理办法》第十六条所规定的商品房买卖合同的主要内容，且郑某武已以工程款抵房款的方式交纳了大部分房款，根据《最高人民法院关于审理商品房买卖合同纠纷案件适用法律若干问题的解释》第五条的规定，《内部认购合同》应为商品房买卖合同。

广东省广州市中级人民法院再审判决：

维持广东省广州市中级人民法院二审判决。

广东省人民检察院抗诉认为：本案工程由颐年园公司从穗高公司处接盘，规划与预售发生了诸多变动，双方签订的《内部认购合同》也均对当时不能签订本约的事实及法律障碍作出了明确记载。合同内容存在以下不确定要素：本案诉争标的物虽然实体存在，但具备法律身份的规划编号一直处在变动中；付款时间不明；交付使用条件及交付时间不明；房屋面积不准确。综上，《内部认购合同》因不符合《商品房销售管理办法》第十六条第二款规定的本约需必备内容而应认定为预约合同。

广东省高级人民法院经审理认为：本案的争议焦点为双方签订的《内部认购合同》性质应如何认定的问题。本案《内部认购合同》虽然约定“双方同意在广州颐年园预售证转名工作完成后正式签署《商品房预售合同》”，但并不能据此认定本案的《内部认购合同》属于预约合同。合同中约定的标的物确定；房屋交付时间和使用条件、付款时间和房屋价款根据合同约定及法律相关规定可以确定。另外，从双方履行的情况分析，颐年园公司已经按合同约定收受了大部分购房款。本案《内部认购合同》在性质上应为商品房买卖合同，对郑某武要求颐年园公司继续履行交付房屋义务的诉求予以支持，并无不当。

广东省高级人民法院再审判决：

维持广州市中级人民法院原再审判决。

【法官后语】

本案的争议焦点为双方签订的《内部认购合同》性质应如何认定的问题。区分当事人订立商品房销售协议的性质是商品房买卖的预约合同还是本约合同，关键在于区分合同是否存在法律或事实上的障碍而导致合同部分条款缺失或不确定的情形。如果协议存在法律上的障碍，导致合同部分条款缺失或者不确定的，一般应认定为预约合同；反之，无论合同名称如何，均应视为商品房买卖合同。预约合同设立的目的在于由于事实或法律上的障碍，暂无法订立本约合同时，约定将来订立一定合同，预约合同的权利人仅得请求对方履行订立本约合同的义务，而不得径行依照预约合同的内容请求履行。

关于本案《内部认购合同》性质的问题，《内部认购合同》系双方真实意思表示，且未违反法律强制性规定，应属合法有效。本案《内部认购合同》虽然约定“双方同意在广州颐年园预售证转名工作完成后正式签署《商品房预售合同》”，但并不能据此认定本案的《内部认购合同》属于预约合同。《内部认购合同》中约定的标的物虽然由于规划原因导致标的物编号存在变动，但是标的物是确定的；房屋交付时间和使用条件、付款时间和房屋价款等合同主要条款根据合同内容及合同法等相关法律规定可以确定。

对当事人订立协议中的内容是否确定不应作机械判断或缩小解释，还应结合当事人订立合同时的真实意思及法律、司法解释对商品房买卖合同形式要件的相关规定进行综合判断。合同内容若根据法律及司法解释的相关规定可以确定的，应认定为合同具备商品房买卖合同的主要内容，进而认定当事人订立的协议为商品房买卖合同。

编写人：广东省高级人民法院　慕丽静

三、二手房买卖

16

二手房交易中卖方故意违约，应向守约方赔偿房屋涨价损失

——吴某、陈某诉晋某、钟某房屋买卖合同案

【案件基本信息】

1. 裁判书字号

四川省成都市青白江区人民法院（2017）川 0113 民初 2196 号民事判决书

2. 案由：房屋买卖合同纠纷

3. 当事人

原告：吴某、陈某

被告：晋某、钟某

【基本案情】

原告吴某、陈某与被告晋某、钟某、第三人卓宇公司于 2017 年 7 月 4 日签订了《房屋买卖合同》，约定二被告晋某、钟某将其所有的位于成都市青白江区同金街 29 号 1 栋 4 单元 2 层 × × 号房屋卖给原告吴某、陈某，房屋总价 415000 元，建筑面积 88.78 平方米，单价为 4674 元。合同载明付款方式为首付 30%，其余部分通过银行按揭贷款方式进行支付。合同同时约定双方应当在 2017 年 9 月 30 日之前向卓宇公司交齐相关证件办理房屋过户手续。合同签订当天，原告吴某、陈某向被告晋某、钟某支付了定金 3 万元，后被告晋某告知吴某夫妇不再出售该房屋，并将

该房屋于2017年9月27日到青白江区不动产登记中心办理了抵押登记，抵押给案外人钟某某。案件审理过程中，法院根据到相关房屋中介结构走访了解及第三人的陈述，2017年9月至2017年10月中旬，该地段同等条件房屋的交易均价为5500元/平方米。

【法院裁判要旨】

四川省成都市青白江区人民法院经审理认为：原告吴某、陈某与被告晋某、钟某、第三人卓宇公司签订的《房屋买卖合同》是各方当事人的真实意思表示，未违反相关法律、行政法规的强制性规定，应属合法有效，合同各方当事人均应共同遵守。原告吴某、陈某按约给付了定金，然被告晋某、钟某明确向原告表示不再出售房屋，且也未按照合同约定及时准备好办理过户登记的相关材料，也未在征得原告吴某、陈某同意的情况下将该案涉房屋抵押登记给案外人钟某某，导致房屋交易受阻，二被告晋某、钟某的行为已构成违约，理应承担相应的违约责任。依据《中华人民共和国合同法》第一百一十五条规定：当事人可以依照《中华人民共和国担保法》约定一方向对方给付定金作为债权的担保……给付定金的一方不履行约定的债务的，无权要求返还定金；收受定金的一方不履行约定债务的，应当双倍返还定金。故对于原告吴某、陈某要求解除双方签订的《房屋买卖合同》及双倍返还定金的诉讼请求，有事实和法律依据，本院依法予以支持。依据《最高人民法院关于审理买卖合同纠纷案件适用法律问题的解释》第二十八条规定，买卖合同约定的定金不足以弥补一方违约造成的损失，对方请求赔偿超过定金部分的损失的，人民法院可以并处，但定金和损失赔偿的总额不应高于因违约造成的损失。本案中原告吴某、陈某与被告晋某、钟某签订买卖合同的房屋单价为4674元/平方米，由于二被告的原因导致房屋交易最终不能成就，而目前该地段同类型房屋的成交均价为每平方米5500元，故对该部分差价损失二被告也应承担赔偿责任，但赔偿损失的数额与定金的总额不应超出原告因此次违约造成的实际损失。

据此，四川省成都市青白江区人民法院于2017年10月23日依法作出判决：

一、解除原告吴某、陈某与被告晋某、钟某签订的位于成都市青白江区同金街29号1栋4单元2层××号房屋的《房屋买卖合同》；

二、被告晋某、钟某向原告吴某、陈某返还双倍定金60000元；

三、被告晋某、钟某赔偿原告吴某、陈某损失43332元。

【法官后语】

本案例争议焦点是原告吴某、陈某与被告晋某、钟某、第三人卓宇公司签订的合法有效的《房屋买卖合同》，在被告故意违约导致合同不能继续履行，原告能否主张被告毁约期间房屋涨价的损失。本案中，原告吴某、陈某在签订合同后按约给付了定金，并积极准备好办理过户登记的相关材料，不存在任何履约过错行为。而被告晋某、钟某面对日益上涨的二手房房价单方面故意毁约，私自将该案涉房屋抵押登记给案外人钟某某导致房屋交易受阻，二被告晋某、钟某的行为已构成违约，理应承担相应的违约责任。具体到本案中，买卖双方约定的定金不高，若仅仅判决双倍定金赔付，不能完全弥补原告的损失。特别是随着成都市主城区实行房屋限购政策以来，2017 年间青白江区房价迅速上涨，因二手房屋买卖纠纷所产生的案件数明显上升。房屋买卖合同纠纷中因卖房人存在故意违约情形，导致房屋买卖合同不能继续履行的案件比比皆是。针对此类案件，如何遵循诚实信用原则，合理合法保护买房人的合法权益是我们司法者应当思考的问题。《最高人民法院关于审理买卖合同纠纷案件适用法律问题的解释》第二十八条规定，“买卖合同约定的定金不足以弥补一方违约造成的损失，对方请求赔偿超过定金部分的损失的，人民法院可以并处，但定金和损失赔偿的总额不应高于因违约造成的损失”。依据该条司法解释，我们认为原告主张一定数额的房屋溢价损失应予得到支持，且通过追加房屋中介作为第三人来了解案情及房价情况，实地走访当地各个房屋中介了解本案中该地段同等条件二手房屋的交易均价，通过充分的证据证明，确实存在相当数额的房屋涨价幅度。

关于房屋涨价的损失如何起算及确认。我们认为由于被告任意毁约一方面导致原告要求将涉案房屋交付居住并进行过户的目的不能实现，另一方面客观上一片涨势的房价也让原告丧失了不能再用同等支付对价购得同等条件房屋的机会，而原告主张的涨价损失本质上是重新购置条件相当的一套房屋需要与之前多出的购置成本，面对波动较大的房产交易市场确定房价的起算点很关键，个人认为如果能够确定卖方违约时间，如在本案中被告在 2017 年 9 月 27 日到青白江区不动产登记中心办理了将案涉房屋抵押给案外人，就是被告拒绝履约的节点，这个时间段宜作为原告主张涨价损失确定房价。如果不能确定明确的违约时间，房价涨幅的参照宜确定在法庭辩论终结前。关于房屋涨价损失的确定，本案的承办人是通过调查了解周边多个房屋中介公司这一时段同地段同户型装修相当的房屋交易价格确定的，另一种途径也可找第三方专业评估机构对相应时间段的房价进行评估鉴定。

房屋买卖合同纠纷中多数情况是因卖房人存在故意违约情形，导致房屋买卖合同不能继续履行。且青白江区二手房交易中一般双方约定的定金不高，若仅仅双倍定金赔付，不能完全弥补买房人的损失。针对此类案件，如何遵循诚实守信的原则，合理合法保护买房人的合法权益是我们执法者应当思考的问题。诚实信用原则是民法的基本原则，也是我们现代法治社会一直倡导的处事原则。尊重契约精神，按照契约办事，符合市场交易规则，也不违背公序良俗原则。本案中，针对二被告故意违约情况，原告通过主张涨价损失来保护自身权益，法院通过追加房屋中介作为第三人来了解案情及房价情况，实地走访当地各个房屋中介了解本案中该地段同等条件房屋的交易均价，通过充分的证据证明，确实存在相当数额的房屋涨价损失；且本案中定金不足以弥补一方违约造成的损失，对对方请求赔偿超过定金部分的损失的，人民法院可以并处，但定金和损失赔偿的总额不应高于因违约造成的损失。故法院据此依法作出上述判决，依法保护了购房者的合法权益，让违约方因故意违约行为承担了应有的赔偿责任。本案判决后，二被告已向原告及时履行了全部给付义务。该案的处理对倡导人们坚守诚实守信、尊重契约有积极的引导作用。

编写人：四川省成都市青白江区人民法院　陈鲜梅

17

二手房买卖合同中恶意串通行为与居住权保护的法律适用分析

——陈某璐诉周某兰、周某虹确认房屋买卖合同无效案

【案件基本信息】

1. 裁判书字号

天津市第二中级人民法院（2017）津02民终2044号民事判决书

2. 案由：确认房屋买卖合同无效纠纷

3. 当事人

原告（上诉人）：陈某璐

被告（被上诉人）：周某兰、周某虹

【基本案情】

陈某璐之弟陈某与周某兰之女李某系夫妻关系，坐落于天津市河西区友谊公寓A-1-××室房屋原所有权人为案外人陈某。2011年4月13日，案外人陈某与周某兰签订了《天津市房产买卖协议》，协议约定由周某兰购买上述诉争房产。并于同日双方签订了《转移登记申请书》《具结书》及《确认书》，房款双方自行交割。2011年5月10日，周某兰取得诉争房屋的产权证。后陈某起诉周某兰至天津市河西区人民法院，请求依法解除陈某与周某兰之间的《天津市房产买卖协议》，本院作出（2012）西民一初字第1158号民事判决书，判决解除陈某与周某兰之间就坐落于天津市河西区友谊公寓A-1-××号房屋所签订的《天津市房产买卖协议》。判决作出后，周某兰提起上诉，天津市第二中级人民法院作出（2013）二中民四终字第209号民事判决书，判决撤销天津市河西区人民法院（2012）西民一初字第1158号民事判决；驳回陈某在原审中的诉讼请求。陈某不服该判决，向天津市高级人民法院提出再审申请，天津市高级人民法院作出（2013）津高民申字第1266号民事裁定书，裁定驳回陈某的再审申请。2015年11月18日，周某兰与周某虹签订了《天津市房产买卖协议》，约定由周某虹购买周某兰所有的坐落于天津市河西区友谊公寓A-1-××号房屋，协议约定房屋总价款为1900000元，双方约定对房款自行交付不实施监管。协议签订后，周某虹将部分房款支付给被告周某兰。2015年11月27日，周某虹取得该房屋的房地产权证。陈某璐认为，其属于诉争房屋的实际产权人，遂以二被告签订的《天津市房产买卖协议》属于恶意串通，损害其利益为由向法院起诉，请求确认周某兰与周某虹于2015年11月18日签订的《天津市房产买卖协议》无效。

【案件焦点】

1. 诉争房屋买卖合同是否存在恶意串通、是否有效；2. 陈某璐的居住权是否应予保护。

【法院裁判要旨】

天津市河西区人民法院经审理认为：恶意串通，损害国家、集体或者第三人利益的合同应属无效。本案中，陈某璐主张周某兰、周某虹签订的《天津市房产买卖协议》系恶意串通，损害其合法利益的合同，但陈某璐未能提供充分证据证明其系诉争房屋合法的所有权人，且二人签订的该协议系双方真实意思表示，双方就诉争房屋所协商的成交价格不低于市场定价，并已完成了所有权的转移登记。陈某璐未能提供证据证明二被告就此房屋的买卖存在恶意串通的意思表示及行为。故对于陈某璐主张周某兰和被告周某虹之间签订的《天津市房产买卖协议》无效的诉讼请求，法院不予支持。

天津市河西区人民法院依照《中华人民共和国合同法》第五十二条、《中华人民共和国民事诉讼法》第六十四条第一款之规定，作出如下判决：

驳回原告陈某璐的诉讼请求。

陈某璐不服一审判决，提出上诉。天津市第二中级人民法院经审理认为：关于诉争房屋买卖合同是否存在恶意串通、是否有效的问题。《中华人民共和国民法通则》第五十八条规定，恶意串通，损害国家、集体或者第三人利益的民事行为无效。《中华人民共和国合同法》第五十二条第二项规定，恶意串通，损害国家、集体或者第三人利益的合同应属无效。具体到本案，二被上诉人在签订诉争房屋买卖合同时是否存在恶意串通是确认本案合同是否有效的必要性要件。从恶意串通的认定标准分析，由于合同双方恶意串通的意思表示是隐藏于当事人内心的，只能从履行合同的客观行为即外在表现来综合分析认定。本案上诉人主张被上诉人双方构成恶意串通并未提供直接证据，现有事实是——上诉人自2003年入住诉争房，买受人周某虹明知该房曾经存在过诉讼争议，也明知上诉人在此居住，且买房前未实地看房等。分析认为，由于被上诉人双方是姑侄亲属关系，双方尤其是买受人周某虹应当知道该房曾经有过确权和腾房诉讼，也知道案外人陈某与周某兰之女从2011年下半年就开始离婚诉讼，至今仍在诉讼中，双方矛盾较深等事实，再结合上诉人所主张的事实，确实构成该买卖行为的瑕疵，但该瑕疵属于房屋交付履行瑕疵，对于该买卖合同的效力尚不足以构成恶意串通。同时，作为房屋出卖人周某兰，在另案生效判决中已经被认定是诉争房屋的合法产权人，且另案经过申诉也被驳回，陈某作为另案的当事人并未提起抗诉。在该文书已然生效的前提下，周某兰有权处分自己名下的财产，与买受人周某虹签订买卖合同，且周某虹已办理过户手续，并取得了诉争房的产权证，双方之间的买卖合同应为有效合同。作为买受人的周某虹购买有履行瑕疵的房屋，风险应自担。因此，对于上诉人主张的恶意串通因缺乏充分事实和证据，本院不予支持。

关于上诉人陈某璐的居住权是否应予保护的问题。上诉人陈某璐现居住的诉争房是其父母出资购买的，其从 2003 年以来搬进居住至今，即使当时房屋权属登记在其弟陈某名下，当年入住是经其父母和其弟陈某同意的，当时具有合法居住的权利，也即房屋使用权。后 2011 年上半年，其弟陈某将房屋卖给被上诉人周某兰，周某兰随后取得产权证。从周某兰取得诉争房产权后，即成为诉争房屋的合法权利人，享有不动产物权。此后，陈某璐的居住使用便失去了法律基础，且居住权并非我国法律上明确规定的权属，只是物权范畴的一项使用权，其权利不能超越物权范畴。因此作为合法产权人的周某兰，出卖房屋行为是行使物权权利人的支配权，不受他人干涉。陈某璐主张的居住权并不能对抗周某兰的所有权。当持有合法产权的周某兰将诉争房出卖给周某虹时，是一种市场交易行为，虽然存在房款不受第三方监管的约定和一次性未付清全款的事实，但不影响房屋交易性质和交易行为的合法性。因此，对于上诉人主张的居住权因缺乏法律依据难以支持。

对于上诉人主张的房屋期待利益一节。期待利益即交易利益，是指当事人在订立合同时期望从此交易中获取的各种利益和好处。上诉人主张的期待利益，是建立在未来对于已生效文书的推翻上，这并非本案的期待利益。

天津市第二中级人民法院依照《中华人民共和国民事诉讼法》第一百七十条第一款第一项规定，判决：

驳回上诉，维持原判。

【法官后语】

本案争议的焦点为周某兰与周某虹之间签订的房屋买卖合同是否有效的法律适用问题。

第一种意见认为，周某兰和周某虹之间签订的房屋买卖合同已经构成恶意串通，合同应确认无效。她们二人系姑侄亲属关系，买受人周某虹知道该房曾经有过确权和腾房诉讼，也知道陈某与周某兰之女从 2011 年下半年就开始离婚诉讼至今，双方矛盾较深等；陈某璐自2003年入住诉争房，周某兰与周某虹明知陈某璐在此一直居住，周某虹买房前因陈某璐不许进入而未实地看房；买卖合同中约定是一次性付款，未约定房款给付完成时间，且不要求第三方监管款项，已支付的款项中还有部分欠条抵顶房款的情形等。以上这些就是周某兰想通过此次卖房，达到让陈某璐腾房离开，以实现周某兰曾经诉讼腾房未成功的目的，可见周某兰与周某虹之间的买卖合同违反《合同法》第五十二条第二项的规定，应确认无效。

第二种意见认为，《合同法》第五十二条第二项规定，恶意串通，损害国家、集体或者第三人利益的合同应属无效。对照该条规定分析周某兰与周某虹之间的买卖行为是否损害了陈某璐的利益。合同法上恶意串通的意思表示，隐藏于双方当事人的内心，属于个人心理活动范畴，难以获得直接证据，一般需要从合同双方当事人履行合同的客观行为来综合分析认定。本案上诉人主张被上诉人双方构成恶意串通并未提供直接证据，虽然从上述行为看，好像存在着损害陈某璐居住利益的行为，但是不完全符合恶意串通的构成要素，上述事实仅仅构成买卖合同的履行瑕疵，属于房屋交付履行不能的瑕疵，对于该买卖合同的效力尚不足以构成恶意串通。不能因此就认定周某兰与周某虹之间属于恶意串通买卖，该买卖合同没有侵害陈某璐合同法上的合法权利。同时，作为出卖人的周某兰，在另案生效判决中已经被认定是诉争房屋的合法产权人，且另案经过申诉也被驳回，陈某作为另案的当事人并未提起抗诉的情形下，周某兰有权处分自己名下的财产，且周某虹已办理了过户手续，取得了诉争房产权证，双方之间的买卖合同应为有效合同。作为买受人的周某虹购买有履行瑕疵的房屋，风险应自担。因此，周某兰与周某虹之间房屋买卖合同应为有效。

笔者赞同第二种意见。

本案重点是对《合同法》第五十二条第二项规定的理解与适用。周某兰与周某虹之间是否构成恶意串通致房屋买卖合同无效，陈某璐对诉争房享有什么利益是本案关键所在。合同法上的恶意串通在司法实践中确实难以认定，需要结合案件全部事实与证据综合认定为宜。二者之间的买卖合同是在周某兰具有合法产权基础上与周某虹签订的，且已过户完毕。如果构成恶意串通，还需要考量是否侵害第三人利益的构成要素。笔者认为，陈某璐主张的是对诉争房的居住权和期待利益，居住权在我国法律上没有明确规定，陈某璐虽然一直居住诉争房至今，是应其父母和弟弟同意的，不等于其永远可以合法居住。随着陈某将房屋转让给周某兰后，陈某璐的居住便失去合法依据，后来周某兰再次转让房屋，是依法处置自己财产的行为，是行使物权行为，陈某璐所主张的居住权显然不能对抗周某兰的所有权。当持有合法产权的周某兰将诉争房出卖给周某虹时，是一种市场交易行为，虽然存在房款不受第三方监管的约定和一次性未付清全款的事实，但不影响房屋交易性质和交易行为的合法性，不构成合同法上的恶意串通。

退一步讲，陈某璐的居住权如果从实际占有角度予以保护，那周某虹的产权又如何实现？周某兰的产权处置行为又如何认定？居住权是否有期限？假如从来没有转让过房屋，陈某璐父母或弟弟不同意其继续居住，她是否需要搬出呢？对这些问题的深入思考就必然推导出本案的结果。

至于陈某璐主张对诉争房享有期待利益问题，分析认为期待利益即交易利益，是指当事人在订立合同时期望从此交易中获取的各种利益和好处。这里是指二周之间的期待利益，不是针对陈某璐主张的期待利益，陈某璐主张的期待利益是建立在未来对已生效文书的推翻上，这并非本案的期待利益，不属于合同法上可期待的利益，这是混淆概念，缺乏法律依据。

编写人：天津市第二中级人民法院　丁津翠

18

二手房买卖违约方未催告时解除权并非不能消灭

——刘某海诉罗某生房屋买卖合同案

【案件基本信息】

1. 裁判书字号

北京市第二中级人民法院（2017）京02民终2624号民事判决书

2. 案由：房屋买卖合同纠纷

3. 当事人

原告（上诉人）：刘某海

被告（被上诉人）：罗某生

【基本案情】

2015年3月27日，刘某海向罗某生购买案涉房屋，双方签订《北京市存量房屋买卖合同》。关于价款约定：成交价格为人民币730万元，罗某生应于合同签订当日向刘某海支付定金人民币50万元，定金通过自行交接方式划转；罗某生采取全款方式支付房屋成交总价款，第一次于网签后90日内（2015年6月30日），罗某生向刘某海支付人民币660万元，第二次于办理房屋所有权转移登记当天，罗某生向刘某海支付20万元。关于付款违约责任约定：除不可抗力外，罗某生未按本合同及补充协议约定时间付款的，逾期超过10日的，刘某海有权单方解除合同；刘某海选择解除合同的，应当以书面的方式进行，本合同自刘某海向罗某生发出的书面通知到达罗某生之日起自动解除。

2015年4月19日，刘某海、罗某生办理网签手续并签订《存量房屋买卖合同》，该合同载明房屋交易价格为人民币506万元。

另查，刘某海于2013年6月13日与朱某琳登记结婚。同年8月29日取得上述房屋所有权。经询，朱某琳表示上述房屋系刘某海个人财产，由刘某海个人全权处分。

【案件焦点】

1. 罗某生是否逾期付款并构成违约；2. 刘某海是否进行了有效解除；3. 刘某海是否可行使解除权。

【法院裁判要旨】

北京市东城区人民法院经审理认为：依法订立的合同受法律保护。本案中，根据已查明的事实，刘某某、罗某生签订的《北京市存量房买卖合同》系双方真实意思表示，合法有效，双方均应严格遵守。根据双方签订的《北京市存量房买卖合同》，罗某生应于网签后90日内（2015年6月30日）通过自行划转的方式向刘某海支付660万元购房款。在履行过程中，罗某生未按约定支付上述款项。现双方就罗某生的上述行为是否构成违约产生争议。根据罗某生提供的其与刘某海之妹刘某波的短信记录，在上述履行期限届满前，罗某生曾希望刘某海到北京商谈相关问题。2015 年 6 月 29 日，期限届满前一天，刘某波还曾回复短信告知罗某生等待消息。而在履行期限届满后，罗某生与刘某波还曾多次互相发送短息，商谈履行合同的相关问题。罗某生曾多次询问刘某海回京时间，并表示暂时将借来支付购房款的资金归还。刘某波均未提出要求罗某生立即付款，若不付款则解除合同。从上述情形可看出，由于双方约定的付款方式为自行划转购房款，罗某生基于谨慎原则，要求刘某海来京办理相关手续并无不当，而刘某海未能在履行期限届满前来京，致使购房款未能支付，故罗某生未支付购房款的行为并未构成违约。而在履行期限届满后，双方通过短信沟通，仍在协商如何继续履行合同，同时，在签订合同时，罗某生先行向刘某海支付了应于房屋产权转移登记当日支付的购房款，刘某海亦予以接受。基于保护交易原则，刘某海、罗某生签订的《北京市存量房买卖合同》应继续履行。刘某海以罗某生单方违约为由，要求解除上述合同，无相关合同及法律依据，法院对此不予支持。

据此，北京市东城区人民法院判决：驳回刘某海的诉讼请求。

刘某海持原审起诉意见提起上诉。

北京市第二中级人民法院经审理认为：焦点一，关于罗某生是否逾期付款并构成违约问题。在对付款时间明确约定的情况下，付款方未按照约定付款，就提出充分理由。主要理由应是就逾期付款得到对方的豁免或者对方拒绝受领。在没有得到对方同意情况下，应按照约定时间及时付款。在与收款方沟通时，向对方表示付款意向，并要求对方配合付款，配合方式表现为提供银行账户等。仅在过程中显示自己具有付款能力，并无法证明自己逾期付款没有责任。本案中，罗某生对自己付款的事实无异议，提出了诸多理由，该理由均无法免除自己的逾期责任。根据约定，合同解除具备了条件。

焦点二，刘某海是否进行了有效解除。在解除生效确认之前，主张已经解除的，应证明其已向对方发送了解除通知，且对方已收到。本案中，刘某海主张自己于 2016 年 9 月 30 日发送了解除通知，但该通知是刘某波以刘某海的名义发送，并非本人发送，而且也无法证明罗某生收到该通知。所以并未在诉讼前完成了解除。

焦点三，刘某海是否可行使解除权。在解除权消灭前，均可行使解除权。法律规定，在没有约定解除权行使期限时，经催告对方合理期限内不行使的，解除权消灭。但并未规定未催告时，解除权是否消灭的问题。一般理解，法律没有规定，那么未催告就不产生解除权消灭的情况。本案中出现了对方当事人没有催告的情形。本案是二手房买卖纠纷，对于一手房买卖纠纷有司法解释规定了“对方当事人没有催告的，解除权应当在解除权发生之日起一年内行使；逾期不行使的，解除权消灭”，本案应参照该规定，弥补在未催告时解除权消灭问题。故刘某海享有解除权，但从其享有解除权之日到本案行使解除权时，已超过了行使解除权的合理期限，其解除权已经丧失，所以刘某海无法据此要求解除合同以及办理网签注销手续。需要指出的是，刘某海不能行使解除权不影响刘某海依据合同向罗某生主张逾期付款的违约责任。

综上所述，刘某海的上诉请求不能成立，应予驳回；一审判决结果正确，应予维持。依照《中华人民共和国合同法》第九十五条、《中华人民共和国民事诉讼法》第一百七十条第一款第一项、《最高人民法院关于审理商品房买卖合同纠纷案件适用法律若干问题的解释》第十五条第二款、《最高人民法院关于适用〈中华人民共和国民事诉讼法〉的解释》第三百三十四条规定，判决如下：

驳回上诉，维持原判。

【法官后语】

房屋买卖涉及交易双方的重大利益，合同中对双方权利义务都有规定，双方均应按照约定主张权利、履行义务。无论是权利还是义务，都不是绝对的，法律对行使方式、主张期限都进行了规定。所以需要注意，避免导致权利丧失，也减少义务逾期履行导致承担巨大的违约后果。

就本案来讲，涉及当事人的权利义务的争议有三点：一个是买受人的逾期付款问题，对方未提供账户如何避免逾期付款；一个是如何有效发出解除通知，避免无效发出或者无法证明的出现；一个是如何避免解除权消灭。

第一，对于付款问题，买受人的主要义务就是向出卖人及时付款。一般情况下，双方关于付款的方式都有明确约定。本案中，买受人在约定付款期限前并没有及时付款。其提出了诸多理由，最后法院没有支持其意见。那么买受人如何才能避免这样的不利后果？首先，在与出卖人沟通时积极表达付款意愿，并要求对方配合自己接受款项，留存联系证据；其次，在对方难以联系等情况下，可以将款项进行提存，避免违约。总之作为义务一方，其应是主动一方，在交往中对义务履行只字不提，很难认定其对逾期付款没有责任。

第二，对于解除通知，应按照法律规定处理，由权利人及时通知对方，通知到达时解除生效。本案中，解除权人并没有自行发出解除通知，只是让交易过程中参与的亲属发送，效力上不满足有效条件。同时，在对方是否收到解除通知上，也未留存有效证据，无法证明违约方是否收到解除通知，所以也会影响解除生效。为了有效实现解除目的，应由权利人或者权利人的代理人向违约方发送可查实的解除通知。当然最好是双方在合同中，对邮寄地址、电子邮箱、手机等有效接收方式进行约定，实现联系以及资料送达的通畅。

第三，对于解除权消灭，应及时行使，否则就应承担相应后果。合同解除权是一种形成权，依法定或约定享有合同解除权的当事人经其单方意思表示即可使合同效力归于消灭，从而对当事人的权利义务产生重大影响，如果解除权人长期拥有合同解除权，但其既不行使也不放弃，则合同随时有被解除的可能，将使合同各方当事人的关系长期处于不稳定的状态，这显然是与《合同法》维护交易稳定和维护社会经济秩序的立法目的相悖的。因此，合同解除权与其他形成权一样，应受到除斥期间的限制，如经过合理期限而不行使，解除权则归于消灭。未催告情况下，二手房交易产生的解除权何时消灭，合同法并没有明确规定，考虑到一手房相关规定，结合一手房交易与二手房交易的相似性，应参照适用。所以解除权人在对方未催告下，并非可以恣意依据市场变化来调整法律关系，在解除权产生之日起一年内不行使的，解除权消灭，这样双方的权利义务关系便趋于稳定。当然解除权消灭并不意味着违约方不承担违约责任，违约方在诉讼时效内仍得承担违约责任，这样双方权利义务实现了平衡。当然，对于违约方并非完全不能作为，在自己违约时，可向对方催告是否行使解除权，避免自己处于权利义务不确定的尴尬境地，催告后对方合理期限内不行使解除权，解除权也会消灭。

编写人：北京市第二中级人民法院　高磊

19

以房屋新政为由要求解除房屋买卖合同的认定

——杨某美诉单某艳、北京万洋房地产经纪有限公司房屋买卖合同案

【案件基本信息】

1. 裁判书字号

北京市丰台区人民法院（2017）京0106民初13652号民事判决书

2. 案由：房屋买卖合同纠纷

3. 当事人

原告（上诉人）：杨某美

被告（被上诉人）：单某艳、北京万洋房地产经纪有限公司（以下简称万洋公司）

【基本案情】

2017年3月12日，杨某美（乙方、买受人）与单某艳（甲方、出卖人）、万洋公司（丙方、居间方）签订了《北京市房屋买卖居间合同》，约定甲方的房屋坐落于北京市房山区琉璃河古桥镜水家园×号楼×201号房屋（以下简称201号房屋）。房屋成交价为130万元，乙方签订本合同的同时支付定金5万元。首付款为50万元，其中首付资金监管20万元，其余首付款25万元交付日为过户日。乙方向公积金管理中心贷款金额约80万元，实际金额以银行批贷为准。如因银行政策而导致乙方无法批贷的情况下，双方同意乙方继续申请其他银行贷款，至贷款批准，其间产生的费用由乙方自行负担。当事人双方同意，自本合同签订之日起至90天，双方共同向房屋权属登记部门申请办理房屋产权转移登记手续。

签订合同当天，杨某美向单某艳支付了定金5万元。同日，杨某美（委托人）与万洋公司（受托人）签署房屋购买委托书，约定委托人委托受托人办理存量房房屋购买，并委托其办理房屋购买的相关事宜。委托人委托万洋公司签订买卖居间合同，委托办理房屋过户、贷款中相关的一切协助事宜。后，杨某美向单某艳支付了

3500 元物业费。

2017 年 4 月 2 日，万洋公司为原、被告办理了编号为 C15010 × × 的网签合同。网签合同办理完毕后，万洋公司约杨某美和单某艳前往办理贷款，杨某美提出以新政原因其贷款期限缩短、首付款增加为由提出解除合同，三方协商未果。合同未继续履行。杨某美称单某艳曾口头同意解除合同、退还定金等，并录制有微信语音为证。单某艳则主张其同意退还定金的前提是三方协商达成一致，现三方意见不一，其不同意解除合同、退还定金。

杨某美称其签订合同之时欲贷款 30 年，贷款金额为 80 万元，新政后仅能贷款 25 年，贷款金额为 74 万元，首付款增加，超过了其经济能力范围。单某艳不认可杨某美所述原因。万洋公司称其曾告知杨某美其在新政后增加的首付款大约 4.6 万元，但该金额杨某美应有能力支付。庭审中，杨某美提供个人住房公积金查询书、个人账户公司收入明细以及贫困证明、国家助学贷款借款合同，欲证明其经济状况且新政导致其无法继续履行合同。

杨某美要求解除与单某艳、万洋公司签订的《北京市房屋买卖居间合同》、单某艳、万洋公司配合撤销网签以及单某艳返还定金 5 万元以及物业费 3500 元。

【案件焦点】

如何认定房屋新政对已订立合同的影响。即双方签订房屋买卖合同后，国家出台的新政导致购房人申请贷款的年限缩短的情况是否导致合同无法继续履行。

【法院裁判要旨】

北京市丰台区人民法院经审理认为：依法成立的合同，对当事人具有法律约束力。各方当事人所签的《北京市存量房屋买卖合同》以及补充协议、自行支付购房款协议等均系当事人真实意思表示，且不违反法律、行政法规的强制性规定，应为合法有效。当事人均应按合同约定全面履行各自义务。杨某美以新政下停止办理25年贷款的情况导致其无法继续履行合同为由，提出解除合同等诉讼请求。杨某美所提交的证据中，贫困证明、国家助学贷款借款合同等形成时间为 2010 年、2012 年，不能证明杨某美现在的经济状况。根据当事人在庭审中的陈述，新政出台后，因贷款年限缩短，杨某美将增加支付首付款。但本院认为，首先，双方仅在合同中约定了贷款金额约 80 万元，实际金额以银行批贷为准，如贷款金额将减少数万元，仍不违背合同约定的贷款金额范围。其次，杨某美所提交的工资流水和公积金查询书虽能证明其经济状况，但不能仅凭该证据直接认定该部分收入为其全部收入并直接导致合同履行不能，仍需要结合新政给买卖合同履行带来的变化并判断该变化程度是否足以导致购房人履约确实困难。因杨某美称其需要增加支付6万元首付款，本院认为既不违反合同约定，又未达到合同履行确实困难的程度。现单某艳和万洋公司均不同意解除合同，杨某美无其他解除合同之合理理由，本院对杨某美要求解除合同、撤销网签以及单某艳退还定金、物业费的诉讼请求，不予支持。

一审判决后，杨某美上诉。随后杨某美于2017年11月24日向法院提出撤回其上诉，一审判决生效。

【法官后语】

房屋新政一般包括限购政策、限贷政策等内容。限购政策指的是国家对于买受人的购房资格进行限制，对买受人的购房资格进行更为严格的要求。对于合同订立后由于住房限购政策的实施致使买受人无法办理房屋过户登记的（一般来说是丧失了购房资格），属于因不可归责于双方当事人的原因导致合同目的无法实现，当事人要求解除合同的，除合同另有约定外，一般应予支持。

限贷政策指的是国家对于买受人申请购房贷款的资质、期限、额度的限制。对于合同签订后，完成过户前，国家出台的限贷政策是否对房屋买卖合同的履行产生重大影响以致合同客观无法履行是需要考察的问题。首先，需要审查双方买卖合同中约定的贷款条款，是否对贷款条件发生变化的情形有约定“因故无法办理贷款，由购房人自行筹集资金支付”，此时购房人因房屋新政实施导致其不能办理按揭贷款而要求解除合同的，不予支持，购房人应依约自行筹集资金支付房款。如双方合同中约定“因当事人自身原因无法办理贷款，由购房人自行筹集资金支付”，因房屋新政实施导致购房人不能办理按揭贷款不属于当事人自身的原因，购房人因房屋新政实施导致其不能办理按揭贷款而要求解除合同的，一般可予以支持，并由卖房人退还定金和已付购房款；对卖房人因解除合同产生损失的，买卖双方应依公平原则分担，由购房人对卖房人进行合理补偿。其次，即便贷款条件发生变化，但卖房人能够证明购房人仍有充分履约能力或者贷款条件的变化不足以导致购房人履约确实困难到无法履行合同的程度从而从根本上影响合同履行的，购房人依据房屋新政主张解除合同不能成立，购房人应当继续履行合同，否则构成违约并应依法承担违约责任。

本案原告即以新政导致贷款年限缩短、首付款和月供增加为由，主张合同无法继续履行，要求解除房屋买卖合同。本院综合审查合同签订、履行的情况以及新政的实际影响后认定：1. 合同约定贷款金额约80万元，实际金额以银行批贷为准，如贷款金额将减少数万元，仍不违背合同约定的贷款金额范围。2. 原告主张其需要增加支付的首付款数额为6万元，法院认为这不足以导致购房人履约确实困难到无法履行合同的程度。原告提交的证据无法形成证据链证明新政导致合同履行不能，根据合同内容、履行情况等判断，新政的出台不足以导致购房人履约确实困难到无法履行合同的程度，故而无法支持原告要求解除合同的诉讼请求。

编写人：北京市丰台区人民法院　石婷婷

20

二手房买卖中因户口迁移迟延引发的违约责任及违约金认定问题

——王某、密某海诉魏某、韩某房屋买卖合同案

【案件基本信息】

1. 裁判书字号

北京市第二中级人民法院（2017）京02民终10667号民事判决书

2. 案由：房屋买卖合同纠纷

3. 当事人

原告（上诉人）：王某、密某海

被告（被上诉人）：魏某、韩某

【基本案情】

2016年8月21日，密某海、王某（买受人、乙方）与韩某、魏某（出卖人、

甲方）签订《北京市存量房屋买卖合同》及《补充协议》，约定：出卖人所售房屋坐落为北京市丰台区大井北里×号楼×层×603号（以下简称603号房屋）；该房屋成交总价为230万元；出卖人应当在该房屋所有权转移之日起30日内，向房屋所在地的户籍管理机关办理原有户口迁出手续，如因出卖人自身原因未如期将与本房屋相关的户口迁出的，应当向买受人支付房屋总价款5%的违约金，逾期超过15日未迁出的，自逾期超过15日起，出卖人应当按日计算向买受人支付全部已付款万分之五的违约金。签订上述合同后，双方依约履行。2016年10月28日，双方办理了房屋权属转移登记手续，10月31日，王某、密某海取得603号房屋所有权证。

另查，户籍管理部门登记603号房屋有案外人即原房屋产权人王某芝及其弟王某会的户口。韩某、魏某称于11月20日左右得知603号房屋有原房主户籍未迁出，遂于12月9日告知王某、密某海，王某、密某海认可韩某、魏某于12月9日告知此事，但否认韩某、魏某系在房屋交易后得知此事，坚称韩某、魏某在进行房屋交易时承诺房址无户口，双方各持己见。2016年12月，王某芝户籍已迁出，王某会户口至今未迁出。

【案件焦点】

1. 如何确定购房人实际损失的构成及证明责任；2. 二手房交易中户口纠纷的法律适用问题。

【法院裁判要旨】

北京市丰台区人民法院经审理认为：依法订立的合同具有法律约束力。王某、密某海与魏某、韩某签订《北京市存量房屋买卖合同》，系双方真实意思表示，内容未违反相关法律规定，该合同有效。涉案房屋目前仍有案外人户籍未迁出，魏某、韩某作为房屋出售人，应当依合同承担违约责任，根据魏某、韩某违约事实及情节，结合实际情况，合同约定的户口迁出违约金数额过高，法院予以调整。双方所签合同未就户口迁出保证金作出约定，王某、密某海要求魏某、韩某返还迁出保证金2万元，缺乏事实及法律依据，法院不予支持。王某、密某海要求赔偿误工费、交通费及房租，未向法院举证，且缺乏法律依据，法院不予支持。

北京市丰台区人民法院依照《中华人民共和国合同法》第一百三十条之规定，作出如下判决：

一、韩某、魏某于判决生效后七日内给付密某海、王某违约金10000元；

二、驳回密某海、王某的其他诉讼请求。

王某、密某海不服一审判决，提出上诉。北京市第二中级人民法院经审理认为：依法成立的合同，受法律保护。本案中，魏某、韩某与王某、密某海签订的《北京市存量房屋买卖合同》系当事人的真实意思表示，内容不违反法律、行政法规之效力性强制性规定，合法有效。双方均应依约行使权利、履行义务。合同明确约定魏某、韩某办理户口迁出手续的期限，但603号房屋在原有户口迁移问题上出现逾期。因此，王某、密某海有权要求魏某、韩某承担户口逾期迁移的违约责任。

现王某、密某海上诉主张主要集中在认为一审判决下调违约金数额后确定的违约金数额过低一节。须指出，关于违约金的具体数额，一审法院依据魏某、韩某违约事实及情节，结合王某、密某海可能因户口迁移逾期导致的实际损失，酌情下调了合同约定标准的违约金数额，并无不当。

此外，王某、密某海主张返还户口保证金2万元，赔偿误工费、交通费及房租4500元，未提供有此户口保证金之约定及违约金之外仍不足以弥补其二人实际损失之相应证据，故该上诉主张，亦不予支持。

北京市第二中级人民法院依照《中华人民共和国民事诉讼法》第一百七十条第一款第一项之规定，作出如下判决：

驳回上诉，维持原判。

【法官后语】

本案中，魏某、韩某与王某、密某海签订的《北京市存量房屋买卖合同》系双方真实意思表示，内容不违反法律、行政法规之效力性强制性规定，合法有效，双方均应依据合同行使权利、履行义务。上述合同就出卖人户口迁移行为明确约定了违约责任及违约金的计算标准，为出卖人魏某、韩某未能如约迁移户口情形出现时买受人王某、密某海主张违约金提供了合同依据。本案中，户口迁移问题的合同条款系存量房屋交易中住建委示范合同存在的条款。

实践中，合同约定出卖人承担协助迁移户口是否仅指出卖人家庭户口。笔者认为，原有户口的字面理解不应仅包括出卖人家庭户口，应涵盖交易房屋处全部登记户口。自身原因问题应如何理解？也就是出卖人往往抗辩其无法左右非己方家庭人员户口迁移，那么实践中出卖人究竟应如何履行督促第三方人员户口迁移，审理中发现二手房交易中户口迁出问题与房屋交易过户不同步的情况常有发生，为探究上述问题成因，笔者曾通过走访北京市公安局人口总队获悉该类问题出现的根源应是待迁出户口存在再落户障碍导致。比如，老年人卖房养老现象，卖房后老年人如搬至养老院居住生活，新出现的居住地址无法办理落户，在这种情况下就会出现迁不走户口的情况。甚至有的案件中死亡人口仍无人办理销户手续。还有售房后选择租房居住的，租住房屋往往也不能办理落户。我国户籍管理中的上述落户政策，均有可能导致二手房连环交易中涉案交易处户口无法迁出。

在此情况下，强调本单交易的出卖人承担户口未依约迁移的违约责任是否具备法律依据。答案是肯定的。依法成立的合同对当事人具有法律约束力。当事人如在合同中明确约定有户口迁移的期间，逾期即应承担合同法上的违约责任。至于第三方户口未迁出的责任认定问题，依据合同相对性原则由合同主体双方互担合同责任，后无过错方可向第三人追责亦具备法律依据。案外人的户口未迁移并非出卖人的自身原因，且因涉及公安机关的行政管理职权，户口迁移行为本身系公安机关的具体行政行为，不属于人民法院民事案件的主管范围，但法院可处理民事合同纠纷中的违约责任确认及违约金的确定问题。

此外，从法律价值角度分析，房屋出卖人系缔约时的产权人，其在出售房屋时对房屋的原有户口登记情况应是知悉并了解的。即便不清楚，出卖人作为登记产权人较之购买人及房屋交易的居间服务机构都具备更为便捷的查询条件，故应推定其在出售自己房产时对房屋处的户口情况是明知的，在此前提下如出卖人自愿就户口迁移约定期限并约定违约责任，其就应对此约定承担合同责任。

综上，配合迁移户口不是本案中魏某、韩某作为原产权人出售房屋时的附随义务，而是合同双方的约定义务。案外人户口未在合同约定的时间内迁出，合同主体魏某、韩某存在违约行为，其应承担相应的违约责任。

依据《最高人民法院关于适用〈中华人民共和国合同法〉若干问题的解释（二）》之规定，该类案件往往存在违约方抗辩下调违约金的情况。司法实践中，最终判决酌情下调了违约金的情况也较为普遍。我国违约金适用采填平原则为一般性原则，惩罚性违约金适用原则为特殊，上述违约金的性质为司法实践中比照实际损失调整违约金亦提供了法理依托。

购房人无法证明实际损失发生的情形较为普遍。所购房屋处留有他人户口未迁移，并不必然影响买受人家庭落户，已完成产权转移登记的买受人有条件依据产权证在公安机关办理落户手续。且购买房屋之根本合同目的仍应为获得房屋产权，实现对房屋的占有、使用、收益、处分，买受人上述权利并不会因所购房屋处仍有他人户口而导致受损，故买受人基于他人户口的未迁移而导致显见损失之情形并非普遍状态；具体损失亦模糊。上述因素为出卖人提出酌减违约金抗辩的情况下，法院下调违约金提供了事实依据。

司法实践中如法院认为违约金显著超过实际损失，应依职权释明当事人可以提出酌减的抗辩。依据《最高人民法院关于审理买卖合同纠纷案件适用法律问题的解释》第二十七条规定，买卖合同当事人一方以对方违约为由主张支付违约金，对方以合同不成立、合同未生效、合同无效或者不构成违约等为由进行免责抗辩而未主张调整过高的违约金的，人民法院应当就法院若不支持免责抗辩，当事人是否需要主张调整违约金进行释明。一审法院认为免责抗辩成立而未予释明，二审法院认为应当判决支付违约金的，可以直接释明并改判。

本案中，考虑到双方约定的逾期迁移户口违约金确系较高，法院依据魏某、韩某违约事实及情节，结合王某、密某海可能因户口迁移逾期导致的实际损失及王某、密某海未提供证据以证明违约金之外仍不足以弥补其二人实际损失之相应证据等因素，对魏某、韩某应支付的违约金数额酌情下调至1万元，较为恰当。

关于违约金过高的判断标准，司法实践中违约金的确认和调整尺度把握不尽一致。对此，笔者认为在违约方提出违约金过高抗辩的前提下应就违约金是否明显高于守约方的实际损失，结合证据，审查认定。在举证责任的分配上，首先由违约方出卖人基于酌减违约金的抗辩意见完成其应承担的足以使法官采信违约金明显过高的初步举证责任，才发生举证责任的转移，后由买受人承担其存在显见已发生之具体损失的进一步举证。

合同案件个案存在特殊性，应结合个案中当事人具体证据判断实际损失的存在及大小，不应一概而论。比如，有的购房人主张户口的迟延迁移导致其购买学区房获得较为优质就学资源的合同目的无法实现，在此类涉学区房诉讼中，当事人于通常交易房屋获得产权目的之外附加了购买房屋获得产权进而获取优质就学资源的特殊目的，就此应于合同约定及价格条款中具体体现。此外，审理涉学区房纠纷中还应区分买受人因自身对落户问题认识偏差导致落户延迟的情形是否存在，守约方因自身原因不当扩大的损失，不在违约方应承担的违约赔偿责任范围之内是合同法违约责任确认之共识。综上，当交易双方约定具体购房目的包含获得优质学区就学指标时，出卖人的户口迟延迁移导致就学指标获取出现障碍，可认定违约已导致购房人的购房上学目的落空，交易价值严重受损，上述损失可作为买受人的实际损失，获得赔偿。司法实践中，还出现了对就学指标进行保全的判例。法官提示如买受人发现出卖人的违约行为可能导致其购房落户获得就学指标的合同目的显见受损，可申请人民法院作出诉讼行为保全，禁止出卖人擅自使用所售房屋处的就学指标。

有关分段计算违约金的适用问题，违约金分段主张之法律适用原则为买受人就出卖人的同一违约行为分段起诉主张违约金，前诉法院已经确定出卖人支付违约金，出卖人有证据证明前诉案件确定的违约金数额加上买受人在后案中主张的违约金数额过分高于其所受实际损失的，应当判决部分驳回直至全部驳回买受人的诉讼请求。

因户口迁移行为本身涉及公安机关户籍管理行政职权，可能出现户口一直无法迁出的情况，在这类案件中，如当事人约定了一个持续性的违约金计算标准，司法实践中建议先诉案件处理时明确酌情调整违约金的具体原则、依据及涵盖的损失范围，当后案当事人对户口未迁出的持续行为再次主张违约金时，便于区别新损失、新事实；便于人民法院较为清晰结合前后案，认定损失，整体把握违约责任的处理标准。

编写人：北京市第二中级人民法院　李珊

21

“一房二卖”中前手购房人的占有权的保护

——范某侠诉周某保房屋买卖合同案

【案件基本信息】

1. 裁判书字号

江苏省徐州市中级人民法院（2017）苏民申2986号民事判决书

2. 案由：房屋买卖合同纠纷

3. 当事人

原告（上诉人，再审申请人）：范某侠

被告（被上诉人，再审被申请人）：周某保

【基本案情】

2007年3月20日，被告周某保作为认购方与第三人徐州新华瑞房地产投资有限公司（以下简称新华瑞公司）签订《“沂铁花苑”商铺认购协议书》，约定：被告以4600元/平方米的单价认购沂铁花苑I103－1、I203－1、I103－2、I203－2号商铺，建筑面积224.22平方米，总价款1031412元；双方在2007年4月4日前签订正式《商品房买卖合同》。2007年4月18日，案外人孙某珍向被告出具941724元工程款欠据一张，注明“以I103－1、I203－1、I103－2、I203－2号门面房抵押，此门面房以沂铁花苑F楼工程款作抵押，第三人在该欠据上盖章。除已付定金2万元外，被告于2007年4月29日向第三人交付20万元购房款。后第三人将涉案房屋钥匙交付被告周某保，被告周某保装修入住I103－1、I203－1、I103－2、I203－2号房屋至今，一直未与第三人签订《商品房买卖合同》。2014年6月6日，第三人新华公司以周某保为被告，向本院提起诉讼，请求被告周某保支付沂铁花苑I103－1、I203－1、I103－2、I203－2号房屋剩余房款831412元及违约金。新沂市人民法院于2014年12月31日公开开庭审理了该案，被告周某保经公告送达传票未到庭参加诉讼。2015年1月9日，第三人以周某保未到庭，相关事实无法查明为由，申请撤回起诉，后本院裁定准许。

2015年5月6日，新沂市住房和城乡建设局向原告范某侠核发新房权证新沂字第20116612号《房屋所有权证》，确认位于新安镇徐海路168号沂铁花苑6号楼I103－1号建筑面积为110.16平方米商铺归原告范某侠单独所有。经新沂市人民法院依职权调查，原告申请办证时向房产部门提交一份落款日期为2015年4月9日《商品房买卖合同》一份，销售不动产统一发票（办证联）等。本案在审理过程中，原告范某侠拒绝就房屋买卖情况接受法庭询问，但认可第三人新华公司作为出卖人，未将涉案房屋交付原告占有、使用。另，经原、被告确认，原告持有的《房屋所有权证》登记的沂铁花苑6号楼I103－1号房屋，由上、下两层组成，与被告认购并实际居住的沂铁花苑I103－1、I203－1、I103－2、I203－2中的两套房屋重合，但庭审中，原告无法陈述涉案房屋具体位置。经本院实地勘察，目前6号楼I103－1号、I103－2号房屋相邻，两房中间无隔断墙，共用两房中间的入户门，房内已装修，仅一处楼梯通向二楼房屋。

【案件焦点】

"一房二卖"时，房屋已由出卖人交付前买受人占有、使用的情况下，后买受人能否依据已经取得的产权登记请求前买受人腾退房屋。

【法院裁判要旨】

江苏省徐州市新沂市人民法院经审理认为：本案因第三人新华瑞公司在向原告出售涉案房屋时，仅履行权利交付义务，未履行实物交付义务，导致涉案房屋的所有权与占有权发生分离。原告虽因买卖行为而取得涉案房屋所有权，但该权利来源于第三人，故其继受取得的权利不得优于其前手即第三人所享有的权利。第三人在将房屋所有权转让给原告前，虽未与被告签订《商品房买卖合同》，但与被告签订的《"沂铁花苑"商铺认购协议书》具备商品房买卖合同的主要内容，且在约定的合同签订日后收取被告交付的购房款，并将涉案房屋交付被告使用，应认定第三人与被告之间的商品房买卖合同成立。第三人虽未将涉案房屋所有权转移登记至被告名下，但已将房屋的占用、使用等权能让与被告，该让与行为不违反法律规定，也未损害他人合法权利，被告因此对涉案房屋的占有应受法律保护。在被告占有、使用涉案房屋期间，虽房屋所有权发生转移，但不影响被告依据其与第三人的约定继续对涉案房屋的占有、使用。第三人如对被告的占有、使用行为持有异议，可另行解决。因第三人未向原告履行房屋的实物交付义务，原告也未实际取得涉案房屋的占有、使用权，故其要求被告腾让，并支付占用使用费无事实和法律依据，本院不予支持。原告如认为第三人的交付行为不符合合同约定，可要求第三人继续履行交付义务或承担违约责任。综上，根据《中华人民共和国物权法》第三十四条、第三十五条、第三十九条之规定，作出如下判决：

驳回原告范某侠的诉讼请求。

原告范某侠不服一审判决，提起上诉，江苏省徐州市中级人民法院依照《中华人民共和国民事诉讼法》第一百七十条第一款第一项之规定，作出如下判决：

驳回上诉，维持原判。

范某侠又提出再审申请，江苏省高级人法院依照《中华人民共和国民事诉讼法》第二百零四条第一款，《最高人民法院关于适用〈中华人民共和国民事诉讼法〉的解释》第三百九十五条第二款规定，作出如下裁定：

驳回范某侠的再审申请。

【法官后语】

关于本案的处理有两种意见：第一种意见认为，根据一房数卖纠纷的处理规则，一般应按照办理房屋所有权登记、合法占有房屋、买卖合同成立先后等顺序确定权利保护顺位。本案周某保在范某侠取得涉案房屋的所有权之后，未经范某侠同意继续占有涉案房屋，构成对范某侠房屋所有权的侵犯。范某侠要求周某保腾出涉案房屋于法有据，应予支持。

第二种意见认为，本案因新华瑞公司在向范某侠出售涉案房屋时，仅履行权利交付义务，未履行实物交付义务，导致涉案房屋的所有权与占有权发生分离。范某侠虽因买卖行为而取得涉案房屋所有权，但该权利来源于新华瑞公司，故其继受取得的权利不得优于其前手即新华瑞公司所享有的权利。新华瑞公司在将房屋所有权转让给范某侠前，虽未与周某保签订《商品房买卖合同》，但与周某保签订的《“沂铁花苑”商铺认购协议书》具备商品房买卖合同的主要内容，且在约定的合同签订日后收取周某保交付的购房款，并将涉案房屋交付周某保使用，应认定新华瑞公司与周某保之间的商品房买卖合同成立。新华瑞公司虽未将涉案房屋所有权转移登记至周某保名下，但已将房屋的占用、使用等权能让与周某保，该让与行为不违反法律规定，也未损害他人合法权利，周某保因此对涉案房屋的占有应受法律保护。新华瑞公司如对周某保的占有、使用行为持有异议，可另行解决。

笔者同意第二种意见。理由如下：

首先，我国房地产立法起步较晚，由于种种原因，社会上还存在不少因买卖或其他原因未办理产权过户登记的房屋，导致房屋实际所有人与法律登记所有权不一致。部分群众由于法律素养普遍较低，他们往往不在意房屋过户登记，而关注房屋是否实际交付，如果法律对他们合法占用权利不予以保护，强行让其腾让安身立命之房屋，势必增加社会不稳定因素，确立一房多卖纠纷解决规则时不得不考虑的上述国情。

其次，实践中的“一房数卖”，往往还可能存在一些不可告人的目的，如恶意串通、非法债务、诈骗等，后买受人不依据合同向出卖人主张房屋交付义务或违约责任，转而起诉要求前买受人腾让房屋，往往是为了规避法律规定，达到非法目的。另外，前买受人占有房屋的一房多卖纠纷，如买受人系善意，且在购买前尽到审慎义务，多数纠纷能避免。实践中之所以出现这类纠纷，有的往往是买受人明知有争议或他人已占用而购买，有的是出卖人与后买受人恶意串通，有的是出卖人为规避前买受人违约责任等，出卖人故意置身于纠纷之外，将矛盾转移至前后买受人之间，扰乱房地产市场交易秩序。此时，法院应审查房屋占有人对房屋的占有是否具有合法性、正当性，后买受人购买、过户是否存在恶意，如后买受人购买诉讼房屋时明知合法买受人已购买该房屋，并合法占有，仍与房屋转让人签订买卖协议并办理房屋产权过户登记，该行为损害了合法买受人的利益，属无效的恶意登记行为，其权利亦不能对抗合法买受人因先占有讼争房产而享有之权利。买受方应以合同相对方为被告提起债权给付之诉，要求对方履行交付房屋的义务或在房屋客观上无法交付的情况下承担相应的违约责任。如果不审查占用正当性，后买受人购买是否违背诚实信用原则，一概按照办理房屋所有权登记、合法占有房屋、买卖合同成立先后等顺序确定权利保护顺位，将导致法律的规定与现实生活、社会习俗发生冲突，一旦诉至法院，会使判决在法律与社会习俗之间游离。

再次，根据“一物一权主义”，当物权与债权同时存在时，物权具有优先于债权的效力。当物权与债权同时存在时，物权优先于债权。物权，最显著的特征是排他性。尽管物权行为的发生是基于一定的债权原因，但因物权行为具有无因性和独立性，一旦物权转移，其即独立于债权行为，并不因为债权行为的无效而无效。另外，因物权优先于债权，后买受人可以以物权人身份行使物上请求权，也可以合同债权人身份行使合同请求权，主张违约责任，但选择权在于买受人，法院对此不能限制。同时，所有权是指所有权人对自己的不动产或者动产，依法享有占有、使用、收益和处分的权能，该四项权能在一定条件下可以分离。在房屋买卖中，房屋出卖方应向买受人履行权利与实物的双重交付，如仅履行权利交付义务，而未履行实物交付义务，导致房屋的所有权与占有权发生分离。如出卖人在向买受人转让所有权前，已将房屋租赁第三人，买受人即使通过买卖取得房屋所有权，也不能行使完全所有权，要求租赁人退还房屋，简称"买卖不破租赁"，租赁人的占用使用权应得到保护。同理，后买受人虽因买卖行为而取得房屋所有权，因该权利来源于前买受人，而出卖人在将房屋出卖给后买受人之前，已将房屋占用、使用权能转让给前买受人，后买受人继受取得的权利不得优于其前手即出卖人所享有的权利，即使后买受人取得房屋所有权，在前买受人占用、使用房屋正当理由消除前，也无权主张前买受人停止占用、使用，也即"后手不得优于前手"。在此情况下，前买受人虽合法取得房屋的占有、使用权能，但非所有权，后买受人虽然取得所有权，但非完全所有权，保护前买受人的合法占用、使用权与我国法律保护物权规定并不冲突。

最后，维护社会诚信价值的需求。目前，民事活动中，恶意串通损害他人利益的现象普遍存在。恶意串通概念系从我国《民法通则》的规定而来，该法第五十八条第四项规定，恶意串通，损害国家、集体或者第三人利益的民事行为无效。《合同法》第五十二条第二项规定，恶意串通，损害国家、集体或者第三人利益的合同无效。

恶意串通具有以下特征：(1) 当事人双方出于恶意，即明知或者应知某种民事行为将造成国家、集体或者第三人利益的损害，而故意为之。因恶意串通而成立的合同当事人均出于故意，这种故意的本质在于通过损害他人的利益而获取自己的非法利益。当然，因恶意串通而成立的合同不以行为人已经或必然获得非法利益为必要条件。双方当事人或一方当事人不知或不应知道其行为的损害后果，不构成恶意。(2) 当事人之间互相串通，都希望通过实施某种行为损害国家、集体或者第三人的利益。共同的目的可以表现为当事人事先达成一致的协议，也可以是一方作出意思表示，而对方或其他当事人明知实施该行为所达到的目的非法，而用默示的方式表示接受。(3) 当事人互相配合或者共同实施了该非法行为。它强调的是当事人的实施行为的恶意通谋性。根据《民法通则》的规定，我们在司法实践中掌握的恶意为行为人于行为时明知其行为缺乏法律上的根据或行为相对人没有权利，行为可能损害国家、集体或他人利益而为之为恶意。结合本案，新华瑞公司与第二买受人明知房屋已出卖的情况下，仍另行订立房屋买卖合同的行为应当确定为恶意串通行为。依据《最高人民法院关于审理商品房买卖合同纠纷案件适用法律若干问题的解释》第十条规定，买受人以出卖人与第三人恶意串通，另行订立商品房买卖合同并将房屋交付使用，导致其无法取得房屋为由，请求确认出卖人与第三人订立的商品房买卖合同无效的，应予支持。本案被告虽然未明确提出反诉请求，要求确认开发商第二次卖房行为无效，但是，法院可以该条作为不支持原告诉讼请求的裁判依据。

编写人：江苏省徐州市新沂市人民法院　朱清华

22

替购房人偿还贷款后开发商是否必然可以解除合同

——北京中信新城房地产有限公司诉陈某峰商品房预售合同案

【案件基本信息】

1. 裁判书字号

北京市大兴区人民法院（2017）京0115民初9206号民事判决书

2. 案由：商品房预售合同纠纷

3. 当事人

原告：北京中信新城房地产有限公司（以下简称中信新城公司）

被告：陈某峰

【基本案情】

2012年12月22日，陈某峰（买受人）与中信新城公司签订《预售合同》（合同编号Y14221××），合同约定陈某峰购买位于大兴区亦庄住宅及商业项目（X1-1B）地块大兴区亦庄中信新城X1-1B地块A-11号住宅楼2层2单元××号的房屋，总价为4480255元，首付款为1800255元，其余房款2680000元由陈某峰向银行申请贷款予以支付。合同约定的房屋交付时间为2013年10月31日。

关于违约责任，合同附件五第四条约定：如因买受人原因，导致银行从出卖人处扣款，买受人必须自扣款之日起5日内归还出卖人代还款项，并按以下方式承担责任，出卖人有权在买受人已付款中优先扣除：买受人逾期超过90日仍未归还出卖人代还款项的，出卖人有权解除合同。如在预售合同约定的房屋交付时间之前，出卖人解除合同的，买受人应当自解除合同通知送达之日起7日内按照预售合同累计的逾期应付款的3%向出卖人支付违约金，并按中国人民银行住房贷款利率向出卖人支付代垫期间代还款项的利息，以及代还金额10%的违约金；如在预售合同约定的房屋交付时间之后，买受人应按本款上一项的约定承担违约责任，还应向出卖人支付自商品房交付之日起的房屋使用费，每个月的房屋使用费按照总房价款1%的标准计算。

2013年1月8日，陈某峰与农行、中信新城公司签订个人购房担保借款合同，陈某峰为借款人、农行为贷款人，中信新城公司为保证人。借款总额为2680000元，借款期限360个月，借款利率为基准利率下浮14%，还款方式为等额本息还款法，还款周期一个月。借款合同采用阶段性保证+抵押。由阶段性保证人中信新城公司自贷款发放之日起至被告陈某峰取得房地产权权属证书，并办妥以农行为抵押权人的抵押登记手续之日止，为被告陈某峰的债务承担连带保证责任。陈某峰未按合同约定期限归还借款的，农行有权计收罚息和复利，有权提前收回已发放的借款。借款合同签订后，2013年1月8日，农行向被告陈某峰发放了268万元贷款。截至2016年3月24日，被告陈某峰已逾期10期未还款。2016年9月19日，北京市东城区人民法院作出（2016）京0101民初7132号民事判决书，判决陈某峰偿还农行借款本金2593629.45元及至给付之日起止的利息、罚息和复利（其中截止到

2016年3月34日的利息、罚息和复利为116884.15元，自2016年3月25日起至给付之日止的利息、罚息和复利按双方签订的个人购房担保借款额合同约定比例计算），中信新城公司在上述债务中承担连带保证责任。

2017年2月22日，农行为中信新城公司出具代偿证明，证明中信新城公司已于2017年2月17日代陈某峰还款20万元，履行了部分担保责任。

2017年2月22日，北京中伦律师事务所出具律师函，催告陈某峰在收到律师函之日起5日内，按照预售合同约定的出卖人收款账户，一次性向中信新城公司偿还全部代扣款项20万元。如因陈某峰逾期履行付款义务超过60日，中信新城公司将立即解除《预售合同》，并在已付购房款中扣除总房款的20%作为违约金。

经查，中信新城公司已经收到陈某峰的首付款1800255元及银行贷款268万元。陈某峰因没有支付房屋面积差价款，尚未办理房产证。截至目前，陈某峰也没有收房。

【案件焦点】

开发商作为担保人替购房人偿还了贷款，而合同约定购房人未按照合同约定及时还款，开发商是否有权解除商品房预售合同。

【法院裁判要旨】

北京市大兴区人民法院经审理认为：根据我国民事诉讼法的规定，当事人有答辩并对对方当事人提交的证据进行质证的权利，被告陈某峰经本院合法传唤，无正当理由拒不到庭应诉，视为其放弃了答辩及质证的权利。当事人可以约定一方解除合同的条件。解除合同的条件成就时，解除权人可以解除合同。当事人一方主张解除合同的，应当通知对方。合同自通知到达对方时解除。原、被告签订的《预售合同》及其附件系双方当事人真实意思表示，应属合法有效，对双方当事人具有法律约束力。按照合同约定，因买受人原因致使银行从出卖人处扣款的，买受人逾期90日仍未归还出卖人代还款项的，出卖人有权解除合同，并承担违约责任。2017年2月17日，中信新城公司代陈某峰偿还欠农行款项，截至起诉时，陈某峰尚未偿还代偿款项，逾期还款已超过90日，根据合同约定，中信新城公司有权单方解除合同，故对于中信新城公司要求解除《预售合同》的诉讼请求，本院予以支持；合同解除后，尚未履行的，终止履行；已经履行的，根据履行情况和合同性质，当事人可以要求恢复原状、采取其他补救措施，并有权要求赔偿损失。《预售合同》解除后，陈某峰理应协助中信新城公司办理《预售合同》网上签约备案注销手续，故对于中信新城公司要求协助注销《预售合同》的诉讼请求，本院予以支持；合同解除后，中信新城公司应返还陈某峰购房款。因陈某峰逾期 90 日未归还中信新城公司代还款项，中信新城公司解除合同的日期在合同约定的房屋交付日期之后，且陈某峰尚未使用房屋，故陈某峰应支付给中信新城公司代偿款本息及违约金。原告主张的利息及违约金计算标准有合同依据，但金额有误，本院予以调整。对该笔款项本院在中信新城公司应返还陈某峰的购房款中依法予以抵扣。

北京市大兴区人民法院依照《中华人民共和国合同法》第九十三条、第九十七条、第一百零七条、第二百零五条、第二百零六条，《中华人民共和国民事诉讼法》第一百四十四条之规定，判决如下：

一、解除原告北京中信新城房地产有限公司与被告陈某峰于 2013 年 9 月 29 日签订的《北京市商品房预售合同》（合同编号：Y14221 × ×）；

二、被告陈某峰协助原告北京中信新城房地产有限公司办理《北京市商品房预售合同》（合同编号：Y14221 × ×）网上签约备案的注销手续（于本判决生效后十日内履行）；

三、被告陈某峰需支付给原告北京中信新城房地产有限公司代偿贷款本息及违约金 27416 元，扣除该笔款项后，原告北京中信新城房地产有限公司返还被告陈某峰剩余购房款 4452839 元（于本判决生效后十日内履行）。

【法官后语】

关于合同是否能够解除，有两种观点：

第一种观点认为，当事人可以约定一方解除合同的条件。解除合同的条件成就时，解除权人可以解除合同。当事人一方主张解除合同的，应当通知对方。合同自通知到达对方时解除。原、被告签订的《预售合同》及其附件系双方当事人真实意思表示，应属合法有效，对双方当事人具有法律约束力。按照合同约定，因买受人原因致使银行从出卖人处扣款的，买受人逾期 90 日仍未归还出卖人代还款项的，出卖人有权解除合同，并承担违约责任。2017 年 2 月 17 日，中信新城公司代陈某峰偿还欠农行款项，截至起诉时，陈某峰尚未偿还代偿款项，逾期还款已超过 90

日，根据合同约定，中信新城公司有权单方解除合同，故对于原告中信新城公司要求解除《预售合同》的诉讼请求本院予以支持。

第二种观点认为，中信新城公司无权要求解除合同。理由如下：第一，对于已经履行完毕的合同，不存在解除的问题。涉案的买卖合同中，被告作为买受人，已经履行完毕合同义务，即按照约定交付房款（大多数案件中被告已经收房并且不欠房款，有些案件中可能欠一部分面积补差款尚未补交，但该部分补差款，不能被认定为未履行合同义务），虽然合同中约定的办证义务尚未履行，房屋的产权证尚未办理，但这是出卖人的义务。在买受人已经履行完毕合同义务的情况下，且其并未违反房屋买卖合同的基本义务，原告所主张的违约行为违反的不是买卖合同的约定义务，而是借款合同中的还款义务。虽然该义务被规定在买卖合同中，但从法理上讲，将一个合同中的违约条款作为另一个合同的解除条款，也不符合合同稳定性的要求，尤其会使得已经履行完毕的合同长期处于不确定的状态，时刻处于因其他合同中的违约条款触发而遭解除的不稳定中。

第二，综观涉案的房屋买卖合同和借款合同，开发商在借款合同中是担保人身份，故房屋买卖合同中所约定的解除合同条款，应被解读为反担保条款，即如果开发商代业主偿还贷款后，业主不能偿还开发商，开发商即可收回房屋（解除合同只是收回房屋的手段），此时并不会考虑房屋的现值，也就是说即使房屋价格上涨很多，开发商也能按照原价格收回。这相当于是将该房屋作为担保财产。因为在业主履行完买卖合同义务，交齐房款的情况下，虽然还差办证这一道手续，但房屋的权利实际已归属于业主。据此，可以认定前述的反担保条款相当于约定“如果到时不能还款，则将房屋收归开发商（解除合同此时只是过程和手段，结果就是不考虑房屋的实际价值，变相收房）”，如此则有违担保法“流质契约之禁止”的规定。

第三，权利义务可能严重失衡。开发商作为保证人，其本就依法享有追偿权，完全可以通过行使追偿权来保护其合法权益。如果同时再约定解除权，会出现如果房价降低，开发商就选择追偿权，如果房屋上涨，其就选择解除合同。业主很可能只是拖欠少部分银行贷款，却面临房屋被收回的结果，在房价涨幅很大的情况下，如此会造成利益很大失衡。

编写人：北京市大兴区人民法院　桂洋　齐伟龙

23

房屋买卖合同违约责任认定

——王某山诉陶某河、陶某冰房屋买卖合同案

【案件基本信息】

1. 裁判书字号

山东省滨州市滨城区人民法院（2017）鲁1602民初第2848号民事判决书

2. 案由：房屋买卖合同纠纷

3. 当事人

原告：王某山

被告：陶某河、陶某冰

【基本案情】

被告陶某河与被告陶某冰系父子关系。2017年2月6日，原告王某山（买方、乙方）、被告陶某河（卖方代理人、甲方）与第三人（第三方、丙方）签订房屋买卖合同，约定，甲方将位于滨州市渤海十六路以东、北新开河以南格林春天7号楼2单元××室，主房148.42平方米，附房地下车库一套出售给乙方；房屋总价为1075000元；付款方式：分两次付款，乙方应在签订本合同当日向甲方支付定金50000元，于3个工作日内支付甲方750000元，后期抵作房款，于2017年6月30日前将剩余房款275000元支付甲方，同时甲方携带相关证件协助乙方到房管部门办理房屋过户手续，任何一方超出期限视为毁约，违约方需支付对方总房款1%的违约金；交房前物业费由甲方付清，交房后一切费用由乙方负责；甲方需积极配合乙方办理过户等相关手续，办理过户所产生的费用均由乙方承担；第三方全程配合甲乙双方办理过户和贷款手续，第三方作为协调方、见证方，对此次交易作出公证；甲方在收到房屋总款的10个工作日内将位于该房产上的全部户口迁出；甲方在收到房屋总款的同时将房屋钥匙、电卡交与乙方。甲方（代理人）落款处陶某河

签字捺印，乙方落款处王某山签字捺印予以确认。

2017 年 2 月 24 日，原告王某山向被告支付购房定金 50000 元。同日，被告陶某河出具购房定金收条。

2017 年 2 月 26 日，原告王某山以银行转账形式向被告陶某河支付购房款 750000 元。2017 年 2 月 28 日，被告陶某河向原告王某山出具收条，载明收到王某山购买格林春天 7 号楼 2 单元 × × 室购房预付款 75 万元，等陶某冰 2017 年 6 月中旬回国办理房屋过户手续。

2017 年 6 月 14 日，被告陶某河与第三人工作人员去滨州市房地产管理局核验房源，并在涉案房屋存量房房源核验申请表申请人落款处代签陶某冰。后陶某冰回国，与第三人工作人员一同去滨州市房地产管理局咨询涉案房屋过户事宜。

涉案房屋于 2011 年办理房产证。签订上述合同时，被告陶某河将房产证原件及涉案房屋钥匙放到第三人处，后交付原告王某山。后被告不协助办理过户。

【案件焦点】

被告陶某河处理涉案房屋的行为是否构成表见代理。

【法院裁判要旨】

山东省滨州市滨城区人民法院经审理认为：首先，被告陶某河与被告陶某冰系父子关系，该身份关系使原告王某山有理由相信被告陶某河得到了被告陶某冰的授权。因为在日常生活中，父亲代理儿子办理出售房屋事宜，符合一般的生活经验。其次，该房屋系被告陶某冰父母主动联系第三人房产中介进行出售，且在办理出售房屋的过程中，也并未出现异常现象足以使原告王某山对被告陶某河的代理权产生怀疑。从被告陶某河与原告王某山签订的房屋买卖合同内容来看，该合同约定“甲乙双方在平等自愿的基础上，就甲方将房屋出售给乙方……”而在甲方（代理人）落款处被告陶某河签字捺印，由此可见，作为出售房屋的一方，父亲陶某河表明了儿子陶某冰为房屋登记所有权人，并代儿子陶某冰在房屋买卖合同上签字，后收取了原告王某山支付的购房款。被告陶某冰自 2015 年长年在国外读书，涉案房屋于 2011 年办理房产证，当时被告陶某冰尚未成年，至今尚在读书。第三人的陈述能证明陶某河在签订房屋买卖合同时明确表示该房屋系陶某河购买并有权处分。最后，被告陶某河与原告王某山签订合同过程中，不仅涉案房屋由被告陶某河管理使用，而且提供了房屋的所有权证原件和钥匙，且被告陶某河将房产证及钥匙通过第三人交付原告王某山。该行为足以使原告王某山相信被告陶某河具有出售房屋的代理权。综合以上分析，原告王某山作为购房人已经尽了合理的注意义务，有理由相信被告陶某河已经取得被告陶某冰同意代为处分涉案房屋，被告陶某河的行为构成表见代理，被告陶某河处分涉案房屋的后果应由被告陶某冰承受。该房屋买卖合同系双方当事人的真实意思表示，不违反法律、行政法规的强制性规定，合法有效。当事人均应按照合同约定依诚实信用原则全面履行自己的义务。

原告王某山已依约将涉案购房款 80 万元交付被告陶某河。现原告王某山要求继续履行合同，协助办理过户手续，于法有据，本院予以支持。因房屋买卖合同系双务合同，原告王某山作为买受人应依约在被告陶某冰协助其办理过户手续时支付余款 275000 元。现为避免诉累，本院对继续履行、协助过户及原告王某山应支付被告陶某冰的后续房款 275000 元一并作出处理。两被告的辩称，本院不予采纳。

【法官后语】

《合同法》第四十九条规定：行为人没有代理权、超越代理权或者代理权终止后以被代理人名义订立合同，相对人有理由相信行为人有代理权的，该代理行为有效。被告陶某河与被告陶某冰系父子关系，该身份关系使原告王某山有理由相信被告陶某河得到了被告陶某冰的授权。被告陶某河与原告王某山签订合同过程中，不仅涉案房屋由被告陶某河管理使用，而且还提供了房屋的所有权证原件和钥匙，且被告陶某河将房产证及钥匙通过第三人交付原告王某山。该行为足以使原告王某山相信被告陶某河具有出售房屋的代理权。该房屋买卖合同系双方当事人的真实意思表示，不违反法律、行政法规的强制性规定，合法有效。当事人均应按照合同约定依诚实信用原则全面履行自己的义务。

本案实质是由于房价上涨，面对巨额利益，被告以各种理由拒绝履行合同。本案例具有很强的代表性。随着房价的不断上涨，房屋买卖双方在交易过程中发生纠纷的数量也不断上升，其中大多数是卖方反悔提出涨价。合同双方当事人应当遵守诚实信用原则，按照约定全面履行自己的义务。房价涨跌属客观现象，房屋交易中买卖双方都存在一定的风险，但双方当事人一旦签订房屋买卖合同，合同对双方就都有约束力。在签订合同之前，双方当事人对房产市场要有自己清醒的认识。有的卖方签订合同后，觉得自己卖得便宜了，有的买方在签订合同后觉得自己买贵了。对于这种情况，法院在审判中一般要遵循自愿原则和诚实信用原则，维护合同和交易的稳定性。

编写人：山东省滨州市滨城区人民法院 宋传媛

24

合同法定解除权的法律适用

——张某冬诉陈某波、林某兰房屋买卖合同案

【案件基本信息】

1. 裁判书字号

北京市第三中级人民法院（2017）京03民终10385号民事判决书

2. 案由：房屋买卖合同纠纷

3. 当事人

原告（被上诉人、反诉被告）：张某冬

被告（上诉人、反诉原告）：陈某波、林某兰

【基本案情】

2016年3月9日，张某冬（买受人）与陈某波、林某兰（出卖人）在第三人居间下签订了《北京市存量房屋买卖合同》，约定陈某波、林某兰将涉案房屋出售给张某冬，房屋价款1100万元。合同签订后，张某冬于2016年3月21日支付陈某波、林某兰50万元定金。双方于6月28日办理了网签手续。7月12日，张某冬交纳了购买涉案房屋的增值税及契税，同日张某冬申请按揭贷款500万元。

陈某波、林某兰称张某冬未按合同约定于网签当日交付首付款640万元构成根本违约，要求解除双方签订的房屋买卖合同并主张违约金。张某冬称北京市有资金监管的规定，其认为应当将对交易款项进行资金监管，并提交了相应的规定文件，陈某波、林某兰对此不予认可。

【案件焦点】

1. 首付款应何时支付、支付多少；2. 当事人是否构成根本违约。

【法院裁判要旨】

北京市朝阳区人民法院经审理认为：《北京市存量房屋买卖合同》系双方真实意思表示，不违反法律、法规的强制性规定，属合法有效合同，双方均应按约履行各自义务。

本案争议焦点之一为首付款应何时支付、支付多少。合同约定首付款为640万元，应于网签当日（2016年8月20日前签订网签合同）支付，余款410万元以贷款方式支付。但据涉案房屋申请贷款情况及照片来看，张某冬申请贷款金额由410万元变更为500万元，陈某波、林某兰对此知情，故相应首付款也发生了变更。陈某波、林某兰亦未在合理期间提出异议，应视为双方以实际行动变更了合同条款。双方6月28日办理了网签，而银行贷款事宜发生于网签之后，根据交易惯例，陈某波、林某兰再依据原合同条款主张网签之日即应支付首付款640万元缺乏依据，法院对此不予采信。

本案争议焦点之二为当事人是否根本违约。陈某波、林某兰作为出卖方，其主要合同目的为收取房款。双方以实际行动变更了首付款金额，作为付款义务方，张某冬仍应在合理期间内及时支付首付款。双方签订的房屋买卖合同中明确约定付款方式为支付至陈某波账户，并没有资金监管的相关约定，张某冬以购房款应资金监管为由拒付首付款没有充分依据，在陈某波、林某兰未明确同意资金监管后，张某冬即应及时按约支付首付款，但张某冬至今未支付除定金之外任何款项，给陈某波、林某兰造成了资金占用损失，对此张某冬应予赔付，陈某波、林某兰主张的违约金数额过高，法院予以酌减。从合同中关于首付款支付时间的约定及陈某波、林某兰配合贷款、交税等行为来看，法院难以认定张某冬构成根本违约，且本案合同业已履行完毕网签及交税流程，应继续履行，法院对陈某波、林某兰的该部分反诉诉讼请求不予支持。张某冬未及时履行付款义务，其主张陈某波、林某兰赔偿租金损失、律师费、差旅费没有依据，法院不予支持。

综上，北京市朝阳区人民法院依照《中华人民共和国合同法》第六十条、第七十七条、第一百零七条、第一百一十四条之规定，判决：

一、张某冬于判决生效后三日内给付陈某波、林某兰剩余购房款1050万元，陈某波、林某兰于收款后当日协助将位于北京市朝阳区东方东路×号房屋所有权转移登记至张某冬名下，并配合办理物业交接，房屋交付手续；所有权转移过程中发生的税、费依《北京市存量房屋买卖合同》第九条约定交纳；

二、张某冬于判决生效后十日内赔偿陈某波、林某兰损失50万元；

三、驳回张某冬的其他诉讼请求；

四、驳回陈某波、林某兰的其他诉讼请求。如未按判决确定的期间履行金钱给付义务，应当依照《中华人民共和国民事诉讼法》第二百五十三条之规定，加倍支付迟延履行期间的债务利息。

陈某波、林某兰提起上诉。北京市第三中级人民法院经审理认为：关于首付款支付的时间问题。根据双方当事人之间《北京市存量房屋买卖合同》约定，买受人于双方签订网签合同当日向出卖人支付房款640万元整。故根据合同约定内容，张某冬应于网签当日支付首付款，该合同约定内容并不存在文义及理解上的歧义。现各方一致认可网签日期为2016年6月28日，故按照合同约定，张某冬应于该日支付首付款。根据涉案房屋买卖合同约定的内容，张某冬应于2016年6月28日网签当日支付首付款却未予支付，双方签订的房屋买卖合同中并没有资金监管的相关约定，张某冬以购房款应资金监管为由拒付首付款缺乏依据；陈某波、林某兰在张某冬未于网签当日支付首付款的情形下，仍配合张某冬履行了协助办理涉案房屋的契税及银行贷款业务等义务，在此情形下，张某冬在陈某波、林某兰未明确同意资金监管后仍未支付除定金之外任何款项；后陈某波、林某兰于2016年7月19日通过微信形式催告张某冬支付首付款，家悦公司亦称陈某波、林某兰于该日表示不同意资金监管，在此情形下，张某冬应及时支付首付款，且考虑到涉案交易房屋已经完成网签行为，此时张某冬再以资金安全问题为由拒绝支付首付款，导致陈某波、林某兰的合同目的无法实现，张某冬的行为构成根本违约。因张某冬存在根本违约情形，陈某波、林某兰有权向张某冬主张违约金。

北京市第三中级人民法院依照《中华人民共和国民事诉讼法》第一百七十条第一款第二项之规定，判决：

一、维持北京市朝阳区人民法院（2016）京0105民初55932号民事判决第二项；

二、撤销北京市朝阳区人民法院（2016）京0105民初55932号民事判决第一项、第三项、第四项；

三、解除陈某波、林某兰与张某冬于2016年3月19日签订的《北京市存量房屋买卖合同》（经纪成交版），张某冬于本判决生效后三日内协助陈某波、林某兰办理撤销网签登记手续；

四、驳回陈某波、林某兰的其他诉讼请求；

五、驳回张某冬的诉讼请求。

【法官后语】

本案争议焦点之一，买方迟延支付首付款的行为是否构成《合同法》第九十四条之情形。依据《合同法》第九十四条第三项的规定，当事人迟延履行主要债务，经催告在合理期限内仍未履行的，当事人可以解除合同。本案中，买方在履约过程中，迟延履行债务是不容置疑的事实，其行为已然构成违约。本案涉及北京地区的二手房交易，北京的房地产市场由于严格的监管及相关的政策因素，其房屋买卖尤其是二手房的交易，存在有别于其他地区房地产交易的手续，出于对房屋出售人和购买人的保护，房产交易的每一步都有着严格的时间限制和先后顺序，因而对交易双方对于合同义务的履行也就要进行更为严格的限制。在本案中陈某波、林某兰进行房屋交易的根本合同目的就是取得房款，在张某冬迟迟不能交付购房款的情形下，陈某波、林某兰要求解除合同的请求，人民法院应当支持。

本案的争议焦点之二，出卖人继续履行合同是否视为放弃法定解除权。第一种观点认为守约方并未明示放弃合同的法定解除权，当解除权条件成就时，守约方经催告后即可行使解除权，若其在未行使时违约方履行了合同义务，而守约方接受了该履行，则解除权消失；若守约方明确要求行使法定解除权，则法院应当支持。第二种观点认为合同的履行和解除二者不能并存，守约方一旦选择其中一种，则视为放弃另一种，包括对附随义务的履行，因为此时守约方以其行动表示了希望通过履行行为来最终取得合同目的的意思表示。在此情形下，守约方放弃的是对于当次违约行为而行成的解除权，当违约状态一直持续或再次发生并构成根本违约时，守约方仍可行使法定解除权，按照《合同法》第九十五条的规定，其应当进行催告，明确告知买受人于一定合理期限内履行合同，重新计算合同逾期履行的期限，催告期限经过后则可行使法定解除权。

考虑到本案中的特殊情形，即张某冬在办理贷款时，贷款额度发生了变更，相应的首付款数额也发生了变更，陈某波、林某兰继续配合张某冬办理房屋契税等行为能否视为其同意对合同约定首付款额度及履行期限的变更，其履行行为是否对其解除权产生影响。首先，基于北京市场房屋交易流程的特殊性，交易中当事人对于每一步的交易所产生的法律后果很难有清晰、明确的认识，且存在房屋出卖人、购买人及房屋中介公司信息不对等的情形。当房屋出卖人抱有履行合同的意思时，其必然会配合购买人办理相关手续，因而从其主观意思判断并非要放弃解除权。放弃解除权或行使解除权均应以明示的方式作出。对于合同主要权利的放弃应当有明确的意思表示或法律的明确规定，在没有法律明确规定或者合同明确约定的前提下，不能推定守约方通过默示或者不明确的行为放弃合同解除权。因为合同无法继续履行的原因是由违约方造成的，房屋出卖人配合买受人继续履行合同的行为不能导致出卖人权利受损，并且在合同履行过程中，应保护守约方，不能因守约方的履约行为导致其利益的丧失，故本案中陈某波、林某兰继续履约的行为不应视为其对张某冬违约行为的默许，更不能因此视为对合同解除权的放弃。

编写人：北京市第三中级人民法院　石煜　常欣

四、农村房屋买卖

25

非同一集体经济组织成员之间的房屋买卖合同效力

——麻某安、吴某生诉龙某章、隆某付农村房屋买卖合同案

【案件基本信息】

1. 裁判书字号

湖南省湘西土家族苗族自治州中级人民法院（2017）湘31民终734号民事裁定书

2. 案由：农村房屋买卖合同纠纷

3. 当事人

原告（被上诉人）：麻某安、吴某生

被告（上诉人）：龙某章、隆某付

【基本案情】

龙某章、隆某付系凤凰县麻冲乡高通村村民，龙某章系凤凰县廖家桥镇满江村村民，隆某付系凤凰县廖家桥镇塘头村村民。2004年12月19日，凤凰县阿拉营镇教场村村民吴某清（又名吴某青）与龙某章、隆某付在阿拉营镇教场村委会干部的见证下，签订了《土地有偿转让协议书》，吴某清将其所有的位于阿拉镇晒谷脑的旧屋一栋、房屋旁边的坪坝以及一个电表以3620元的价格转让给龙某章、隆某付，阿拉营镇教场村村委会在转让协议书上盖章，并由村干部签字。吴某清与龙某章、隆某付签订《土地有偿转让协议书》后，龙某章、隆某付均未迁户口到阿拉营镇教场村，亦未办理房屋变更登记。2014年8月31日，麻某安、吴某生与龙某章、隆

某付签订《土地有偿转让协议书》，将登记在吴某清名下的阿拉镇晒谷脑的一块岩坪和一间旧房屋以128600元的价格转让给二原告，该转让协议书的签订未经阿拉营镇教场村村委会同意，亦未办理房屋变更登记。麻某安、吴某生与龙某章、隆某付签订《土地有偿转让协议书》后，麻某安、吴某生准备在该宅基地上修建住宅时，遭到吴某清之子吴某黔阻止，因麻某安、吴某生认为自己不是阿拉营镇教场村村民，与龙某章、隆某付签订《土地有偿转让协议》无效，故麻某安、吴某生诉至法院要求龙某章、隆某付返还土地转让金128600元。

【案件焦点】

本案《土地有偿转让协议书》是否有效。

【法院裁判要旨】

湖南省湘西土家族苗族自治州凤凰县人民法院经审理认为：违反法律、行政法规强制性规定的合同无效。农村房屋的买卖涉及相应宅基地使用权的转让，而宅基地使用权是集体经济组织成员享有的权利，与该集体经济组织成员的特定身份相联系，不得转让给非本集体经济组织成员。本案中，原告与被告签订《土地有偿转让协议书》时，二原告均不是涉案房屋所在地的凤凰县阿拉营镇教场村村民，且至今仍不是该集体经济组织成员，故二原告与二被告签订的《土地有偿转让协议书》因违反《中华人民共和国土地管理法》的强制性规定，应属无效。合同无效后，因该合同取得的财产应当予以返还，故对于原告要求被告返还土地转让金128600元的诉讼请求予以支持。

湖南省湘西土家族苗族自治州凤凰县人民法院依照《中华人民共和国合同法》第五十二条第五项、第五十八条，《中华人民共和国土地管理法》第八条第二款、第六十三条，《中华人民共和国民事诉讼法》第六十四条第一款条之规定，判决如下：

被告龙某章、隆某付于本判决生效之日起二十日内返还原告麻某安、吴某生转让金128600元。

龙某章、隆某付提起上诉。湘西土家族苗族自治州中级人民法院经审理认为：上诉人龙某章、隆某付申请缓交（或免交）上诉费。本院经审查，同意上诉人龙某章、隆某付至二审开庭前交清上诉费。后本院根据案件的情况，决定不开庭审理，并在询问中明确告知，两上诉人应在2017年11月13日前交清上诉费，但两上诉人未在给定的期限内交清上诉费。

湖南省湘西土家族苗族自治州中级人民法院依照《中华人民共和国民事诉讼法》第一百五十四条第一款第十一项、《最高院人民法院关于适用〈中华人民共和国民事诉讼法〉的解释》第三百二十条规定，作出如下裁定：

本案按上诉人龙某章、隆某付自动撤回上诉处理。一审判决自本裁定书送达之日起发生法律效力。

【法官后语】

本案涉及的是农村房屋买卖合同的效力如何认定及农村房屋买卖合同无效后的处理问题。

一、农村房屋买卖合同效力的认定

判断受让人是否具备集体经济组织成员资格系认定农村房屋买卖合同效力的关键要件。农村房屋买卖必然涉及宅基地使用权的转移，而宅基地使用权的取得和行使主要涉及国家土地管理制度。《土地管理法》以及有关法规中已经对宅基地使用权的取得以及行使权利时的必要限制作了明确规定。宅基地使用权有效转让，必须满足下列条件：第一，转让行为应征得本集体经济组织同意；第二，受让人为同一集体经济组织内部成员；第三，受让人没有住房和宅基地，且符合宅基地使用权分配条件。本案中房屋出卖人与房屋买受人签订《土地有偿转让协议书》时，双方均不是房屋所在集体经济组织成员，且双方当事人在各自的集体经济组织内均有住宅，因宅基地使用权是集体经济组织成员享有的权利，与特定的身份相联系，转让房屋后导致宅基地使用权的非法流转，损害了集体经济组织的权益，农村房屋买卖合同应当认定为无效合同。

二、农村房屋买卖合同无效后的处理

除同一集体经济组织成员之间的农村房屋买卖合同外，农村居民向城镇居民、其他经济组织成员出售农村房屋，原则上应当认定无效。《合同法》第五十八条规定："合同无效或者被撤销后，因该合同取得的财产，应当予以返还；不能返还或者没有必要返还的，应当折价补偿。有过错的一方应当赔偿对方因此所受到的损失，双方都有过错的，应当各自承担相应的责任。"本案中，合同被认定无效后，被告方应当将取得的款项返还给原告方。

编写人：湖南省湘西土家族苗族自治州凤凰县人民法院　欧晓英

26

农村房屋买卖合同被确认无效后遇征收，补偿利益应当综合考虑征收政策及实际房屋建设情况公平处理

——肖某燕等诉周某琴房屋买卖合同案

【案件基本信息】

1. 裁判书字号

北京市门头沟区人民法院（2017）京0109民初245号民事判决书

2. 案由：房屋买卖合同纠纷

3. 当事人

原告：肖某燕、肖某俊、肖某军

被告：周某琴

【基本案情】

肖某俊与赵某原系夫妻关系，婚后育有一子肖某军、一女肖某燕。1995年10月17日，肖某俊与赵某协议离婚，离婚后，赵某未再婚。1996年2月22日，赵某死亡，其父母先于其死亡。

肖某俊与周某琴于2004年6月19日订立房屋出售合同，合同约定：肖某俊将185号院内北房四间、西房两间出售给周某琴，付款方式为一次性付清80000元。合同签订后，肖某俊与周某琴按照约定各自履行了合同内容，185号院房屋交由周某琴使用。185号房屋占用土地系鲁家滩村集体土地，周某琴非该集体经济组织成员。2012年，肖某军将周某琴、肖某俊诉至本院，要求确认房屋出售合同无效，(2012)门民初字第932号民事判决书查明：1985年，肖某俊在185号院内自建北房四间。1995年10月17日，肖某俊与赵某协议离婚，并约定新房四间归赵某所有，老房三间归肖某俊所有。庭审中，肖某俊陈述新房四间即代指鲁家滩村西街

185号院内房屋，对此，肖某军予以认可，周某琴表示并不知情。肖某俊陈述，其并没有向他人说起过离婚财产分配的问题，故在赵某死后，其又搬回185号院内居住。后该民事判决书以周某琴与肖某俊订立房屋出售合同转让涉案房屋的行为违反了国家法律关于农村宅基地禁止违法转让的规定，当属无效为由判决房屋出售合同无效，未处理合同无效的后果。该民事判决已经生效。

185号院后被列入征收范围，由周某琴作为被征收人于2016年签订了《征收安置补偿协议（协议编号ZBC－××××）》，该协议约定：185号宅基地面积227平方米，认定房屋建筑面积227平方米，无认定人口，无安置房。征收补偿、补助款共计3063318元，包括：1. 征收补偿款：系剩余房屋面积货币补偿款2815628元；2. 各种奖励及补助费合计247690元，包括：一次性搬家补助费4540元、空调移机费400元、电话移机费300元、有线电视迁移费350元、热水器改移费300元、危电改造费200元、工程配合奖30000元、整体推进奖30000元、未超占奖励费181600元。现周某琴名下的征收补偿款已发放至周某琴银行账户。

依据征收评估通知单载明，剩余房屋面积补偿款包括：1号房（建筑面积62.42平方米，重置成新单价每平方米1473.61元）补偿金额782650元，2号房（建筑面积29.53平方米，重置成新单价每平方米1194.14元）补偿金额361925元，3号房（建筑面积75.45平方米，重置成新单价每平方米1217.68元）补偿金额926523元，4号房（建筑面积26.31平方米，重置成新单价每平方米1292.93元）补偿金额322127元，5号房（建筑面积33.29平方米，重置成新单价每平方米1149.05元）补偿金额402797元，设备装修及附属物补偿共计19606元。交易时，185号为独立院落，有北房四间（1号房）、西房两间（4号房），院内有鸡舍、煤棚。交易后，周某琴对1号房进行修缮，在空院建设了2、3号房，并将鸡舍、煤棚拆除后建成5号房，上述建设均未取得建房审批手续。

根据《潭柘寺镇征收与补偿安置办法实施细则》，剩余房屋面积征收评估补偿款＝｛［（基准价格×K＋剩余补偿房屋面积重置成新价）×因素修正系数］＋新商品房补贴｝×剩余房屋面积；工程配合奖为每人补偿30000元；整体推进奖为奖励期二十天内完成整体签约，每户奖励30000元；未超占奖励费为不存在侵街占巷、违规建地下室、地上二层的被征收户，按认定房屋面积每平方米奖励800元。

【案件焦点】

农村房屋买卖合同被确认无效后，房屋被征收，在原物返还不能的情况下，应当如何处理相关的赔偿问题。

【法院裁判要旨】

北京市门头沟区人民法院经审理认为：合同无效后，因该合同取得的财产，应当予以返还；不能返还或没有必要返还的，应当折价补偿。有过错的一方应当赔偿对方因此所受到的损失，双方都有过错，应当各自承担相应的责任。现肖某俊与周某琴签订的房屋买卖合同已被法院确认无效，三原告认可交易房屋系肖某俊、赵某婚姻存续期间取得，并表示自行处理三原告之间的财产关系，本院不持异议。由于买卖房屋及院落已被政府征收无法实际返还，原告有权按照征收的相关标准获得折价补偿。但需指出，对于农村房屋买卖合同无效，肖某俊应当承担主要责任，周某琴承担次要责任。

185号被征收房屋虽然有周某琴自建部分，但是自建部分并无建房用地审批手续，且所建房屋系坐落在周某琴从肖某俊处购买的宅基地上，故该部分房屋对应的征收补偿利益中亦有原告的份额。因周某琴购房时支付了购房款，取得交易房屋后进行了装修并建设形成新的房屋，故涉案被征收房屋的重置成新价、设备装修及附属物补偿均归买受人周某琴所有，原告无权分割，同时，购房款亦不再退还，原告放弃主张房屋的重置成新价、设备装修及附属物补偿，本院不持异议。原告不主张搬家补助，空调、电话、电视、热水器的移机费，危电改造费，对此本院不持异议。依据征收补偿政策，工程配合奖、整体推进奖、未超占奖励费系征收主体对被征收人的奖励，原告无权要求分割。其余房屋面积货币补偿款项的分割，本院将依据涉案房屋及院落的实际情况、征收补偿标准及认定面积、购买方的居住时间、买卖双方的过错程度酌情予以确定原告应分得的数额，其主张过高的部分，本院不予支持。

北京市门头沟区人民法院依照《中华人民共和国民法通则》第四条，《中华人民共和国合同法》第五十八条，《中华人民共和国民事诉讼法》第六十四条之规定，判决如下：

周某琴于本判决生效之日起七日内给付肖某燕、肖某俊、肖某军补偿款共计600000元。

【法官后语】

本案审理的关键点在于农村私有房屋买卖合同被确认无效后遇拆迁，如何处理财产返还及赔偿问题。

根据《合同法》第五十八条的规定：合同无效或者被撤销后，因该合同取得的财产，应当予以返还；不能返还或者没有必要返还的，应当折价补偿。有过错的一方应当赔偿对方因此所受到的损失，双方都有过错的，应当各自承担相应的责任。通说认为，合同无效所产生的法律责任为缔约过失责任，合同无效的赔偿当以信赖利益为限。而信赖利益损失赔偿的范围一般包括缔约费用、履行费用及因信赖合同有效而丧失其他订约机会所产生的损失。实践中，通常认为农村私有房屋买卖合同无效后，买受人应当向出卖人赔偿宅基地区位价的损失，即“地价”损失，该部分损失虽应属于履行利益的损失，但是为了维护公平诚信的市场秩序，遏制因土地增值及拆迁引发的大量纠纷，该部分损失也应当由买受人进行一定补偿。在该类案件中，通常判定主张合同无效的出卖人就合同无效承担主要责任。

《北京市法院民事审判实务疑难问题研讨会会议纪要》明确指出：在合同无效的处理上，应全面考虑出卖人因土地升值或拆迁、补偿所获利益，以及买受人因房屋现值和原买卖价格的差异造成损失两方面因素，平衡买卖双方的利益，避免认定合同无效给当事人造成利益失衡。

在本案中，原、被告双方签订的房屋买卖合同已被另案确认为无效，且房屋已经被征收，本案的特殊性有三：一是征收的签约方及征收利益获得者是买受人，存在基于政策因素给予的补偿，该部分如何处理；二是买受人在购房后新建了房屋，且征收时新建房屋获得了利益，对于新建房屋的补偿如何处理；三是因征收政策补偿项目并未明确体现为宅基地区位补偿价，故如何确定“地价”损失。

根据涉案房屋的征收政策，采取货币方式进行补偿，补偿项目众多，综合起来包括三类：一是体现为对房屋及土地价值的补偿，如本案中，剩余房屋面积货币补偿款＝剩余房屋面积征收评估补偿价款＋房屋设备、装修及附属物价格；而剩余房屋面积征收评估补偿价款＝｛［基准地价房价×容积率修正系数＋房屋重置成新价）×因素修正系数］＋新商品房价补贴｝×剩余房屋面积，从上述计算方式可以体现出该部分补偿实际包括了房屋价值、土地价值及补贴。二是实际搬迁的支出，如搬家补助、移机费、改造费等。三是各项奖励费用，系对被征收人在奖励期内签约并搬家腾房的奖励。此外，根据征收政策，在对房地补偿时，采用了房地一体的方式，对于符合认定标准的房屋面积范围内的房地采取上述补偿方式，仅有地无房是无法按照上述标准进行补偿的。经审查，周某琴交易后所建房屋在征收时均被认定为正式房屋并获得补偿，虽然涉案房屋买卖合同无效及于交易时整个宅基地及院落范围，但是周某琴所建房屋客观上增加了获得征收补偿的数额。此外，在不同的征收、拆迁区域，政策会有相应区别，补偿的项目、内容及标准也会有所差异。

基于上述因素，因本案系买受人作为被征收人签约，在确定出卖人应获得的利益时，本院参照征收补偿的数额，将买受人依据征收政策专属的部分剥离后，以双方对于合同无效的过错为基础，综合涉案房屋及院落的实际建设情况、征收补偿标准及认定面积、购买方的居住时间等因素，以公平为原则，对补偿数额进行了判定。

编写人：北京市门头沟区人民法院 付蕾 张睿

27

农村房屋买卖合同效力认定

——洪某灿诉蔡某玲、蔡某善确认合同无效案

【案件基本信息】

1. 裁判书字号

浙江省临海市人民法院（2017）浙1082民初8525号民事判决书

2. 案由：确认合同无效纠纷

3. 当事人

原告：洪某灿

被告：蔡某玲、蔡某善

【基本案情】

洪某灿系洪某文、蔡某女（两人均已亡故）的独生子。洪某文、蔡某女生前在

临海市白水洋镇桥头蔡村建有2间二层楼房和1间平屋，且在该房屋后面有承包田地0.109亩。为了自己晚年的生活方便，洪某文、蔡某女（约在2003年）将2间二层楼房屋中的西灶头一间及屋后承包地0.07亩借与蔡某玲、蔡某善使用，交换条件是二人免费向洪某文、蔡某女提供自来水和蔬菜。洪某文于2015年2月28日亡故、蔡某女于2015年10月7日亡故。此后，洪某灿欲收回父母借给蔡某玲、蔡某善使用的房屋和承包地未果。洪某灿认为蔡某玲、蔡某善所出具的房屋买卖契约系洪某文、蔡某女在受诱骗情况下由他人执笔所立，并非洪某文、蔡某女的真实意思，且蔡某玲没有签名同意、没有支付交易款，故该房屋买卖契约没有法律效力。案件审理过程中洪某灿撤回与承包地有关的诉讼请求。蔡某玲、蔡某善认为洪某文、蔡某女已将诉争房屋及土地出卖给其二人，并签订了房屋买卖契约，交付了购房款，该房屋买卖合同成立且生效，蔡某玲、蔡某善二人已按照约定为洪某文、蔡某女提供了自来水和蔬菜，并未违约。诉争房屋系其二人所有，且洪某灿并非合同当事人无权要求返还。

【案件焦点】

1. 洪某灿并非登记的房屋所有权人，其能否作为原告提起确认合同无效之诉；2. 签订的农村房屋买卖合同是否具有无效的情形。

【法院裁判要旨】

浙江省临海市人民法院经审理认为：我国农村宅基地所有权属于农民集体，宅基地具有“一户一宅、面积法定、主体特定”等特征，其使用权的取得源于集体经济组织成员权，具有专属性，其转让和流通受到严格的限制。我国房屋转让实行“房地一致”的原则，故本案诉争房屋的转让必然导致宅基地使用权的转让。宅基地的使用权属于房屋所有人，建造在宅基地上的房屋属公民个人所有，可以继承。洪某灿享有继承洪某文、蔡某女所有的房屋的权利，也享有使用房屋所占的宅基地的权利。而洪某文、蔡某女与蔡某玲所签订的农村房屋买卖合同的效力必然会对洪某灿所实际享有的权利以及承担的实体义务产生影响，故洪某灿的主体适格。

洪某文、蔡某女诉争房屋以5000元价格出卖给同一集体经济组织成员被告蔡某玲，并签订农村房屋买卖合同，款项已实际交付。依据《中华人民共和国土地管理法》第六十二条第四款之规定，农村房屋可以在同一集体经济组织成员之间流转，因此该合同未违反国家法律、行政法规的强制性、禁止性规定，应认定该合同成立且生效。该房屋转让后，由蔡某玲、蔡某善修缮并居住使用至今，已对房屋形成了稳定的占有关系，当事人之间应践行诚实信用原则，其交易安全应受法律保护。

浙江省临海市人民法院依照《中华人民共和国合同法》第八条，《中华人民共和国物权法》第一百五十三条，《中华人民共和国土地管理法》第八条第二款、第六十二条第一款和第四款规定，作出如下判决：

驳回原告洪某灿的诉讼请求。

【法官后语】

宅基地属于农民集体所有，农民集体所有的土地依法属于村农民集体所有的，由村集体经济组织或者村民委员会经营管理。农民集体所有的土地可以依法确定给个人使用，使用土地的个人有保护、管理和合理利用土地的义务。《土地管理法》第六十二条第四款规定，农村村民出卖、出租住房后，再申请宅基地的，不予批准。从该法条可看出，法律对已经拥有宅基地的，出卖或出租后不得再申请宅基地，并未明确禁止农村房屋的买卖，但是，农村房屋买卖合同的生效除要符合《合同法》第五十二条的规定外，还应符合《土地管理法》的有关规定。本案的农村房屋买卖合同有效，主要有以下理由：

首先，本案诉争房屋系在同一集体经济组织成员之间流转。在实践中，以买受人身份作为划分标准，可以将房屋买卖合同划分为三类：一是像本案为本集体经济组织成员之间的农村房屋买卖。村民资格是成员享有本集体经济组织权益的直接依据，同集体经济组织成员之间的房屋买卖应为有效。二是本集体经济组织成员向其他集体经济组织成员出售农村房屋，应当无效，但以下方式可除外：(1) 若能在法庭辩论终结前取得出卖人所属的农村集体经济组织成员资格且符合其他购买条件的，可以认定合同有效；(2) 经该集体经济组织同意（村民大会、村民代表大会有效决议等）的；(3) 经有关部门批准落户的等。三是城镇居民购买农村居民房屋，一律认定为无效的合同。宅基地使用权的取得源于集体经济组织成员权，具有专属性，其转让和流通受到严格的限制。我国房屋转让实行“房地一致”的原则，故农村房屋的转让必然导致宅基地使用权的转让。具体到本案中，本案的出卖人及买受人均系同一集体经济组织成员，二者之间关于房屋的买卖并没有影响到该集体经济组织的利益。且房屋买卖合同签订，经过村书记、村会计等人的确认，在房屋买卖之后，蔡某玲、蔡某善按照合同约定支付了对价，并为出卖人提供了水和蔬菜，履行了合同的义务，现该房屋也被买受人实际居住并使用，对房屋形成了稳定的占有关系，故洪某灿的父母将房屋出卖给同一集体经济组织成员不违反国家法律法规的强制性、禁止性规定。

其次，本案农村房屋买卖未违反“一户一宅”的规定。农村村民一户只能拥有一处宅基地，其宅基地的面积不得超过省、自治区、直辖市规定的标准。农村村民住宅用地，经乡镇人民政府审核，由县级人民政府批准。农村房屋买卖合同的效力，除了将农村房屋买卖有效范围局限于集体经济组织内部人员，买受人也应当符合宅基地分配、使用的条件。宅基地的使用面积应当符合规定。有相当一部分的判决将《土地管理法》第六十二条的规定定性为“效力性强制性规定”，当农村房屋买卖违反“一户一宅”原则时，该合同被认定为无效。我们认为，《土地管理法》第六十二条，“一户一宅”原则系对农户再行申请宅基地的限制，如果将原有宅基地上住宅房屋出卖或者出租后，不能再行申请另处宅基地。相反，上述法律条文中也间接肯定了村民出卖住房的行为，只是禁止卖房后再次申请宅基地，所以“一户一宅”的规定属行政管理性规定，并非效力性规定。在实践中，存在因违反“一户一宅”原则导致房屋不能办理过户登记的情况，对于此类现象，因买受人购买的房屋与原来所拥有的宅基地面积超过标准，房屋管理部门不予登记，但村民可通过拆除多余面积以达到过户登记的目的。从法理上看，过户登记是房屋买卖合同当事人的义务之一，不是合同的有效要件。故即使房屋买卖违反了“一户一宅”的原则，在其他条件符合的情况下，不影响房屋买卖合同的效力。

基于农村房屋买卖的严格限制，出卖人和买受人应当充分考虑农村房屋买卖的风险，出卖人在出卖房屋后，不能再申请宅基地，而出卖人往往依据买受人违反“一户一宅”原则主张合同无效，却不能获得支持。而农村房屋买卖合同涉诉的原因，很大一部分在于一方主动违约，而且恶意者往往还能找出一定的法律依据。各方当事人在不违反法律法规的情形下，都应当按照诚实信用原则，履行自己的义务。本案裁判结果，给农村房屋买卖敲响警钟。

编写人：浙江省临海市人民法院　林茜

28

农村居民将其宅基地上所建合法房屋的所有权赠与城镇居民的行为应当合法有效

——王某军诉王某明所有权确认案

【案件基本信息】

1. 裁判书字号

江苏省苏州市中级人民法院（2017）苏05民终5928号民事判决书

2. 案由：所有权确认纠纷

3. 当事人

原告（被上诉人）：王某军

被告（上诉人）：王某明

【基本案情】

王某生与陈某妹共生育有大儿子王某良、二儿子王某峰、三儿子王某明、女儿王某英、小儿子王某军。王某生夫妇曾在原常熟市大义乡东益村浜东组东浜×号、××号［现为常熟市虞山镇东联村（6）东浜×号、××号］分别建有平房。后王某良、王某峰分别与父母王某生、陈某妹等家人分开生活。1984年10月，王某生申请建平房4间，建筑面积为190平方米，占地面积为200平方米。政府部门于当年10月同意王某生翻建房屋。村镇建房申请表上的家庭成员还有陈某妹、王某明、王某忠（即王某军）、王某英。后在实际建房过程中，王某生在东浜××号未按申请建造平房，而是翻建成了二层楼房。王某军大学毕业后，其户籍未迁回农村。该房屋的所有权人于1999年12月登记为王某生，集体土地使用权人也于1999年7月登记为王某生，坐落地址为常熟市大义镇东益村浜东组东浜××号。

1998年11月，王某明申请建楼房两层，建筑面积为236平方米，占地面积为

170平方米。政府部门于当年11月底、12月初同意王某明老宅翻建。村镇建房申请表上的家庭成员还有蒋某金、王某燕、王某生、陈某妹。后王某明将王某生夫妇早年所建东浜×号上的平房拆除，新建起楼房，即现在位于常熟市虞山镇东联村（6）东浜×号的房屋，该房屋所有权人于1999年12月登记为王某明。

2006年9月18日，王某生、陈某妹与王某军签订《赠与合同》，约定：王某生、陈某妹将夫妻共有财产位于常熟市大义镇东益村浜东组东浜××号房屋全部赠与王某军所有；所附条件为王某军要保证赠与人夫妇在该房屋中居住至终年止；王某军表示接受赠与房屋，并保证履行所附的赠与条件。同日，王某生、陈某妹、王某军向常熟市公证处申请对《赠与合同》进行公证。公证处经审查后于同年10月8日出具《赠与合同公证书》，对上述《赠与合同》签署行为的合法性、真实性进行了公证。同年9月26日，王某生因病去世。陈某妹现居于常熟市社会福利院。常熟市虞山镇东联村浜东组东浜××号的房屋现为王某明占用。

现原告王某军认为其父母已经将房屋赠与自己，故其要求法院确认常熟市虞山镇东联村浜东组东浜××号的房屋归其所有，并向法庭提交了《赠与合同公证书》《赠与合同》等证据。被告王某明则认为被告系涉案房屋共有人之一，其他共有人将涉案房屋赠与他人，赠与是无效的。另外原告王某军是城镇居民，不能取得集体土地上的房屋所有权和宅基地使用权。王某生将农村房屋赠与城镇居民是违法的。

【案件焦点】

1. 王某明对涉案东浜××号房屋是否享有所有权；2. 王某生、陈某妹与王某军签订的赠与合同是否合法有效。

【法院裁判要旨】

江苏省常熟市人民法院经审理认为：关于第一个争议焦点：不动产权属证书是权利人享有该不动产物权的证明。但如果主张权利的当事人一方有充分证据证明不动产权属证书上记载的权利人不是真正的权利人，自己才是真正的权利人，那么就应当否定不动产权属证书记载的权利人之权利，而支持提供证据一方当事人的请求。被告王某明认为在建造涉案东浜××号房屋过程中其出过资，但是没有能够提供证据加以证明。被告王某明未能提供证据来推翻涉案房屋权属登记，故本院对王某明以其在建造涉案东浜××号房屋过程中出过资为由认为其是房屋共有人的主张不予支持。本院认定被告王某明对涉案的东浜××号房屋不享有所有权，该房屋系王某生、陈某妹所有。

关于第二个争议焦点：王某生、陈某妹在与王某军签订赠与合同时，明确将涉案东浜××号房屋赠与原告王某军，非提及将土地使用权赠与原告王某军。故王某生、陈某妹处分其房屋本身并未违反法律规定。原告王某军也同意接受赠与。故王某生、陈某妹的赠与行为合法有效。

江苏省常熟市人民法院依据《中华人民共和国合同法》第一百八十五条，《中华人民共和国物权法》第十五条、第十七条、第三十三条，《中华人民共和国民事诉讼法》第六十四条之规定，作出如下判决：

位于常熟市虞山镇东联村浜东组东浜××号的房屋所有权（村镇房屋所有权证号为大义字第0045××号）归原告王某军所有。

被告王某明持原审抗辩意见提起上诉。江苏省苏州市中级人民法院经审理认为：涉案东浜××号房屋所有权及集体土地使用权均登记在王某生名下。王某明认为其在涉案××号房屋建造时出资出力故其是该房屋共有权人，并向法院提供了证人证言，但证人证言并不足以证明王某明就建造涉案××号房屋出资出力的具体情况，也不足以推翻房屋所有权证上的权属登记信息，王某明认为其是涉案××号房屋共有权人依据不足。涉案××号房登记在王某生名下，是王某生、陈某妹夫妻共同财产，王某生、陈某妹将上述夫妻共同财产赠与王某军并就赠与合同办理公证，是其真实意思表示，并未违反法律法规规定，应为合法有效。王某军请求依据上述赠与合同确认涉案××号房屋所有权归其所有，应予支持。上诉人王某明的上诉请求不能成立，应予驳回；一审判决认定事实清楚，适用法律正确，应予维持。

江苏省苏州市中级人民法院依照《中华人民共和国民事诉讼法》第一百七十条第一款第一项之规定，作出如下判决：

驳回上诉，维持原判。

【法官后语】

本案处理重点在于不动产权属登记的公信力以及农村居民能否将其宅基地上房屋的所有权赠与城镇居民。不动产权属证书是权利人享有该不动产物权的证明。但不动产权属证书并非确定物权归属的唯一依据，权属证书是权利的外在表现形式，只具有推定的证据效力，与实际权利状况并不一定完全吻合。如果主张权利的当事人一方有充分证据证明不动产权属证书上记载的权利人不是真正的权利人，自己才是真正的权利人，那么就应当否定不动产权属证书记载的权利人之权利，而支持提供证据一方当事人的请求。但是，当事人对自己提出的主张，有责任提供证据。

另外，农村村集体成员将其享有的宅基地上所建合法房屋的所有权赠与城镇居民的，未处分集体土地使用权而只处分房屋本身的，在受赠人同意接受赠与时，赠与合同应当认定为合法有效。

具体到本案中，一审、二审法院的思路应该是一致的。涉案东浜××号房屋的所有权人、土地使用权人均登记在王某生名下，而被告王某明提供的证据不足以证明其系诉争房屋的共有人之一，故法院应当尊重并维护不动产登记的公信力。另外，虽然王某军系城镇居民，但王某生夫妇只是处理了宅基地上房屋的所有权，并非处理宅基地使用权，故其夫妇二人与王某军签订的赠与合同应当是合法有效的。所以二审法院最终认为一审法院认定事实清楚，适用法律正确，所作判决应予维持。

值得注意的是，在审理此类纠纷时，应当尽可能通过原、被告举证、法院调查等方式还原历史事实，考虑到乡土民俗，再依照法律规定来作出处理。

编写人：江苏省常熟市人民法院　唐海山

29

以合作开发形式将农民集体用地用于房地产开发经营活动的效力的确定

——周某荣诉广州市白云区永平街东平村官田经济合作社、广州市白云区永平街东平经济联合社合作开发房地产合同案

【案件基本信息】

1. 裁判书字号

广东省广州市中级人民法院（2018）粤01民终字第3128号民事判决书

2. 案由：合作开发房地产合同纠纷

3. 当事人

原告（反诉被告、上诉人）：周某荣

被告（反诉原告、被上诉人）：广州市白云区永平街东平村官田经济合作社（以下简称官田经济合作社）

被告（被上诉人）：广州市白云区永平街东平经济联合社（以下简称东平经济联合社）

【基本案情】

2013年9月18日，原告（乙方）与被告官田经济合作社（甲方）签订《广州市白云区永平街东平村官田经济合作社建设作合开发协议》，甲方拥有城镇农村集体建设用地一块，集体所有权土地用地使用证属于官田经济合作社名下的农村集体土地，控规为“教育科研”土地面积为9158平方米。乙方负责投资本协议约定的建设项目“教育科研大厦”资金。甲方同意以甲方自有的0.9185公顷集体建设用地使用权与乙方共同合作开发建设农村村民教育科研综合楼。不得用于商品房开发和住宅建设，村公共建设设施、公益事业用地除外。合作收益分配：甲方按照该项目双方约定建设建筑容积率总面积甲方共占30%，乙方按照该项目双方约定建设建筑容积率总面积共占70%。乙方有权将分配比的70%集体建设用地使用权及地下和地上建筑物的使用权及其他附着物转让、出租、转租和抵押使用权，以回收该项目的建设成本。甲方同意将房屋产权使用证件（原件）交乙方保管，乙方每套房屋以甲方名义有权转让房屋的使用权，签订过户交易协议，注明过户交易的房屋面积和建筑面积以及时间权限，但不能办理商品房产权证，只能将总房产权使用证复印加盖甲方公章交给各套新房户业主存档。考虑到当地出租力有限，在该项目没有完成前，甲方不得从事其他商业性开发与农民住宅审批；该项目建成后，甲方考虑到居住人口较多，相应做点功能配套设施，如日杂、百货、文化场所等。

涉案《合作开发协议》项下地块产权人为东平经济联合社农民集体，并由被告官田经济合作社使用，属于集体建设用地，2013年控规控制为教育科研设计用地、道路用地；并于2016年被政府纳入广州市白云区永平街东平村原玻璃厂的“三旧改造”项目范围，现行控规为商业金融业用地、公共交通场站用地及道路用地。

双方合作开发事宜于2013年9月11日、2013年10月18日经官田经济合作社以会议纪要形式予以表决，会议纪要经参会社员签名，并加盖公章。其中，2013年9月11日的会议纪要第2点载明合作项目性质：农村农民“教育科研”综合楼项目：商业、公寓，一、二层为商业，三层以上为公寓，地下层设停车场。2013年10月18日的会议纪要第8点载明项目的布局情况：地下设停车场（一层），停车场投资1800万元左右，一、二层为商业，三层以上为公寓，预计十层左右。

协议签订后，原告向官田经济合作社支付了保定金合计1500万元。原告就涉案地块项目的建设分别支付了项目砌围墙工程费572944元、土地钻探费102000元、测绘工程费17512元、项日测量费32746元、道路租赁费350000元、工地挖基础余泥运送费2万元等。

2016年1月21日，原告（丙方）与被告东平经济联合社（甲方）、官田经济合作社（乙方）签订《协议书》，三方就乙方与丙方合作兴建“广州市白云区东平官田大厦（即儿童主题商业综合体）”项目有关手续及所需费用问题进行约定。

2017年1月，原告向两被告发出关于尽快办理白云区东平官田大厦项目的三资管理平台递件手续的催告函，被告官田经济合作社收到该函后于2017年2月10日向原告发出《终止合同通知书》。

广东省地质物探工程勘察院于2013年12月9日出具的《广州市白云区永平街东平经济联合社官田经济合作社教育科研综合楼岩土工程详细勘察报告》（编号：DEE20131201）。而原告当庭补充提交的《建设工程勘察合同（一）》载明工程的名称为“广州市白云区永平街东平村官田经济合作社公寓”。

原告周某荣诉请：1. 要求两被告继续履行《广州市白云区东平村官田经济合作社建设合作开发协议》；2. 合作开发的土地使用权归原告所有，流转使用权的收益归原告所有；3. 两被告向原告返还原告已经支付的保定金1500万元。被告官田经济合作社反诉要求原告立即交还土地。

【案件焦点】

1.《广州市白云区东平村官田经济合作社建设合作开发协议》的效力问题；2. 合同如无效的处理，场地能否返还。

【法院裁判要旨】

广东省广州市白云区人民法院经审理认为：本案的争议焦点是涉案《合作开发协议》的效力问题。首先，原告与官田经济合作社约定共同合作建设农村村民“教育科研”综合楼；同时原告称“三资”管理审查备案表以及涉案工程勘察报告载明涉案地块将投资建设为教育科研楼。但从涉案《合作开发协议》约定的内容看，原告与官田经济合作社约定房屋建成后的合作收益分配比例为被告官田经济合作社占建筑总面积的30%，原告占建筑总面积的70%，原告有权将分配比的70%集体建设用地使用权及地下和地上建筑物的使用权及其他附着物转让、出租、转租和抵押使用权，以回收该项目的建设成本。同时，《合作开发协议》第五条约定项目建成后，官田经济合作社同意将房屋产权使用证件（原件）交原告保管，原告就每套房屋以官田经济合作社名义有权转让房屋的使用权，签订过户交易协议，注明过户交易的房屋面积和建筑面积以及时间权限，但不能办理商品房产权证，只能将总房产权使用证复印加盖官田经济合作社公章交给各套新房户业主存档。《合作开发协议》第六条第四项约定项目建成后，原告可依据城乡房地产价格自主定价。其次，涉案地块项目系经过被告官田经济合作社的社员表决通过，2013年9月11日及2013年10月18日的会议纪要中均载明合作项目性质或布局情况为商业、公寓，一、二层为商业，三层以上为公寓，地下层设停车场，预计为十层左右。最后，原告当庭提交的《建设工程勘察合同（一）》载明工程的名称系“广州市白云区永平街东平村官田经济合作社公寓”。同时，结合广东省地质物探工程勘察院函复内容，2013年7月就涉案项目签订的是广州市白云区永平街东平村官田经济合作社公寓的工程勘察合同，并提交“公寓”的勘察报告。函复内容称因官田经济合作社通知更改了项目名称，但本案现无证据证实官田经济合作社曾通知广东省地质物探工程勘察院更改项目名称。综上，结合全案证据，原告与官田经济合作社就涉案地块项目实际上是拟建公寓楼，公寓楼属于房地产建设项目，与农村村民“教育科研”综合楼并不相同，故涉案《合作开发协议》应视为原告与被告官田经济合作社合作开发房地产的权利义务协议。原告称涉案地块项目是建设农村村民“教育科研”综合楼的意见，理据不够充分，本院不予采信。原告与官田经济合作社均无房地产开发资质，且无证据证明自涉案《合作开发协议》签订至今涉案地块的建设依法办理了相关规划报建手续。根据《最高人民法院关于审理涉及国有土地使用权合同纠纷案件适用法律问题的解释》第十五条规定，双方签订的《合作开发协议》应为无效合同。原告主张合同合法有效的意见，不符合法律规定，本院不予采纳。经本院释明涉案《合作开发协议》的效力问题，原告坚持认为协议有效且不变更诉讼请求，故对原告主张要求两被告继续履行涉案《合作开发协议》的诉讼请求，法院不予支持。

根据法律规定，因合同无效，双方因合同取得的财物应相互返还。原告应当将涉案地块的使用权交还被告官田经济合作社，故对原告主张将合作开发的土地使用权归其所有，流转使用权的收益归其所有的诉讼请求，本院不予支持。对被告官田经济合作社反诉主张原告返还土地的诉讼请求，本院予以支持。原告签订涉案《合作开发协议》后向被告官田经济合作社支付了保定金1500万元，被告官田经济合作社应当予以返还，且被告官田经济合作社同意予以返还，现原告主张官田经济合作社返还1500万元保定金合理合法，本院予以支持。对于原告要求被告东平经济联合社返还保定金1500万元，没有事实依据，本院不予支持。原告与被告官田经济合作社均非具备房地产开发资格之主体，却签订了涉案《合作开发协议》，双方对《合作开发协议》无效均存在一定的过错，对原告主张两被告支付违约金1500万元的诉讼请求，本院不予支持。

原告不服一审判决，上诉至广东省广州市中级人民法院，广东省广州市中级人民法院二审维持原判。

【法官后语】

《合同法》第五十二条第三项规定以合法形式掩盖非法目的合同无效。《合作开发协议》的性质应当根据当事人的权利义务作出认定，而不是以建设项目的名称确定。《合作开发协议》约定的地块规划为建设用地，但因其仍属于农民集体所有，故只能用于农民或者农村集体经济组织的建设项目。而原告并非该地块所属的农村集体经济组织的成员，且《合作开发协议》约定，房屋建成后的合作收益分配比例为官田经济合作社占建筑总面积的30%，周某荣占建筑总面积的70%，周某荣有权将分配比的70%集体建设用地使用权及地下和地上建筑物的使用权及其他附着物转让、出租、转租和抵押使用权；官田经济合作社同意将房屋产权使用证件（原件）交周某荣保管，周某荣就每套房屋以官田经济合作社名义有权转让房屋的使用权，签订过户交易协议，注明过户交易的房屋面积和建筑面积以及时间权限，但不能办理商品房产权证，只能将总房产权使用证复印加盖官田经济合作社公章交给各套新房户业主存档；房屋建成后周某荣可依据城乡房地产价格自主定价。上述约定，足以证明《合作开发协议》约定的项目大部分是用于对外销售的公寓楼，而非农村集体经济组织自用的建设项目，故《合作开发协议》的性质为合作开发房地产合同。上述周某荣分配得70%集体建设用地使用权的约定，违反了《土地管理法》第六十三条关于“农民集体所有的土地的使用权不得出让、转让或者出租用于非农业建设”的规定。《广东省高级人民法院关于审理建设用地使用权合同纠纷案件的指引》第十五条规定“合作开发房地产合同是指当事人订立的以提供出让建设用地使用权、资金等作为共同投资，共享利润、共担风险合作开发房地产为基本内容的协议”。本案的《合作开发协议》符合合作开发房地产合同。

官田经济合作社与周某荣均不具备房地产开发经营资质，依法不得从事房地产开发经营活动，且双方均未依法领取建设用地规划许可证和建设工程规划许可证，因此，双方签订的《合作开发协议》因违反法律、行政法规的强制性规定而无效。但需要注意，根据《广东省高级人民法院关于审理建设用地使用权合同纠纷案件的指引》第十四条规定“合同约定设立房地产项目公司进行房地产开发经营的，该合同为公司设立合同，当事人以签约人均不具备房地产开发经营资质为由主张合同无效的，不予支持”对不具备房地产开发经营资质，但约定设立房地产项目公司开发的不以不具备房地产经营资质认定合同无效。

《最高人民法院关于审理涉及国有土地使用权合同纠纷案件适用法律问题的解释》第十五条关于合作开发房地产合同的当事人双方均不具备房地产开发经营资质的，应当认定合同无效的规定，强调的是合作开发房地产合同的当事人应当具备房地产开发经营资质的问题，故适用于本案原、被告双方。

对《合作开发协议》签订后申报的建设项目为青少年教育培训中心或者儿童主题商业综合体，但《合作开发协议》性质的约定并未被撤销或者变更，原告起诉提出的继续履行《合作开发协议》，合作开发的土地使用权及流转使用权的收益均归其所有的诉讼请求，亦说明《合作开发协议》的上述约定并无发生变更。

真正的合作开发合同的法律责任，合作开发房地产合同，是指当事人订立的以提供出让土地使用权、资金等作为共同投资，共享利润、共担风险合作开发房地产为基本内容的协议。实践中往往是负责出资金的合作一方对外签订施工合同。如果对外拖欠工程款，房地产合作开发的合作各方应当对发包人欠付工程款承担连带责任，合作开发各方共同投资、共享利润、共担风险，符合合伙的特征，应当按照合伙的规定对外承担连带责任。合作开发房地产，建筑物属于合作开发各方的共有财产，共有人对共有财产产生的债务对外应承担连带责任。《物权法》第一百零二条规定：因共有的不动产或动产产生的债权债务，在对外关系上，共有人享有连带债权、承担连带债务，但法律另有规定或者第三人知道共有人不具有连带债权债务关系的除外。

分真合作和假合作。《最高人民法院关于审理涉及国有土地使用权合同纠纷案件适用法律问题的解释》规定：合作开发地产合同约定提供土地使用权的当事人不承担经营风险，只收取固定利益的，应当认定为土地使用权转让合同。合作开发房地产合同约定提供资金的当事人不承担经营风险，只分配固定数量房屋的，应当认定为房屋买卖合同。合作开发房地产合同约定提供资金的当事人不承担经营风险，只收取固定数额货币的，应当定为借款合同。合作开发房地产合同约定提供资金的当事人不承担经营风险，只以租赁或者其他形式使用房屋的，应当认定为房屋租赁合同。假合作中，由于一方当事人不承担经营风险，只收取固定利益，不符合合伙的特征，对建筑物也没有共有关系，不承担经营风险的一方当事人不应当对外承担连带责任。

编写人：广东省广州市白云区人民法院　陶向军

30

宅基地上的房屋买卖合同的效力

——刘某涛诉李某华、张某甲房屋买卖合同案

【案件基本信息】

1. 裁判书字号

山东省青岛市中级人民法院（2017）鲁02民终9076号民事判决书

2. 案由：房屋买卖合同纠纷

3. 当事人

原告（被上诉人）：刘某涛

被告（上诉人）：李某华、张某甲

【基本案情】

涉案房屋系在农民集体所有的土地上建造，土地使用者为张某乙，用途为住宅。2007年5月7日，张某乙、李某芳与李某华、陈某宇签订房屋转让契约，约定李某华、陈某宇向张某乙、李某芳购买其位于莱西市望城街道办事处田格庄的房屋，产权自买方办理完房产变更登记后归买方所有。刘某涛户籍系莱西市日庄镇刘庄村。2015年8月22日，李某华与刘某涛签订“二手房买卖合同”；李某华出具收条，载明：刘某涛按照约定交来购买田格庄二手房屋定金10000元。该10000元由作为中间人的张某甲收取。2015年11月22日，李某华与刘某涛签订合同，作为2015年8月22日签订合同的补充合同，内容如下：刘某涛购买李某华拥有莱西市望城街道办事处田格庄村的房权，详见集体土地使用权证，李某华应确保该房权清晰，如房权不合法产生的后果及经济损失由李某华负担；交易总价值338000元，合同签订之日刘某涛向李某华支付购房定金10000元；双方同意全款付款，并择日过户；交易费、税费、过户手续等由李某华承担；刘某涛违约，李某华返还首付扣除定金，李某华违约，返还其双倍定金，中介收取定金的50%作为劳务费；双方无条件配合中介过户，并提供所有材料；李某华保证有关证件过户到刘某涛名下；为保证安全，所有房款由中介保管，待此房过户后交由李某华；刘某涛资金必须及时到位，确保该房过户交代无误；李某华及中介所办此房屋证件须真实有效合法，反之，李某华承担相应的经济责任；李某华保证此房无任何经济纠纷反之赔偿刘某涛此房成交价一倍的经济损失等。并附有土地使用权证，张某甲亦作为“见证人”签字。张某乙、李某芳与李某华、陈某宇签订房屋转让契约后未办理产权变更登记。张某乙、李某芳又与刘某涛签订房屋及宅基地使用权转让协议，约定：张某乙、李某芳自愿将涉案房屋以338000元的价格转让给刘某涛，刘某涛应于2015年9月30日前将该款一次性交由张某乙、李某芳，张某乙、李某芳同意将涉案房屋占用范围内的宅基地确权登记给刘某涛等。张某甲作为证明人签字。至法庭辩论终结前，该定金10000元仍在张某甲处保管。

【案件焦点】

李某华与刘某涛签订的田格庄二手房买卖合同是否有效。

【法院裁判要旨】

山东省青岛市莱西市人民法院经审理认为：根据查明的事实，涉案房屋的土地使用权系集体土地使用权，刘某涛非该村集体组织成员，根据《中华人民共和国土地管理法》的规定，非集体组织成员无权购买该房屋，合同内容违反了法律强制性规定，系无效合同。合同双方当事人李某华、刘某涛均明知上述情况而签订了购房合同，双方均有过错。根据《中华人民共和国合同法》的规定，无效的合同自始没有法律约束力；因合同取得的财产，应当予以返还；双方都有过错的，应当各自承担相应的责任。故刘某涛要求返还双倍定金 20000 元的诉讼请求，本院不予支持；李某华应返还刘某涛定金 10000 元，因该款项在张某甲处，故张某甲应与李某华共同返还刘某涛交付的定金 10000 元。

依照《中华人民共和国土地管理法》第十条、第十一条第一款，《中华人民共和国合同法》第五十二条第五项、第五十六条、第五十八条规定，判决如下：

李某华与张某甲于判决生效后十日内共同返还刘某涛交付的定金人民币 10000 元。

李某华、张某甲不服一审判决，提出上诉。山东省青岛市中级人民法院经审理认为：李某华、张某甲主张刘某涛系涉案房屋所在村庄村民，提交的刘某涛签字捺印的户口簿复印件；刘某涛辩称其系莱西市日庄镇刘庄村村民，并提交其身份证和户口簿原件予以证明。李某华、张某甲提交的证据，不足以证实其主张。我国法律没有规定宅基地使用权的买卖问题，根据国务院发布的《关于加强土地转让管理，严禁炒卖土地的通知》，农村的住宅不得向本集体经济组织成员之外的居民出售；国务院在《关于深化改革严格土地管理的规定》中，再次强调加强农村宅基地管理，禁止城镇居民在农村购置宅基地。一审认定事实清楚，适用法律正确。山东省青岛市中级人民法院依照《中华人民共和国民事诉讼法》第一百六十九条第一款、第一百七十条第一款第一项、第一百七十五条之规定，判决如下：

驳回上诉，维持原判。

【法官后语】

本案实质上是对农村宅基地使用权的认定问题。宅基地使用权系典型的用益物权，由物权法予以规定，指农村村民依法享有的，在集体所有的土地上建造、保有住宅及附属设施的权利。此项权利，基于中国特色的土地制度，是对我国农村村民长期以来将集体所有的土地用来建造住宅及其附属设施情况的法律确认。宅基地是农村居民安身立命之所，是“安得广厦千万间，大庇天下寒士俱欢颜”理想的践行，是我国社会主义制度优越性的充分体现。

根据法律规定，宅基地使用权人对宅基地使用权享有有限的处分权。实践中，争议最多的是宅基地上的房屋能否转让、抵押、买卖、继承、赠与等。本案中，涉案房屋系宅基地上的房屋，当事人双方签订了书面买卖合同，并交付定金。首先需要确定的是当事人双方的身份，房屋买卖合同的当事人均非该集体经济组织成员，争议的焦点是该房屋买卖合同是否有效，根据合同法规定，内容违反法律强制性规定的合同无效。故需进一步认定，宅基地上的房屋能否在集体经济组织成员与非集体经济组织成员之间流转。首先，农村宅基地的取得是无偿的。宅基地使用权作为生活资料，是集体经济组织成员权的一部分，是一种资格权，也因此成为集体所有权的实现形式，属于集体所有权内部运作范畴，基于成员权的理论基础，即本集体经济组织成员基于成员资格得以无偿取得宅基地使用权。其次，坚持“一户一宅”原则。如何界定“一户”“一宅”，原则上，“一户”按照户籍管理中的“户”来确定，但应灵活掌握，体现公平合理的原则；“一宅”顾名思义，应指“住宅”，一户只能有一处住宅。再次，根据《物权法》和《土地管理法》的规定，宅基地使用权的目的具有特定性，即首先保障本集体经济组织成员的居住权，只能用来供农村村民建造住宅及其附属设施，并留有其所有权。最后，根据“地随房走”的一般原则，宅基地上的房屋可以自由买卖，则导致宅基地使用权与房屋一并实现流转。综上，如果宅基地上的房屋能够在集体经济组织成员与非集体经济组织成员之间流转，则与设立宅基地使用权的初衷背道而驰，集体土地所有权也必将成为一个空壳。

编写人：山东省莱西市人民法院　白文莉

31

农村房屋买卖合同无效后对损失的处理

——厦门市翔安区马巷镇五星社区居民委员会第七居民小组诉陈某榆等房屋买卖合同案

【案件基本信息】

1. 裁判文书字号

福建省厦门市人民法院（2017）闽02民终5387号民事裁定书

2. 案由：房屋买卖合同纠纷

3. 当事人

原告（被上诉人）：厦门市翔安区马巷镇五星社区居民委员会第七居民小组（以下简称五星七组）

被告（上诉人）：陈某榆、柯某、陈某昌、陈某国

【基本案情】

1988年5月26日，五星七组与陈某榆（又名陈某）及陈某民（已故，系柯某之配偶，陈某昌、陈某国之父）签订一份《房屋产权转让合同书》，后因该合同书丢失，双方于2001年8月24日再次补签一份《房屋产权转让合同书》，两份合同内容一致，主要约定：五星七组将政府批准的部分店屋（该房屋原为一层房屋）及店屋顶基建使用权转让给陈某榆和陈某民，现诉争房屋地址为翔安区马巷镇巷西路268－××号。后陈某榆及陈某民在该房顶进行基建至三层，陈某榆、柯某、陈某昌、陈某国居住在该房屋。因五星七组房产证遗失，2011年五星七组补办房屋所有权证，产权人为五星七组。五星七组认为，陈某榆及陈某民均非本小组成员，亦非本社区的成员，购买本小组房屋违反法律的强制性规定，依法应当认定该合同无效，请求法院判令：1. 确认五星七组与陈某榆及柯某的配偶陈某民（已故）2001年8月24日签订的房屋产权转让合同无效；2. 判令陈某榆、柯某、陈某昌、陈某

国立即搬离址于翔安区马巷镇巷西路268－××号店面二楼、三楼房屋并交还五星七组。厦门市翔安区人民法院于2017年8月31日作出（2017）闽0213民初819号民事判决书判决：一、厦门市翔安区马巷镇五星社区居民委员会第七居民小组与陈某榆及陈某民2001年8月24日签订的房屋产权转让合同无效；二、判令陈某榆、柯某、陈某昌、陈某国应于本判决生效之日起三十日内搬离址于翔安区马巷镇巷西路268－××号店面二楼、三楼房屋并交还厦门市翔安区马巷镇五星社区居民委员会第七居民小组。宣判后，被告陈某榆、柯某、陈某昌、陈某国向福建省厦门市中级人民法院提起上诉，在二审审理过程中陈某榆、柯某、陈某昌、陈某国申请撤回上诉，福建省厦门市中级人民法院于2017年12月6日作出（2017）闽02民终5387号民事裁定，准许陈某榆、柯某、陈某昌、陈某国撤回上诉。

【案件焦点】

农村房屋买卖合同无效后对损失的处理。

【法院裁判要旨】

福建省厦门市翔安区人民法院经审理认为：农民集体所有的土地依法属于村农民集体所有的，由村集体经济组织或者村民委员会经营、管理。具体到本案中，五星七组与陈某榆、陈某民签订《房屋产权转让合同书》，虽然交易的标的物是地上建筑物，但根据房地一体原则，实际上双方交易的标的物也包括了相应的宅基地，陈某榆、陈某民不是五星七组集体经济组织成员，且诉争房屋至今仍登记在五星七组名下，故双方签订的《房屋产权转让合同书》违反了我国土地管理法等法律法规，本院依法认定无效。

合同无效后，因该合同取得的财产，应当予以返还。因购买人陈某榆、陈某民在购买房屋后自行出资对房屋进行了新建，考虑到买受人对于房屋的添附部分系附和于出卖人五星七组原有的原物上，无法分离，故买受人将添附一并返还给付出卖人，由出卖人将原房及添附部分的价值折价补偿买受人。考虑到出卖人在出卖时即明知其所出卖的房屋及宅基地属禁止流转范围，出卖多年后又以违法出售房屋为由主张合同无效，故出卖人应对合同无效承担主要责任。对于买受人信赖利益损失的赔偿，应当全面考虑出卖人因土地升值或拆迁、补偿所获利益，以及买受人因房屋现值和原买卖价格的差异造成损失等因素予以确定，但鉴于陈某榆、柯某、陈某昌、陈某国在本案审理期间未就其损失提出明确的反诉主张，故本案不予处理。陈某民去世后，陈某榆、柯某、陈某昌、陈某国依法继承陈某民对于诉争房产享有的权利，且居住在诉争房产二楼、三楼中，故五星七组主张陈某榆、柯某、陈某昌、陈某国搬离址于翔安区马巷镇巷西路 268 - ××号店面二楼、三楼房屋并交还给五星七组的诉讼请求，本院予以支持。

综上所述，依照《中华人民共和国土地管理法》第十条，《中华人民共和国合同法》第五十二条、第五十八条之规定，判决如下：

一、厦门市翔安区星社区居民委员会第七居民小组与陈某榆及陈某民 2001 年 8 月 24 日签订的房屋产权转让合同无效；

二、判令陈某榆、柯某、陈某昌、陈某国应于本判决生效之日起二十日内搬离址于翔安区马巷镇巷西路 268 - ××号店面二楼、三楼房屋并交还厦门市翔安区星社区居民委员会第七居民小组。

陈某榆、柯某、陈某昌、陈某国因不服一审判决，提起上诉。福建省厦门市中级人民法院审理过程中，陈某榆、柯某、陈某昌、陈某国向本院申请撤回上诉。

本院认为，陈某榆、柯某、陈某昌、陈某国在本案审理期间提出撤回上诉的请求，不违反法律规定，本院予以准许。依照《中华人民共和国民事诉讼法》第一百七十三条规定，裁定如下：

准许陈某榆、柯某、陈某昌、陈某国撤回上诉。

【法官后语】

在城镇化建设背景下，土地、房屋的增值成为客观现实。在巨大的拆迁利益驱动下，出卖人看到房屋增值及房屋拆迁后带来的巨大利益后反悔，向人民法院提起诉讼要求判决确认合同无效，归还房屋的案例屡见不鲜。在房屋买卖合同被确认无效后，如何平衡双方的利益呢？

房屋买卖合同被确认无效后，为平衡双方的利益在合同无效后果的处理上，要全面考虑合同无效对双方当事人的利益影响，包括出卖人因土地增值、拆迁、补偿所获利益，以及买受人因房屋现值和原买卖价格的差异造成的损失两方面因素，平衡买卖双方的利益。对于购房人已经翻建、装修、扩建房屋，使房屋增值部分，应对买受人的投入进行补偿。

故，出卖人应当赔偿买受人的损失包括：1. 返还原购房价款及房屋原购买价款和现房屋价款之间的差价；2. 买受人因扩建、改建、装修使房屋增值的部分；

3. 该房屋因拆迁而使出卖人获得的拆迁利益及土地的增值部分。以上损失需要委托有资质的评估机构进行评估确定损失数额。对于土地增值和拆迁部分补偿，合同无效后根据过错分配原则予以处理。

本案中，合同无效后，因该合同取得的财产，应当予以返还。因购买人陈某榆、陈某民在购买房屋后自行出资对房屋进行了新建，考虑到买受人对于房屋的添附部分系附和于出卖人五星七组原有的原物上，无法分离，故买受人将添附一并返还给付出卖人，由出卖人将原房及添附部分的价值折价补偿买受人。考虑到出卖人在出卖时即明知其所出卖的房屋及宅基地属禁止流转范围，出卖多年后又以违法出售房屋为由主张合同无效，故出卖人应对合同无效承担主要责任。对于买受人信赖利益损失的赔偿，应当全面考虑出卖人因土地升值或拆迁、补偿所获利益，以及买受人因房屋现值和原买卖价格的差异造成损失等因素予以确定，但鉴于陈某榆、柯某、陈某昌、陈某国在本案审理期间未就其损失提出明确的反诉主张，故本案不予处理。

编写人：福建省厦门市翔安区人民法院　郑宇彤

五、拆迁安置房买卖

32

非商品房交易中房屋出卖人逾期办理房屋产权证照的违约责任

——母某萍诉哈尔滨工业大学房屋拆迁安置补偿合同案

【案件基本信息】

1. 裁判书字号

黑龙江省哈尔滨市中级人民法院（2016）黑01民终65号民事判决书

2. 案由：房屋拆迁安置补偿合同纠纷

3. 当事人

原告（上诉人）：母某萍

被告（被上诉人）：哈尔滨工业大学

【基本案情】

哈尔滨市南岗区护军街贵新小区D栋1单元××室系哈尔滨工业大学自建职工住房。母某萍之父母某秋原有位于哈尔滨市南岗区护军街16号××室的房产在哈尔滨工业大学自建职工住房规划范围内。2008年12月12日，母某秋与哈尔滨工业大学签订《房屋置换协议书》一份，约定乙方（母某秋）同意将其被置换住宅的所有权及其土地使用权一并转给甲方（哈尔滨工业大学），甲方负责在原地学校自建房中为乙方以同等使用面积置换私产房屋一处（超面积款、楼层差价款、进户费、装修费、产权登记费等均由乙方负担）；乙方被置换住宅：哈尔滨市南岗区护军街16号××室，建筑面积53.00平方米，使用面积36.55平方米；因设计原因超出面积按学校规定价格购买。协议书签订后，母某秋将其被置换的房屋所有权证及土地使用权证交给哈尔滨工业大学并从该房搬出。2011年8月10日，母某秋因病去世。2013年1月8日，经母某秋的全部继承人同意，母某萍以母某秋的名义到哈尔滨工业大学置换了位于南岗区护军街贵新小区D栋1单元××室，使用面积37.76平方米，并于2013年1月入住了置换后房产。2015年10月9日，哈尔滨工业大学为母某萍办理了该争议房屋的住房证。经查明，因哈尔滨工业大学贵新街职工住宅项目未经总体验收，故在房地产登记部门没有登记备案。位于南岗区护军街贵新小区D栋1单元××室房产在房地产部门亦没有登记备案。

现因案涉房产未办理房屋所有权证，母某萍诉至法院，请求判令：哈尔滨工业大学应协助母某萍办理案涉房屋所有权和土地使用权登记手续，并提供必要的证明文件；赔偿母某萍的损失69607.83元（自2013年4月11日起至起诉之日止）。哈尔滨工业大学辩称：争议房屋系哈尔滨工业大学自建房屋，不能办理房屋产权证照的原因不是哈尔滨工业大学造成的，本案不适用《最高人民法院关于审理商品房买卖合同纠纷案件适用法律若干问题的解释》（以下简称《商品房买卖司法解释》）的规定，母某萍不存在任何损失，请求驳回母某萍的诉讼请求。

【案件焦点】

1. 案涉房屋的性质；2. 本案是否适用《商品房买卖司法解释》的规定，母某萍的损失应否得到支持。

【法院裁判要旨】

黑龙江省哈尔滨市南岗区人民法院经审理认为：母某萍之父母某秋与哈尔滨工业大学签订的《房屋置换协议书》系双方真实意思表示，合法有效。哈尔滨工业大学负有协助母某萍办理房屋所有权证及土地证的义务。现位于南岗区护军街贵新小区D栋1单元××室房产在房地产登记部门没有登记备案，不符合办理房屋所有权证及土地证的条件，需待条件符合后，哈尔滨工业大学才能协助母某萍办理。案涉房屋系自建的职工住房，不属于商品房，故因案涉房产发生的争议不适用商品房买卖的相关法律。母某萍的其他诉讼请求，因无事实与法律依据，不予支持。

黑龙江省哈尔滨市南岗区人民法院依照《中华人民共和国合同法》第四十四

条、第六十条规定，判决：

驳回母某萍的诉讼请求。

母某萍不服一审判决，提出上诉。黑龙江省哈尔滨市中级人民法院经审理认为：哈尔滨工业大学对母某萍之父母某秋原有房屋进行拆迁并与母某秋签订了《房屋置换协议书》，该协议书系双方当事人真实意思表示，一审判决确认双方当事人签订的房屋置换协议合法有效正确，法院予以确认。因母某萍已经通过继受取得的方式实际占有使用案涉房产，因此母某萍向哈尔滨工业大学主张权利适格。

关于母某萍要求哈尔滨工业大学为其办理房屋产权手续及赔偿损失的请求应否支持的问题。哈尔滨工业大学与母某萍之父母某秋签订《房屋置换协议书》后，母某秋履行了将私产房屋交付的义务，哈尔滨工业大学亦按协议约定及母某萍的申请履行了为母某萍置换房屋的义务，但未履行应协助母某萍办理房屋所有权证及土地证义务。案涉房屋由于在房地产登记部门没有登记备案，不符合办理房屋所有权证及土地证的条件，造成现无法办理权属手续，也无法确定办理时限，其原因系哈尔滨工业大学自身原因。房屋作为不动产，其权属变更以登记作为物权变动生效要件。变更登记不能，系违反房屋置换合同的违约行为，就房屋置换的损失，房屋置换人应予以赔偿。哈尔滨工业大学认为案涉房产系单位集资自建房屋，不属于商品房，因此不同意予以赔偿。根据我国《经济适用住房管理管理办法》的规定，单位集资建房是经济适用住房的组成部分，单位集资建房不得新征用或新购买土地组织建房，且参加集资建房的对象仅限于本单位职工。但是本案母某萍原房屋的土地使用权非哈尔滨工业大学享有，母某萍也非本单位职工。因此，哈尔滨工业大学对母某萍原房屋进行置换的行为非单位集资建房属性，系属以易物的方式进行的商品交易行为，故母某萍与哈尔滨工业大学之间签订的《房屋置换协议书》本身具有商品房买卖性质，哈尔滨工业大学逾期未办理房屋权属登记手续，应当比照《商品房买卖司法解释》第十八条的规定，商品房买卖合同的标的物尚未建成时签订合同，买受人母某萍自房屋交付使用之日起 90 日内未能取得房屋权属证书，且双方合同没有约定违约金且损失数额难以确定，应当按照已付购房款总额，参照中国人民银行规定的金融机构计收逾期贷款利息的标准计算损失。母某萍该项上诉请求于法有据，予以支持。

关于母某萍请求哈尔滨工业大学提供必要证明文件的问题。案涉房屋不属于房地产开发项目，而属单位自建职工住房项目，且该项目已经政府相关部门审批并经公示。母某萍可就其请求查看相关公示文件。综上，母某萍的上诉请求部分成立，予以支持。

黑龙江省哈尔滨市中级人民法院依照《最高人民法院关于审理商品房买卖合同纠纷案件适用法律若干问题的解释》第十八条第一款第二项、第二款，《中华人民共和国民事诉讼法》第一百七十条第一款第二项之规定，判决：

一、撤销哈尔滨市南岗区人民法院（2015）南民二民初字第1234号民事判决；

二、本判决生效后十五日内哈尔滨工业大学赔偿母某萍逾期办理房屋产权登记的损失68634.28元；

三、驳回母某萍的其他诉讼请求。

【法官后语】

《商品房买卖司法解释》第一条对该解释适用的前提条件作了说明，但在实践中存在大量的如经济适用住房性质的房屋进入市场交易，而出卖人没有按照约定办理房屋产权证照，或双方未约定办理房屋产权证照的时间，是否可以参照适用《商品房买卖司法解释》第十八条的规定，成为司法实践中的难点。

《商品房买卖司法解释》第一条规定："本解释所称的商品房买卖合同，是指房地产开发企业（以下统称为出卖人）将尚未建成或者已竣工的房屋向社会销售并转移房屋所有权于买受人，买受人支付价款的合同。"何谓商品房，目前我国法律法规及司法解释未有明确规定。在社会实际生活当中普遍认为，商品房就是所有作为商品上市交易的房屋，即由房地产开发商建造的房屋，也包括私有房屋、经济适用房等，但这只是从单一市场交易买卖关系角度对房屋的泛指，并未从商品房本质上予以揭示，商品房在我国具有独特含义，绝不能简单地认为只要是进入市场交易的房屋就是商品房，更不是商品与房屋的简单相加。《城市房地产管理法》第三十条规定，从事房地产开发和经营的主体必须具备相应的法定资格，即商品房的建造和出卖主体资格是由法律专门规定的，商品房是有特定含义的，它专指由房地产开发经营企业建设并出售的房屋，《商品房买卖司法解释》所称的商品房即专指此类房屋，是狭义上的商品房，按照房屋存在的状态，可分为现房和期房。《商品房销售管理办法》规定，现房是指竣工验收合格的房屋，期房是指正在建设中的房屋。如前所述只有房地产开发企业建造的房屋才是商品房，而其他如经济适用房、房改房、私有房屋虽也可在房地产市场交易，但只能是广泛意义上的商品，可根据一般的房屋买卖行为规则加以规范，不属于《商品房买卖司法解释》纳入调整的范围之内。

本案中，哈尔滨工业大学显然不是房地产开发企业，2010年其依据哈尔滨市住房保障和房产管理局颁发的《哈尔滨市单位自建职工住房项目任务书》自行建设房屋，其目的是解决职工的住房问题，而不是以营利为目的，虽然在建设的范围内涵盖了包括母某萍父亲母某秋原有房屋在内的非本单位土地，但不能因此否认所建楼房系哈尔滨工业大学自建房屋的性质，因此本案所涉及的房屋非《商品房买卖司法解释》中专指的商品房，不应适用《商品房买卖司法解释》的相关规定。双方当事人签订的系《房屋置换协议书》，未约定交房的时间，亦未约定何时办理房屋产权证照，置换方式选择为原地等面积产权置换，对于超出面积部分约定系按成本价格结算，而非市场价格，如参照《商品房买卖司法解释》第十八条规定确定哈尔滨工业大学承担逾期办理房屋产权证照的违约责任，显然加重了哈尔滨工业大学的责任。

但根据《合同法》第一百三十条、第一百三十五条、第一百三十八条的规定，买卖合同的出卖人不仅负有向买受人交付标的物的义务，还要承担移转标的物所有权的义务。这也是买卖合同作为最基本的商品交换中的一个特征和终极目的。《物权法》第九条规定："不动产物权设立、变更、转让和消灭，经依法登记，发生效力；未经登记，不发生效力，但法律另有规定的除外。"第十四条规定："不动产物权的设立、变更、转让和消灭，依照法律规定应当登记的，自记载于不动产登记簿时发生效力。"可见，我国房屋所有权变动原则上采登记生效主义。本案母某萍通过置换取得争议房屋，其与哈尔滨工业大学之间形成特殊的房屋买卖关系，母某萍取得房屋亦系可以进入流通领域的房屋，哈尔滨工业大学须交付房屋并保证房屋所有权转移给母某萍，现哈尔滨工业大学未能提交充分的证据证实不能办理房屋所有权证书非其自身原因造成的，而不能办理房屋所有权证书使得母某萍未完全取得的置换后房屋的物权，侵害了其权利，应适当保护母某萍的相应损失。笔者认为对母某萍的保护可参照《经济适用住房管理办法》的相关规定，在5年后方可上市交易的原则，确定逾期办理房屋产权登记的起算点，另《最高人民法院关于审理民间借贷案件适用法律若干问题的规定》第二十九条第二款规定："未约定逾期利率或者约定不明的，人民法院可以区分不同情况处理：（一）既未约定借期内的利率，也未约定逾期利率，出借人主张借款人自逾期还款之日起按照年利率6%支付资金占用期间利息的，人民法院应予支持；（二）约定了借期内的利率但未约定逾期利率，出借人主张借款人自逾期还款之日起按照借期内的利率支付资金占用期间利息的，人民法院应予支持。"故可参照此规定，适用赔偿母某萍的损失。

编写人：黑龙江省高级人民法院　单一琦

33

计算房屋买受人应得拆迁区位补偿款时应当考虑被拆迁人以优惠价格购买安置房屋的实物利益和机会利益

——刘某荣诉庞某顺房屋买卖合同案

【案件基本信息】

1. 裁判书字号

北京市第二中级人民法院（2017）京02民再83号民事判决书

2. 案由：房屋买卖合同纠纷

3. 当事人

原告（被上诉人）：刘某荣

被告（上诉人）：庞某顺

【基本案情】

1991年3月10日，庞某顺（居民）与谢某垣（刘某荣之夫，农民，于2009年9月7日因病死亡）签订《住宅房屋买卖契约书》约定，庞某顺愿将自己住宅房屋八间及庭院总土地面积约290平方米的所有权以2万元的售价卖给谢某垣（土地归集体所有）……谢某垣进住该住宅后对院内房屋进行了翻建、新建及装修。2008

年4月，庞某顺诉至法院要求确认《住宅房屋买卖契约书》无效，法院予以支持。2008年12月，庞某顺诉至法院要求谢某垣腾退该房屋，法院予以支持，并判决庞某顺给付谢某垣补偿款（房屋重置成新价）202704元。

2010年10月1日，北京丰台区科技园建设发展有限公司因开发项目将上述房屋征收。被拆迁房屋所在地宅基地区位补偿价为4500元/平方米，区位补偿款计1732500元，房屋重置成新及附属物作价1359971元，被拆迁房屋补偿款合计3092471元；拆迁补偿费及奖励合计1226435元，拆迁补偿款合计4318906元；预扣定向安置房购房款及房屋公共维修基金1652400元。定向安置房安置人口6人，购房指标人均45平方米，购房指标共计270平方米，定向安置房售价6000元/平方米，购房款预扣162万元，实际购房款在入住时据实结算，多退少补。按购房款的2%扣除房屋公共维修基金32400元；经折抵后，北京丰台区科技园建设发展有限公司应付被拆迁人2666506元。签订协议后庞某顺之子庞某领取了上述协议中约定的拆迁补偿款。谢某垣死后，法院确定刘某荣承继谢某垣的诉讼权利及诉讼义务。

刘某荣诉至法院，要求分得上述拆迁补偿款。庞某顺主张其房屋被拆迁的区位补偿价为4500元/平方米，应当以4500元/平方米作为标准计算支付刘某荣的补偿款。刘某荣提供《拆迁实施方案》并称应以该方案中第五条的内容作为其赔偿依据，第五条载明，选择货币补偿的拆迁人，根据《北京市丰台区人民政府关于〈北京市集体土地房屋拆迁管理办法〉的实施意见》的相关规定，宅基地区位补偿价为9900元/平方米。

【案件焦点】

1. 房屋买卖合同无效后，如何确定双方对合同无效所应承担的责任比例；2. 如何确定房屋拆迁补偿款的计算基础。

【法院裁判要旨】

北京市丰台区人民法院一审认为：庞某顺与谢某垣签订的《住宅房屋买卖契约书》已被法院生效的民事判决确认无效，依法律规定，民事行为被确认无效后，当事人因该行为取得的财产，应当返还给受损失的一方。有过错的一方应当赔偿对方因此所受的损失，双方都有过错的，应当各自承担相应的责任。本案中，庞某顺在出卖宅基地及房屋时应明知其出卖的宅基地及房屋属于我国法律禁止流转范围，并在出卖多年后又以违法出售房屋及宅基地为由主张合同无效，故其应对合同无效承担70%的过错责任。谢某垣对合同无效亦有过错，应承担30%的责任。谢某垣现已死亡，按其遗嘱，谢某垣的诉讼权利及诉讼义务应由刘某荣承继。

关于刘某荣主张的区位补偿款。农村集体土地归集体所有，农民依法享有宅基地使用权。拆迁时的区位补偿款，应根据集体土地的所有权和使用权补偿给取得宅基地使用权的集体组织成员。本案中庞某顺于1991年就将涉案房屋出卖给谢某垣，谢某垣对院内房屋不仅翻建、新建与装修，还实际使用、经营、管理多年，故房屋遇到拆迁，谢某垣作为该宅基地多年实际使用者应与庞某顺共同享有该补偿。综合考虑宅基地实际使用情况以及房屋被拆迁所获利益补偿情况，区位补偿款应按每平方米9900元的标准为宜，并根据双方的过错责任确定具体数额。刘某荣要求给付区位补偿款的诉讼请求，并无不当，法院予以支持。对刘某荣要求庞某顺支付担保手续费3万元损失的诉讼请求，缺乏法律依据，法院不予支持。

北京市丰台区人民法院依照《中华人民共和国民法通则》第六十一条第一款、《中华人民共和国合同法》第五十八条的规定，作出如下判决：

一、庞某顺赔偿刘某荣房屋区位补偿款2668050元，已支付952875元，未支付部分于判决生效后十日内付清；

二、驳回刘某荣的其他诉讼请求。

庞某顺不服一审判决，提起上诉。北京市第二中级人民法院经审理认为：合同无效后，当事人双方都有过错的，应当按照过错程度各自承担相应的责任，同时应当遵循公平原则确定各方的利益。本案争议的焦点为庞某顺与刘某荣对于合同无效应承担的过错责任比例及对于区位补偿价的计算标准。本案中，一审法院依据本案查明的具体事实，认定对于房屋买卖合同无效，庞某顺与刘某荣均有过错，庞某顺承担70%的过错责任，刘某荣承担30%的过错责任，符合双方的过错程度，本院予以维持。对于拆迁区位补偿价的数额，一审法院根据拆迁具体政策、宅基地实际使用情况及房屋因拆迁所获利益补偿的情况，确定按照每平方米9900元的标准计算，符合法律的公平原则，本院予以支持。庞某顺要求驳回刘某荣全部诉讼请求的上诉意见，无法律及事实依据，本院不予支持。

北京市第二中级人民法院依照《中华人民共和国民事诉讼法》第一百七十条第一款第一项规定，作出如下判决：

驳回上诉，维持原判。

【法官后语】

本案经过一审、二审后，又经抗诉指令再审，后发回重审又经一审、二审，较为复杂。双方当事人围绕事实认定和法律适用多次进行辩论，法院经过多次谨慎论证，才达成较为统一意见，并将争议焦点锁定为合同无效后合同双方应承担的过错责任比例及对于房屋拆迁区位补偿价的计算标准。

因过错应当承担相应责任这一点自然不用多说，这如同真理一样是不证自明的。但法律对于过错大小如何确定以致如何承担与过错相等的责任则没有明确规定，亦无一个明确的计算标准。发回重审前一审认为，考虑到庞某顺在出卖宅基地及房屋时应明知其出卖的宅基地属于法律禁止流转范围，且在出卖多年后又以违法出售房屋及宅基地为由主张合同无效，认定庞某顺应对合同无效承担70%的主要责任。而对于刘某荣一方，应明知自己不具备购买涉案房屋的资格而购买此房屋，亦应承担相应责任；但其基于对庞某顺及涉案房屋所在地村委会的信赖，在此后多年内合理使用房屋，对房屋尽到良好的“照顾义务”，对其苛责不宜过严，认定其对合同无效承担30%的次要责任。

关于此项责任的划分，是法院酌定的一个过程，在查清的事实基础之上，综合考虑划分责任，是我国目前关于此类案件过错认定的“通行做法”。北京市人民检察院在本案的抗诉书中指出，发回重审前的二审将庞某顺对合同无效的法律责任酌减至55%，无充分、明确的事实根据，既不利于对房屋买受人刘某荣正当权益的依法保护，也与北京市情不符，有失公正。发回重审后，一审、二审法院均支持了刘某荣要求庞某顺赔偿其70%的房屋区位补偿款，即庞某顺承担70%的过错，刘某荣承担30%的过错。庞某顺明知其宅基地为法律禁止流转而卖给不享有此项购买权的居民刘某荣，后经多年因面临拆迁利益又以违法买卖为由主张合同无效，全然不顾诚实信用原则，不为法律所褒扬，判令其承担70%的责任正是恰当。

关于区位补偿价的计算标准，法院查明，根据涉案房屋《拆迁实施方案》可知，选择货币补偿的拆迁人，宅基地区位补偿价为9900元/平方米；选择定向安置房补偿方式的被拆迁人，宅基地区位补偿价为4500元/平方米。

本案选择以9900元/平方米作为计算区位补偿款的标准。因为，对于选择定向安置房屋的拆迁住户，涉案地段宅基地的拆迁补偿利益并非仅有货币补偿款一项，还包括以优惠价格购买安置房屋的实物利益和机会利益。本案中，庞某顺选择定向安置房屋的补偿方式，比选择单纯货币补偿方式的宅基地区位补偿单价每平方米减少4400元，显然该减少的部分系基于安置房屋的销售价格优惠等因素，将宅基地区位补偿利益的一部分转化到了定向安置房屋这一实物利益之中。应当充分考虑庞某顺已经以优惠价购买了安置房屋这一实际利益，也应充分考虑其在二十多年后又主张房屋买卖合同无效而获得高额拆迁补偿和优惠购房的机会利益，选择9900元/平方米作为计算区位补偿款的标准，才不失公允。

编写人：北京市丰台区人民法院　陈名利

六、公房转让

34

借名买房的认定与审理原则

——刘某诉郭某卿等房屋买卖合同案

【案件基本信息】

1. 裁判书字号

北京市海淀区人民法院（2017）京0108民初31918号民事判决书

2. 案由：房屋买卖合同纠纷

3. 当事人

原告：刘某

被告：郭某卿、刘某琦、刘某玮、刘某梅、刘某珣

【基本案情】

郭某卿与刘某贤系夫妻关系，二人共育有四女，分别为刘某琦、刘某珣、刘某玮、刘某梅。刘某琦育有一子刘某。刘某贤于2014年11月20日去世。

某处30号房屋系刘某贤所在单位分配的公房，后按照房改政策购得。刘某贤于2009年12月11日取得30号房屋的所有权证书，登记在刘某贤名下。现30号房屋由刘某、郭某卿使用。

庭审中，刘某主张与刘某贤存在借名购房关系，30号房屋购房款实际由其支付。刘某玮、刘某梅、刘某珣对此不予认可。为此，刘某向本院提交了刘某贤书写证明一份，内容为："我夫妇现住清华园铁路宿舍三号楼三十号三居室单元一套，

于一九九七年房改期间公房出售时，我等以职工名誉购为私有。当时因经济问题经与外孙刘某协商，同意由他筹资所买，因此待我等离世后该房产权应由外孙刘某所有，他人无权干预。同时，唯恐后人发生纠葛，特此立书为证。立书人：刘某贤、郭某卿　一九九八年三月立”。经质证，刘某玮、刘某梅、刘某珣虽认可上述证明系刘某贤书写，但抗辩上述证明中刘某贤仅明确在自己与郭某卿离世后，30号房屋归刘某所有，现郭某卿尚未离世，刘某不应主张房屋权利，并不认可购房款由刘某出资。郭某卿亦认可上述证明真实性，并同意刘某的过户请求。刘某另向本院提交其支付宝交易明细，欲证实30号房屋产生的水电等费用由其负担，刘某玮、刘某梅、刘某珣则表示郭某卿年事已高，无法自行缴纳，且刘某实际使用的是郭某卿的钱。刘某琦经本院传票传唤未到庭参加诉讼。

【案件焦点】

刘某与刘某贤是否成立借名买房的法律关系。

【法院裁判要旨】

北京市海淀区人民法院经审理认为：当事人对自己提出的诉讼请求所依据的事实或者反驳对方诉讼请求所依据的事实有责任提供证据加以证明。当事人未能提供证据或者证据不足以证明其事实主张的，由负有举证证明责任的当事人承担不利的后果。在合同纠纷案件中，主张合同关系成立并生效的一方当事人对合同订立和生效的事实承担举证责任。本案中，刘某主张与刘某贤存在借名买房关系，并依据该合同关系要求刘某贤的继承权利人协助其办理30号房屋的产权过户手续，刘某对此承担举证责任。由刘某提交刘某贤书写证明材料及郭某卿庭审中陈述可证实，30号房屋由刘某实际出资购买。刘某玮、刘某梅、刘某珣虽对此不予认可，但未提交相应反证，本院对其抗辩不予采信。现刘某虽已证实购买30号房屋由其出资，但该出资行为不能直接证实其与刘某贤存有借名买房的合同关系，且从刘某贤书写证明中“当时因经济问题经与外孙刘某协商，同意由他筹资所买，因此待我等离世后该房产权应由外孙刘某所有，他人无权干预”内容可知，刘某贤系表达对其死后房屋归属的意见，并未直接阐述与刘某存在借名买房合同关系。刘某提交的水电等费用亦不能证实借名买房合同关系的成立。综上，刘某提交的证据尚不足以证实其与刘某贤之间存在借名买房合同的约定，本院对其诉讼请求不予支持。本案在审理过程中，刘某琦经本院传票送达开庭传票未到庭，无正当理由未到庭应诉，视为其放弃了答辩、质证等相关诉讼权利，本院将依法缺席判决。

综上所述，北京市海淀区人民法院依照《中华人民共和国民事诉讼法》第六十四条第一款，《最高人民法院关于适用〈中华人民共和国民事诉讼法〉的解释》第九十条、第九十一条第一项，《最高人民法院关于民事诉讼证据的若干规定》第五条第一款，《中华人民共和国民事诉讼法》第一百四十四条之规定，判决如下：

驳回刘某的全部诉讼请求。

【法官后语】

借名买房的现象在现实生活中大量存在，由于国家政策原因，某些房产的购买需要一定的资格，事实购房人没有资格购买，而登记购房人具有资格购买是最常见的情形。因借名买房引发的纠纷，在审理时应注意以下问题：

一、借名人与出名人（登记人）之间应系合同关系

借名买房是指，当事人约定一方以他人名义购买房屋，并将房屋登记在他人名下，由借名人实际享有房屋权益。审判实践中，因借名人认为其是所购房屋的真实权利人，常会出现借名人以所有权纠纷为由，起诉要求确认房屋归其所有的案件。但借名人和出名人之间实际应为关于借用名字的合同纠纷，如借名人直接要求确认房屋归其所有的，法院应当向其释明，告知其以合同纠纷提起诉讼。本案中，刘某认为其与刘某贤存在借名买房的合同关系，刘某贤去世后，其将刘某贤的继承人作为协助办理过户义务的主体进行起诉。

二、仅凭出资事实不能认定借名买房关系

当事人对自己提出的诉讼请求所依据的事实或者反驳对方诉讼请求所依据的事实有责任提供证据加以证明。当事人未能提供证据或者证据不足以证明其事实主张的，由负有举证证明责任的当事人承担不利的后果。在合同纠纷案件中，主张合同关系成立并生效的一方当事人对合同订立和生效的事实承担举证责任。借名人应承担证明借名买房关系成立的举证责任。

本案中，刘某虽证实30号房屋由其出资购买，但除了出资的事实，刘某还应举证证明其与刘某贤之间确实存在借名登记的约定。刘某提交的刘某贤书写的证明中，虽写明了刘某出资的事实，但未提及借名登记的事实，故刘某的主张不能

成立。

三、借名购房不得违反相关政策、法律的规定

由于我国住房政策经历了多阶段的调整，目前我国房产种类繁多，有普通商品房、经济适用房、两限房、自住型商品房等不同性质的房屋。其中经济适用房等政策性保障住房，是国家为保障特定人群，主要是低收入人群居住权益的房屋。如借名人违反相关政策、法规的规定，购买政策性保障住房，并登记在他人名下的，借名人主张确认房屋归其所有或者依据双方之间的约定要求登记人办理房屋所有权转让登记的，一般不予支持。

编写人：北京市海淀区人民法院　刘雪琳

35

涉房改房房地产纠纷的受理

——王某虹诉广东省医药物资站房屋买卖合同案

【案件基本信息】

1. 裁判书字号

广东省广州市中级人民法院（2017）粤01民终18683号民事判决书

2. 案由：房屋买卖合同纠纷

3. 当事人

原告（上诉人、反诉被告）：王某虹

被告（被上诉人、反诉原告）：广东省医药物资站

【基本案情】

原告原是被告的职工。1992年12月25日原告与被告（甲方、出售住房单位）签订了《广州市公有住房买卖协议书》约定：被告将坐落于广州市天河区淘金北路9号××房的住房一套出售给原告。原告一次付清款后，双方须办理交易及权属转移手续。后原告因涉嫌犯挪用公款罪、贪污罪受到刑事处罚，并于2011年4月获

假释。被告决定在1998年4月15日前收回分配的住房。

2011年9月1日，原告向法院提起诉讼，请求判令被告协助原告办理涉案房屋的过户手续，法院判决，原告胜诉。被告抗辩原告与被告签订的涉案《广州市公有住房买卖协议书》是基于当时企事业单位与其有行政隶属管理关系的干部职工之间的内部关系而签订，经审查该协议的内容和性质，是被告分配房屋给其职工即原告，并进行房改，属于房改的协议，而之后原告因刑事犯罪被刑事处罚，被告于1994年申请办理了涉案房屋的返售手续。原告与被告之间的纠纷涉及房改房政策的适用问题，属于行政隶属之间的内部争议，应由行政主管部门进行调处，依法不属于人民法院受理民事诉讼的范围。

【案件焦点】

涉房改房的房地产纠纷属于行政隶属之间的内部争议还是法院受理的民事纠纷。

【法院裁判要旨】

广东省广州市越秀区人民法院经审理认为：一、住房制度改革是国家和单位给职工的住房优惠制度。房改的对象是有限制的，单位职工只有符合房改条件才有机会享受该住房优惠政策，同时遵守国家法律、法规及单位有关规章制度是职工的责任和义务。根据广州市中级人民法院作出的（1995）穗中法刑经初字第190号刑事判决书中认定，王某虹自1992年12月至1993年8月，先后挪用北京光社实业公司及广东省医药物资站投入广州加禾国际金融商品期货经纪公司的保证金，用于私人用途，并采取截留等方法，共同贪污公款，构成挪用公款罪、贪污罪，被判处无期徒刑，剥夺政治权利终身。王某虹的行为严重侵害广东省医药物资站利益，在此情况下，王某虹依旧按照正常职工标准享受住房优惠政策向广东省医药物资站购买涉案房屋，显然于理不合，也损害了广东省医药物资站单位内其他广大干部职工的合法权益。二、根据《中华人民共和国民法通则》第五十八条的规定，下列民事行为无效：……（三）一方以欺诈、胁迫的手段或者乘人之危，使对方在违背真实意思的情况下所为的；无效的民事行为，从行为开始起就没有法律约束力。王某虹隐瞒犯罪事实，在实施犯罪行为期间与广东省医药物资站签订的《广州市公有住房买卖协议书》是广东省医药物资站在违背真实意思的情况下与王某虹签订的，该《协议书》应属无效。综上，王某虹要求广东省医药物资站办理涉案房屋的过户手续并收回涉案房屋不予支持。广东省医药物资站反诉确认涉案合同无效予以采纳。

广东省广州市越秀区人民法院依照《中华人民共和国民法通则》第五十八条第一款第三项和第二款的规定，于2017年4月25日作出如下判决：

一、原告王某虹与被告广东省医药物资站于1992年12月25日签订的关于买卖广州市淘金北路9号××房的《广州市公有住房买卖协议书》无效；

二、驳回原告王某虹的全部诉讼请求。

王某虹不服一审判决，提起上诉。

广东省广州市中级人民法院经审理认为：上诉人王某虹是在其任职于被上诉人广东省医药物资站期间与被上诉人广东省医药物资站签订了涉案的《广州市公有住房买卖协议书》，上诉人王某虹并于签约当天即已向被上诉人广东省医药物资站付清了全部购房款并已实际使用了涉案房屋。后上诉人王某虹因刑事犯罪被判处刑事处罚并被被上诉人广东省医药物资站开除公职，但上述涉案协议书对上诉人王某虹被除名后房改房的处理并无明确约定，广州市当年的房改政策亦无因买房人受刑事处罚而须收回房改房的规定，且住房保障办亦出具了关于撤销涉案房屋返购案的函件，认为当年住房保障办核准被上诉人广东省医药物资站单方办理返购上诉人王某虹已购公有住房的决定缺乏法律依据而予以撤销。因此，上诉人王某虹与被上诉人广东省医药物资站签订的涉案《广州市公有住房买卖协议书》并无违反法律、行政法规的强制性规定，为合法有效合同，双方应依约履行各自合同义务。一审判决认定该协议书无效，应予纠正。

上诉人王某虹与被上诉人广东省医药物资站签订涉案房屋买卖合同，是上诉人王某虹依法行使其民事权利的体现，双方依法所签订的涉案房屋买卖合同受法律保护。购买房改房是上诉人王某虹作为被上诉人广东省医药物资站正式职工时所依法享有的民事权利，后其被处以刑事处罚，是法律对其触犯刑律的惩罚，两者之间并不抵触，上诉人王某虹依法应享有的民事权利不能因其触犯刑法而被剥夺。完成涉案房屋的交易手续，并没有违反法律的公平原则。被上诉人广东省医药物资站作为涉案房屋的出售方，在上诉人王某虹早已依约付清全部购房款的情况下，负有向作为买方的上诉人王某虹办理涉案房屋产权转移登记手续的义务，其至今未与上诉人王某虹办理该手续的行为缺乏法律依据。另，双方均确认涉案房屋已被被上诉人广东省医药物资站收回，故被上诉人广东省医药物资站应将涉案房屋交付给上诉人王某虹使用。

综上，上诉人王某虹的上诉请求成立，本院予以支持。依照《中华人民共和国合同法》第八条、第六十条，《中华人民共和国民事诉讼法》第一百七十条第一款第二项规定，判决如下：

一、撤销广东省广州市越秀区人民法院（2016）粤0104民初41640号民事判决；

二、被上诉人广东省医药物资站在本判决发生法律效力之日起三十日内，协同上诉人王某虹一起到房管部门办理广州市天河区淘金北路9号××房的产权过户和登记手续，并将该房交付上诉人王某虹使用；

三、驳回被上诉人广东省医药物资站的全部反诉请求。

【法官后语】

本案有以下两个问题值得注意。

一、涉及房改房的房地产纠纷人民法院是否应予受理

房改房又叫已购公房，是指享受国家房改优惠政策的住宅。即居民将现住公房以标准价或成本价扣除折算后购买的公房。单位向职工出售房改房是国家和单位给职工的住房优惠制度。与一般房屋买卖合同不同的是，房改房买卖合同除当事人自行约定的内容外，还会受到房改政策的制约，不完全等同于市场价格支付对价。由于房改房买卖涉及我国现行的房改政策，所以因房改引发的纠纷，人民法院是否受理，应当结合当事人的诉讼请求作出判断。

如果当事人争议的核心和焦点是房改房的买卖问题，则属于平等主体之间的民事权益之争，处理时涉及房改政策的，如追索购买定金、购房款、办理过户手续及产权证的，法院应当受理；如果当事人争议的核心和焦点为是否使用房改政策以及如何适用房改政策，如职工是否应参与房改，单位内部如何建房、分房等，则不属于民事纠纷，法院不宜作为民事案件受理。1992年11月25日最高人民法院出台了《最高人民法院关于房产案件受理问题的通知》，该通知规定因单位内部分房、建房、腾房等房地产纠纷法院不予受理。但该规定主要是指属于单位内部管理性问题，或者纯粹是国家政策问题引起的纠纷，这种纠纷法院不予受理。

本案中，双方争议的焦点在于双方之间的房改协议是属于平等主体之间的民事权益纠纷，还是属于行政隶属之间的内部争议。本案中原告王某虹向被告广东省医药物资站支付了涉案房屋的购房款，已经履行了相应的合同义务，并约定付清全部房款后，被告广东省医药物资站有义务协助原告王某虹领取“房屋所有权证”和“固有土地使用证”。双方之间的纠纷不属于历史遗留的落实政策性质的房地产纠纷，亦不是因行政指令调整划拨、机构撤并分合等引起的房地产纠纷，也不是因单位内部建房、分房等而引起的占房、腾房等房地产纠纷，而是属于平等主体之间的民事权益纠纷。因此，本案不属于《最高人民法院关于房产案件受理问题的通知》规定的人民法院不予受理的房地产纠纷。

二、买房人受刑事处罚后单位可否收回房改房

一审法院认为，原告王某虹因犯挪用公款罪与贪污罪被刑事处罚，并被被告广东省医药物资站开除公职。一审法院认为单位职工只有在符合房改房条件下才有机会享受该住房优惠政策，王某虹在严重侵害广东省医药物资站的利益，并被刑事处罚的情况下依然享受该政策于理不合，并认为原告王某虹在实施犯罪期间与广东省医疗物资站签订涉案协议存在欺诈，是对方在违背真实意思的情况下所为的，应当属于无效的行为，对原告王某虹的诉请不予支持。

二审法院认为，购买房改房是王某虹作为广东省医药物资站正式职工时所依法享有的民事权利，后其被处以刑事处罚，是法律对其触犯刑律的惩罚，两者之间并不抵触，王某虹依法应享有的民事权利不能因其触犯刑律而被剥夺。而且也并无相关的政策、法律规定职工受刑事处罚后单位可以收回房改房。

而且，原、被告签订涉案房屋买卖合同后，原告王某虹向被告广东省医药物资站支付了涉案房屋的购房款，已经履行了相应的合同义务。其触犯刑法而受到刑事处罚的事情并不能导致其作为民事主体而依法享有的权利被剥夺。《合同法》第八条规定：依法成立的合同，对当事人具有法律约束力。当事人应当按照约定履行自己的义务，不得擅自变更或者解除合同。依法成立的合同，受法律保护。因此，原告王某虹的诉请与法有据，其合法权益应当受到法律保护。

编写人：广东省广州市越秀区人民法院　汤佩芳　史浩炀

七、房屋买卖代理

36

房地产中介机构应对非准确性陈述造成的损失承担赔偿责任

——张某诉北京链家房地产经纪有限公司、金某华房屋买卖合同案

【案件基本信息】

1. 裁判书字号

北京市朝阳区人民法院（2016）京0105民初46007号民事判决书

2. 案由：房屋买卖合同纠纷

3. 当事人

原告：张某

被告：北京链家房地产经纪有限公司（以下简称链家公司）、金某华

【基本案情】

2016年3月8日，张某、金某华在链家公司居间服务下签订了《房屋买卖业务签约文件合订本》，该合订本包括《北京市存量房屋买卖合同（经纪成交版）》《居间服务合同》及《补充协议》，约定金某华向张某购买北京市朝阳区黄厂南里2号院18号楼14层××号房屋，并约定了定金及房屋款项的支付时间及金额，在款项支付的方式上选择了理房通托管。当时张某面临着以此套房屋售房款作为自己新购住房购买房款的现实，并专门向链家公司工作人员核实款项到账的时间，链家公司工作人员承诺选择理房通进行资金托管无须走手续，直接到账，张某可以迅速收到

款项（庭审中，张某提交录音证据进行了证明），但是在实际履行过程中并非如此，通过理房通，款项实际耗费了一定的时间，张某为支付新购房屋的购房款进行了款项的拆借，发生了一定拆借费用，张某以链家公司非准确性陈述导致其选择付款方式不当为由要求链家公司进行赔偿。

【案件焦点】

居间人在居间服务过程中非准确性陈述对于交易一方缔约选择产生重大影响并导致损失发生的，是否应当承担违约责任。

【法院裁判要旨】

北京市朝阳区人民法院经审理认为：当事人应当按照约定全面履行自己的义务，一方不履行合同义务或者履行合同义务不符合约定的，应当承担继续履行、采取补救措施或者赔偿损失等违约责任。本案中，金某华按照与张某的书面约定履行了绝大部分购房款的给付义务，未按约给付的12万元亦只存在两天的迟延行为，考虑到双方房屋买卖合同最终已经履行完毕，该钱款迟延给付行为亦并不足以给张某造成实际损失，张某要求金某华承担违约赔偿责任，本院不予支持。对于张某要求链家公司承担违约责任一节，综合录音证据中链家公司工作人员对于理房通的介绍存在与事实不符的表述以及《理房通资金托管协议》签订时间明显晚于双方的房屋买卖系列合同的签订等情节，可以认定，链家公司在提供居间服务过程中存在瑕疵，应当对张某产生的合法合理损失承担责任范围内的赔偿责任，本院将结合张某提交证据情况酌情予以判处。《居间服务合同》属于《房屋买卖业务签约文件合订本》中的一部分，链家公司辩称其作为居间方不应作为本案主体的意见，本院不予采信。

北京市朝阳区人民法院依照《中华人民共和国合同法》第六十条、第一百零七条之规定，判决如下：

一、被告北京链家房地产经纪有限公司于本判决生效后七内赔偿原告张某5万元；

二、驳回原告张某的其他诉讼请求。

【法官后语】

在房屋交易过程中信息的真实有效和及时准确对房屋交易的双方都非常重要，也是房屋中介服务的重要内容，然而目前的居间人水平参差不齐，导致在房屋交易信息传递过程中给房屋买卖当事人造成经济损失引发纠纷。

我国现行法律规范对于房屋中介的如实报告义务的规定来自《合同法》第四百二十五条“居间人应当就有关订立合同的事项向委托人如实报告。居间人故意隐瞒与订立合同有关的重要事实或者提供虚假情况，损害委托人利益的，不得要求支付报酬并应当承担损害赔偿责任”。但本条款对于如实告知事项界定不明，加之在实际房屋买卖过程中居间人操作不规范、房屋买卖双方缺乏取证意识等导致房屋买卖当事人的损失无法得到赔偿。本案法官结合以下因素考虑判决居间人承担相应的违约责任。

明确如实告知事项的范围。一是与房屋交易缔约具有紧密关联性的事项，包括对方当事人信用状况、财产状况、房屋质量、坐落位置、权属及历史情况等房屋买受人、出售人的信息及房屋基本状况等。二是对是否继续购买房屋或者可能损害当事人利益具有重要影响及决定性的事项，如“产权转移手续及材料”“贷款额度”“限购政策”“房产税费”“资金监管”等房屋交易的程序性、政策性信息。本案中理房通资金托管款项的到账时间直接影响到原告资金的使用，在此情形下应属于对继续履行合同具有重要影响的事项。

居间人的瑕疵陈述。在房屋买卖交易过程中，居间人在佣金报酬的利益驱动下，对于有利于促成交易的信息往往会主动告知或是夸大陈述，而对于不利于交易的瑕疵信息，往往不愿意告知或是虚假陈述，结合本案录音及合同签订时间等证据足以认定居间人在合同签订过程中对于理房通资金监管款项到账时间等进行了不准确不恰当的陈述。

确因居间人瑕疵陈述造成当事人相应损失。居间人作为房屋买卖居间服务的专门机构应当具备较强的专业性及提供信息的准确全面性，在其服务期间当事人对其具有强烈的信赖，而本案原告正是基于对居间人的信赖，导致款项未按照其预期的时间到账，确对原告的资金使用及后续房屋的购买进度产生实质影响。

编写人：北京市朝阳区人民法院　宋学亮　李国龙

37

房屋买卖合同中的居间人责任

——刘某明诉于某威、北京我爱我家房地产经纪有限公司房屋买卖合同案

【案件基本信息】

1. 裁判书字号

北京市第一中级人民法院（2017）京01民终7966号民事判决书

2. 案由：房屋买卖合同纠纷

3. 当事人

原告（上诉人）：刘某明

被告（上诉人）：于某威、我爱我家房地产经纪有限公司（以下简称我爱我家公司）

【基本案情】

北京市昌平区东小口镇某号房屋为于某威所有。2016年9月13日，于某威和刘某明通过我爱我家公司居间签订房屋买卖合同约定：房屋总价186万元。刘某明贷款支付120万元。刘某明分2次向于某威支付除定金与拟贷款金额外的所有成交总价款。若任何一方违反约定，经催告后15日内仍未履行，守约方有权解除合同。解除合同应当以书面的方式进行，解除合同后，违约方应将其已经收取款项返还给守约方，并按照房屋成交总价的20%向守约方支付违约金。

同日，于某威和刘某明、我爱我家公司签订补充协议，约定：由于刘某明原因无法于签署本协议时缴纳足额定金，于某威同意刘某明暂交5万元，余额13万元在查档完成1日内补齐。若逾期未补齐，则视为刘某明违约，于某威有权要求刘某明按约定的定金金额双倍承担违约金，并于某威有权解除合同。刘某明支付定金5万元。

2016年9月14日至15日，我爱我家公司员工高某要求于某威提供房本复印件，告知其否则无法查档无法支付定金，于某威答复已经提供了房产证，签约当天高某已经在手机上进行过核实，要求刘某明支付剩余定金。9月25日，高某告知刘某明称因于某威给的房产证复印件是缩印的，建委不收，查不了档。高某要求于某威去银行拿复印件和原件照片，于某威不给。此后合同未能继续履行。

一审中，高某出庭作证称，根据先例，查档需要有房产证的原版复印件，于某威提供的是缩印版本的复印件，不符合建委查档要求。故其未实际去建委查档。

《房地产登记技术规程》第6.2.1条规定：查询、复制登记簿应当符合下列规定：1 自然人、法人和其他组织提供身份证明、房屋坐落，可查询登记簿中房地产的自然情况及查封、抵押等权利限制状况。

刘某明称，因于某威不提供符合中介要求的房产证复印件，导致中介无法进行查档，没有在合同约定的期限内完成过户。于某威称已经提交了房产证复印件，现中介要求重复提交，其没有违约，是刘某明没有支付合同约定的定金18万元构成违约。

【案件焦点】

1. 查档工作未能完成的原因是否是于某威未提供原版大小的产权证；2. 中介公司居间行为与房屋买卖合同未能履行的关系；3. 在买卖合同关系中，合同未能履行的责任如何认定。

【法院裁判要旨】

北京市昌平区人民法院经审理认为：于某威未提供房产证原版大小的复印件，同时要求刘某明支付剩余定金，在居间人提示定金约定是查档后支付时，于某威仍不提供符合约定的复印件，故法院认定于某威违约。一审法院判决：

解除房屋买卖合同，于某威返还刘某明定金5万元，并向刘某明支付违约金28万元。

原告与被告均不服一审判决，提出上诉。

北京市第一中级人民法院经审理认为：居间人要求于某威提供原件大小的房产证复印件，并告知于某威缩印版无法查档。但根据高某的陈述，其并未去建委实际查档，是依据经验判断缩印版的房产证无法查档。但《房地产登记技术规程》并未针对查询档案时需要提供房产证复印件的格式作出要求。故查档的程序未完成的根本原因在于，双方以及我爱我家公司事实上均未曾到不动产登记部门进行查询，即根本未启动查档工作。

本案中查档义务是基于补充协议的约定而产生。查档并非促成房屋买卖合同的前提条件，而是房屋买卖合同项下的义务约定。因此，尽管买卖双方及高某均认可应由高某实际进行查档操作，不需要买卖双方到场。高某应当实际查询档案却未完成该工作，导致了房屋买卖合同未能继续履行，我爱我家公司对此存在过错。但因查档是房屋买卖合同项下的义务，我爱我家公司系基于事实上的委托代双方履行义务。

因第三人造成的合同纠纷，应当在合同双方当事人之间进行处理，合同当事人与第三人之间的纠纷，应另行解决。因此，确定本案查档工作未能完成导致合同履行障碍的责任，需要先行明确房屋买卖合同中查档义务的履行主体。依据补充协议，到建委进行查档确权的主体为“甲乙双方”，而事实上，买卖双方均可以单独进行查档，也可以共同查档。在双方当事人未对于该项义务的履行主体作出明确约定，且未进行协商的情况下，双方均未主动履行查档义务，亦未要求对方与自己共同完成查档，共同导致房屋买卖合同未能履行完毕。因此，涉案合同系因合同义务约定不明而产生履行障碍，双方当事人对于合同约定不明、对于合同义务怠于履行，均存在过错，均应当承担相应责任。刘某明要求于某威赔偿居间费用损失、支付违约金的诉讼请求，缺乏事实和法律依据。

北京市第一中级人民法院判决：

解除房屋买卖合同，于某威返还刘某明定金5万元，驳回刘某明要求于某威支付违约金的诉讼请求。

【法官后语】

本案的争议实质是由于中介公司履行经纪服务合同的瑕疵引起的房屋买卖合同履行障碍。根据《合同法》第四百二十四条之规定，社会公众甚至中介公司自己普遍将中介的义务内容限于居间服务项下的报告交易机会、促成房屋买卖合同签订。但现实生活中，房屋买卖合同所必须的诸多交易环节均是由中介公司操作，买卖双方当事人仅是按照中介公司要求和通知提供材料，并不实际参与特定义务的履行。

中介公司的经纪服务出现瑕疵会给房屋买卖合同的履行带来直接的障碍。与中介公司居间服务质量普遍不高相矛盾的，房屋买卖合同纠纷中，当事人甚至法官通常仅将目光对准双方当事人，而意识不到中介公司的行为瑕疵以及应当承担的责任。

仅从理论角度分析，基于合同的相对性，在房屋买卖合同纠纷中应当在买受人及出卖人之间处理争议、确定责任，中介瑕疵履行行为似乎根本无须关注，也不会影响本案的处理结果。但实际的审理过程中，中介公司的瑕疵履行行为更类似一个干扰因素，忽视中介公司的行为及责任会对违约行为认定带来困扰，必须对此进行清晰明确的认定。本案中，一审法院的错误即在于忽略了我爱我家公司的履行瑕疵，即没有意识到我爱我家公司未实际履行代为查档的义务引起了双方的争议，反而认为我爱我家公司要求于某威提供原版大小产权证的要求是正当的，从而认定于某威拒不提供构成了违约。事实上，认定违约行为及责任的前提是正确确定约定的义务主体，具体到本案中的查档义务，房屋买卖合同仅约定应当“查档”，而未对查档义务的履行主体作出明确约定，且双方均未主动履行查档义务的情况下，属于共同导致房屋买卖合同未能履行完毕，互相之间不应承担违约责任。我爱我家公司基于双方的委托，应当实际代为履行查档的义务，我爱我家公司未实际履行，其居间服务的瑕疵履行行为导致了房屋买卖合同的履行障碍，我爱我家公司应当就此承担违约责任。依据《合同法》第一百二十一条，由于中介公司瑕疵履行行为导致一方当事人承担违约责任，该承担责任的当事人有权另行向中介公司主张权利。本案对于中介公司行为及过错所作事实认定，将对于违约方另行进行追偿产生约束力。

因此，尽管在房屋买卖合同纠纷中应当在买受人及出卖人之间处理争议、确定责任，但在房屋买卖合同案件的审理中，法官的审理范围不应局限于当事人提出的诉讼请求和事实理由，不能简单地将可能存在的法律责任设定于买卖双方，而应当有一个更为宽广的视野。即使基于房屋买卖法律关系产生的违约责任只能在买卖双方之间进行确定，但仍可能会涉及将来对中介公司责任的追偿。即便不承担本案的赔偿责任，中介公司的履行行为瑕疵是义务方违约行为是否存在的基础事实，需要在买卖合同纠纷中进行认定。

编写人：北京市第一中级人民法院　徐冰

38

无权代理行为的效力认定

——焦某泉诉刘某飞、白某菊房屋买卖合同案

【案件基本信息】

1. 裁判书字号

北京市昌平区人民法院（2016）京0114民初17941号民事判决书

2. 案由：房屋买卖合同纠纷

3. 当事人

原告：焦某泉

被告：刘某飞、白某菊

【基本案情】

北京市昌平区昌平镇水关新村21号楼某房屋的所有权人登记为白某菊。刘某飞系北京宜鑫房地产经纪有限公司（以下简称宜鑫公司）的工作人员。2016年5月30日，经宜鑫公司居间介绍，出卖人刘某飞与买受人焦某泉签订《北京市存量房屋买卖合同》及《补充协议》，约定：出卖人将涉案房屋以166万元的价格出售给买受人。定金10万元，买受人向银行申办抵押贷款，拟贷款金额为140万元。双方还对其他事项进行了约定。合同签订后，焦某泉支付刘某飞购房定金10万元、中介费16600元及买房手续费6300元。

2016年7月13日，白某菊与焦某泉签订《存量房屋买卖合同（经纪成交版）》（即网签合同），办理了网签手续，合同约定的购房款为203万元。2016年7月26日，焦某泉向白某菊支付购房款16万元，白某菊为焦某泉出具了首付款收条。2016年9月，白某菊配合焦某泉到南京银行北京万柳支行办理银行贷款审批手续。2016年11月4日，焦某泉与白某菊申请撤销了上述网签合同，此后双方未重新提交办理网签合同的申请，亦未继续履行合同。焦某泉主张其在与刘某飞签订合同

时，刘某飞提交了房屋所有权证书的照片，并告知其刘某飞系涉案房屋的实际所有权人，白某菊仅为挂名所有权人，根据双方约定，房屋总价款为166万元，扣除其已支付的10万元及拟贷款的140万元，剩余16万元由其与白某菊在办理网签手续时直接支付给白某菊，其与白某菊签订的网签合同约定购房价为203万元是为了提高贷款数额，其申请的银行贷款获批后，双方应办理新的网签合同，但刘某飞及白某菊在之后均拒绝提交办理新网签合同的申请，导致双方合同未能继续履行。焦某泉提交其与刘某飞及其与白某菊的谈话录音予以证实。录音中刘某飞主张其与徐姓合伙人系涉案房屋的实际所有权人，白某菊仅是挂名的所有权人，双方之前把价格高的网签撤了，之后再以低的价格办理网签手续，因房价上涨，故要求焦某泉增加房款30万元。白某菊认可涉案房屋由刘某飞及徐姓合伙人支配，具体房屋交易过程焦某泉只能与刘某飞商量。

【案件焦点】

刘某飞以涉案房屋所有权人的身份与焦某泉签订的《房屋买卖合同》是否有效，该合同是否对白某菊产生法律效力。

【法院裁判要旨】

北京市昌平区人民法院经审理认为：涉案房屋的所有权人为白某菊，焦某泉虽主张涉案房屋的实际所有权人为刘某飞，但刘某飞及白某菊对此均不予认可，焦某泉提交的谈话录音亦不能充分证明其该主张成立，故法院信赖不动产登记簿的效力，确认涉案房屋的所有权人为白某菊。焦某泉与刘某飞就涉案房屋的买卖事宜达成了《北京市存量房屋买卖合同》及《补充协议》，刘某飞在签订上述合同时虽不是涉案房屋登记的所有权人，亦未提交由白某菊签字确认的授权委托书，但在刘某飞与焦某泉就涉案房屋达成买卖合同后，白某菊配合焦某泉办理了买卖涉案房屋的网签手续，收取了焦某泉支付的购房款16万元，配合焦某泉办理了涉案房屋申请银行贷款的相关手续，且焦某泉提交的其与白某菊的谈话录音显示白某菊对刘某飞出卖涉案房屋一事明显知情，且要求焦某泉就合同履行的相关事宜找刘某飞商量，上述事实能够证明白某菊对刘某飞与焦某泉达成房屋买卖合同一事知情且未持异议，应视为其对刘某飞售房行为的追认，故刘某飞与焦某泉就涉案房屋买卖事宜达成的上述协议应视为双方真实意思的表示，未违反法律规定，属合法有效合同，并依法对白某菊产生法律效力，应由白某菊承担相应的法律责任。焦某泉主张双方按照203万元的价格办理网签手续是为了提高银行贷款额度，焦某泉提交的录音可以证实上述事实，故203万元并非双方真实的交易价格，法院确定双方真实的交易价格为166万元。

白某菊与焦某泉签订的网签合同虽已撤销，但网签合同仅是行政机关对房屋交易市场进行管理的行政手段，刘某飞代理白某菊与焦某泉签订的房屋买卖合同并不具备解除事由，白某菊关于其与焦某泉已不存在房屋买卖法律关系的抗辩意见，缺乏依据，法院不予采信。现焦某泉同意代白某菊偿还银行贷款，并以现金形式一次性支付剩余购房款，双方合同具备继续履行的条件，故对焦某泉要求白某菊继续履行房屋买卖合同、配合其办理过户手续并向其交付房屋的诉讼请求，法院依法予以支持。

综上所述，北京市昌平区人民法院依照《中华人民共和国合同法》第四十四条第一款、第六十条第一款、第一百零七条之规定，判决如下：

一、被告白某菊继续履行被告刘某飞与原告焦某泉于2016年5月30日签订的《北京市存量房屋买卖合同》，被告白某菊与原告焦某泉于本判决生效后七日内共同至北京市昌平区×号房屋的抵押贷款银行办理该房屋的提前还款解押手续，所需费用均由原告焦某泉承担；

二、至本判决生效之日，原告焦某泉应付的剩余房款为140万元，在前项手续办理完毕后三日内，被告白某菊协助原告焦某泉办理上述房屋的产权过户手续，将该房屋过户至原告焦某泉名下并将该房屋交付原告焦某泉，如在扣除前项所支付的费用后仍欠付购房款的，原告焦某泉将扣除前项所支付的费用后的剩余房款在过户当日支付给被告白某菊；

三、驳回原告焦某泉的其他诉讼请求。

【法官后语】

本案涉及无权代理行为效力认定的问题。《合同法》第四十八条第一款规定：行为人没有代理权、超越代理权或者代理权终止后以被代理人名义订立的合同，未经被代理人追认，对被代理人不发生效力，由行为人承担责任。本案中，涉案房屋登记在白某菊名下，焦某泉在与刘某飞签订房屋买卖合同时，刘某飞并未取得白某菊的授权即以房屋所有权人的名义与焦某泉签订了合同，刘某飞的行为构成无权代理。刘某飞虽主张其系涉案房屋的实际所有权人，但我国民法就不动产权的确认采纳的是登记主义，即涉案房屋登记在何人名下，即推定该房屋归谁所有。在此情况下，刘某飞并非涉案房屋的登记所有权人，其以房屋所有权人的身份与焦某泉签订的合同依法处于待定状态，除非白某菊事后对刘某飞的代理行为予以追认，否则刘某飞的代理行为依法对白某菊不产生法律效力。

本案中，刘某飞及白某菊的事后行为均能显示白某菊对刘某飞代理其与焦某泉签订房屋买卖一事知情且并未表示反对，应视为白某菊对刘某飞的代理行为进行了追认，表现在：1. 焦某泉提供的录音资料显示其与白某菊协商相关事宜时，白某菊对刘某飞签署合同的行为未提出任何异议，反而一再强调焦某泉应当找刘某飞协商，其就此不发表意见。2. 在二手房交易流程中，网签合同应在签署《北京市存量房屋买卖合同》之后产生，《北京市存量房屋买卖合同》的内容具体、明确、全面，系合同当事人享受权利、履行义务的依据。网签合同为办理过户所必须，网签合同的价款往往与体现买卖双方真实意思的《北京市存量房屋买卖合同》的价款不一致。白某菊未与焦某泉订立新的《北京市存量房屋买卖合同》，即与焦某泉办理网签的行为说明网签行为针对的是焦某泉与刘某飞的合同，同时说明其对于刘某飞代其签署合同行为的认可。3. 在签署网签合同之后白某菊配合焦某泉办理了561号房屋的贷款手续。根据上述事实，可以认定白某菊对刘某飞的无权代理行为进行了追认，根据我国合同法的规定，刘某飞的代理行为有效，涉案房屋的买卖合同依法对白某菊产生法律效力。在合同具备继续履行条件的情况下，焦某泉要求白某菊继续履行刘某飞与其签订的房屋买卖合同的诉讼请求，依法应当得到支持。

编写人：北京市昌平区人民法院　田雅娟

39

无权代理相对人行使撤销权的必要条件

——徐某强诉贺某兵、李某珍房屋买卖合同案

【案件基本信息】

1. 裁判书字号

福建省厦门市中级人民法院（2017）闽02民终5447号民事判决书

2. 案由：房屋买卖合同纠纷

3. 当事人

原告（上诉人）：徐某强

被告（被上诉人）：贺某兵、李某珍

【基本案情】

2017年3月16日，贺某兵（甲方）与徐某强（乙方）签订一份《房地产认购居间协议》（以下简称诉争合同），约定：甲方将坐落于思明区同安路2号之一××室（天鹭大厦）的房屋（以下简称诉争房屋）出售给乙方，总价款10900000元；合同签订当日乙方支付认购定金1000000元；乙方于2017年3月16日向甲方支付40000元（定金），于2017年3月17日前向甲方支付960000元（定金），2017年4月15日前（送件过户当日）向甲方支付2300000元，购房款7600000元由乙方向银行申请按揭支付给甲方；因产权人贺某兵及其配偶未到场，由李某珍代表收取乙方定金，李某珍已征得甲方同意出售此房，李某珍承担此房收取定金的全部法律责任；等等。诉争合同由李某珍代贺某兵签订。厦门市思明区万汇行新华阳光房屋中介经营部居间促成诉争合同签约，三方约定中介费150000元，由徐某强承担。合同签订后，徐某强于2017年3月16日向李某珍支付定金40000元，于2017年3月17日向李某珍支付定金960000元。

2017年4月6日，李某珍应徐某强要求出示诉争房屋不动产权证原件并提供复

印件。其后，徐某强根据不动产权证编码上网查询确认诉争房屋买卖合同已网签备案。

2017年4月13日，徐某强向贺某兵、李某珍发出《关于房屋买卖事宜的沟通函》，要求贺某兵、李某珍于2017年4月15日（星期六）携带身份证、户口本、结婚证、产权证原件以及3月16日之前签署的经公证的委托书到居间人处协商。同日，徐某强在厦门市鹭江公证处公证下向李某珍手机发送了相同内容的信息。

2017年4月17日（星期一），贺某兵、李某珍以及居间方2位工作人员前往市政务服务中心不动产登记中心窗口，等待徐某强办理诉争房屋过户手续。其间，居间方工作人员通过拨打电话、发送短信的方式联系徐某强，但至市政务服务中心下班前徐某强仍未出现。

2017年6月25日，徐某强向贺某兵、李某珍发出律师函称：因未得到贺某兵对诉争合同的追认，视贺某兵拒绝追认诉争合同，其作为善意相对方通知撤销诉争合同。

2017年7月3日，贺某兵、李某珍向徐某强发出律师函称：因徐某强违反合同约定，按照诉争合同第十二条第×项约定，已支付定金应予没收。

2017年7月11日，徐某强至本院起诉贺某兵、李某珍。本案庭审中，贺某兵明确李某珍自始对出售诉争房屋事宜有全权代理权。

另查明，徐某强及其配偶均为银行从业人员。

【案件焦点】

徐某强是否有权依据《中华人民共和国合同法》第四十八条第二款的规定撤销诉争合同。

【法院裁判要旨】

福建省厦门市思明区人民法院经审理认为：享有《中华人民共和国合同法》第四十八条规定的撤销权须满足两个条件：一是主张撤销权人为善意，二是合同未经被代理人追认。本案中，徐某强主张撤销合同不符合上述条件。1. 徐某强非善意相对人。其一，诉争合同载明：“因产权人贺某兵及其配偶未到场，由李某珍代表收取乙方定金，李某珍已征得甲方同意出售此房，李某珍承担此房收取定金的全部法律责任。”可见徐某强是在接受产权人未到场、相信李某珍具有代理权的心理状态下签订诉争合同的。诉争合同还约定李某珍承担定金责任，即便李某珍无权代理，徐某强履行合同具有等同于李某珍有权代理状态下的法律保障。在合同相对方没有违约行为产生的情况下，徐某强要求贺某兵、李某珍出具公证委托书，既无合同上之依据，亦无情势上的必要，反而是对其此前签约行为的悖反。其二，2017年4月17日，亦即诉争合同约定的办理产权过户之日顺延的第一个工作日，贺某兵、李某珍在居间方和证人的陪同下前往市政务服务中心不动产登记中心窗口准备履约，但徐某强在居间方多番联系催促下仍未到场。徐某强及其配偶均为银行从业人员，金融职业特点决定其较普通人具有更丰富的市场交易经验以及更审慎的法律意识。在此情况下，徐某强应当认识到：该日实际上是合同约定的产权过户日，到此日为止出卖方并无违约行为，其未到场可能构成违约；即便质疑李某珍的代理权，也可到场直接确认，而非避而不见。然而徐某强并未到场，应自行承担不利后果。可见，徐某强履行合同过程中存在违反合同约定和不诚信的行为，主观上并非善意。2. 贺某兵以实际行为追认了合同。其一，2017年4月6日，李某珍应徐某强要求出示诉争房屋不动产权证原件并提供复印件，其后徐某强查询确认诉争房屋买卖合同已网签备案。众所周知，不动产买卖合同网签备案须经产权人确认同意。从诉争合同已网签备案的事实，徐某强理应推断贺某兵知悉、认可并履行了诉争合同。贺某兵的履约行为具有追认合同的效果，且该情况已在徐某强知道诉争合同网签备案时为其所获知。上述事实的法律意义为：贺某兵追认诉争合同的意思表示于徐某强知晓诉争合同网签时到达徐某强。其二，2017年4月17日，贺某兵前往市政务服务中心不动产登记中心窗口配合过户，该行为亦表明其知晓认可并依约履行合同。居间方工作人员通过拨打电话、发送短信的方式多番联系徐某强。由于居间方提供的信息足以信任，徐某强理应知晓贺某兵到场准备履约的情况。上述事实的法律意义为：贺某兵追认诉争合同的意思表示于徐某强知晓贺某兵前往不动产登记中心履约时到达徐某强。可见，贺某兵以其实际履约行为追认了诉争合同，其追认的意思表示至少先后两次到达徐某强。综上所述，徐某强不享有《中华人民共和国合同法》第四十八条规定的撤销权，无权撤销诉争合同，对其提出的诉讼请求予以驳回。

福建省厦门市思明区人民法院依照《中华人民共和国合同法》第六条、第六十条第一款、第四十八条等规定，作出如下判决：

驳回徐某强的诉讼请求。

徐某强提起上诉。福建省厦门市中级人民法院经审理认为：一审判决认定事实清楚、适用法律正确，依照《中华人民共和国民事诉讼法》第一百七十条第一款第一项规定，作出如下判决：

驳回上诉，维持原判。

【法官后语】

按照理性经济人假设，每个人是自身利益的最佳判断者和维护者，故非基于本人真意而为的无权代理行为侵害本人利益、无权代理人和相对人从中获益属于常态。实践中，相对人出于履行合同对自己有利的考虑，一般不愿主张撤销无权代理缔结的合同。然而，若相对人对履行合同损益判断从获利预期变为亏损预期，其主张撤销合同的概率大增。此种情况下相对人主张撤销合同的目的在于规避市场风险。通常，对平等自愿缔结的合同所分配的市场风险，法律不支持单方规避或任意转嫁，但对恶意强加的市场风险允许有重新选择的权利。也就是说，法律赋予善意当事人从以欺瞒手段缔结合同的对手恶意强加的市场风险中“解套”的救济途径，《合同法》第四十八条便是例子，其第一款和第二款分别赋予了本人和相对人在无权代理条件下重新选择是否交易的权利。

站在本人的角度，无权代理人没有代理权、超越代理权或者代理权终止时以本人名义缔结合同显属恶意，合同所蕴含的市场风险是未经本人知悉、判断、抉择的，因此本人的追认权是绝对的、不附条件的，本人可自由选择是否承受合同后果。对相对人而言，市场中交易对手的身份往往与交易风险高度关联，有时一桩交易是否达成取决于是否与特定交易对手而为。在无权代理情形下，除非相对人恶意，更多时候无权代理人向相对人隐瞒了本人的真实意思，缔结合同时使相对人认为交易对手是本人。然而客观上交易对手是否为本人却是不确定的，无权代理的本质是无权代理人通过欺瞒交易对手信息的手段诱导相对人订立合同，因此法律也应当相应地赋予相对人重新选择是否交易的权利。由于相对人利益是否因无权代理受损与相对人自身主观心态息息相关，且受制于本人对合同的态度，故法律赋予相对人的重新选择权利（相对人撤销权）限制更加严格。

一、相对人须善意

《合同法》第四十八条第二款对相对人行使撤销权规定的首要条件是相对人善意。现实中相对人对无权代理的主观心态复杂多样，笔者按照善意递减、恶意递增的规律进行梳理：一是完全善意，有合理理由相信有权代理而缔结合同；二是过失善意，对代理权疏于审查，未尽必要的注意义务，应当知道无权代理而缔结合同；三是消极恶意，明知有权代理缔结合同，但故意放任代理瑕疵，以履行合同是否对其有利为标准主张代理效力，以期达到是否履行合同由其操控的目的，笔者将此种心态又称为“机会主义恶意”；四是积极恶意，明知无权代理而缔结合同，甚至存在与代理人恶意串通情形。笔者认为，《合同法》第四十八条第二款的“善意”应作严格解释，仅在相对人完全善意的情况下，相对人方享有撤销权。

本案房屋交易发生在中央和地方房地产调控政策不断加码的过程中，诉争合同签订后房价开始下跌，高价房屋从“一房难求”变为“烫手山芋”。市场波动下购房者徐某强的心态发生了变化，欲利用对方代理行为的瑕疵主张撤销合同，从而达到既避免房价下跌损失又规避违约责任的目的，其主观心态属于典型的“机会主义恶意”。虽然徐某强极力掩饰、否认恶意，但其真意却隐藏在履行合同的种种行为之中，有待裁判者发现和揭示。通过法庭调查发现，徐某强是在接受贺某兵本人未到场、相信李某珍具有代理权的心理状态下签订诉争合同的，诉争合同同时还约定李某珍承担定金责任作为代理瑕疵的风险补偿。至诉争合同约定的办理产权过户之日，徐某强在居间方多番联系催促下未到场配合过户。自始至终出卖方并无违约行为，即便质疑李某珍的代理权，徐某强也可到场直接确认，而非避而不见。可见，徐某强在履行合同过程中存在违约和不诚信行为，主观上并非善意。

二、本人未追认

《合同法》第四十八条第二款对相对人撤销权规定的另一限制条件是必须在本人追认之前行使。追认是本人对无权代理行为事后持肯定态度的意思表示，根据《民法总则》第一百四十二条规定须向相对人作出。意思表示由意思和表示两词组成，其中“意思”为内部要素，体现表意人对特定事项的态度和观点；“表示”为外部要素，是表意人将态度和观点对外传递的行为。按照外观方式的区别，《民法总则》第一百四十条将“表示”分为明示和默示。明示的意思表示是指用口头、书面或数据电文等方式进行表意的行为。默示的意思表示是指通过特定行为传递态度和观点的表意行为，通常是某种积极行为，如向自动售货机投币、扫二维码付款、拍卖举牌等。除法律另有规定，默示同明示具有同样的表意效果，《最高人民法院关于贯彻执行〈中华人民共和国民法通则〉若干问题的意见（试行）》第六十六条便规定："一方当事人向对方当事人提出民事权利的要求，对方未用语言或者文字明确表示意见，但其行为表明已接受的，可以认定为默示。不作为的默示只有在法律有规定或者当事人双方有约定的情况下，才可以视为意思表示。"《民法总则》第一百四十条对此进行了继受。本案中，贺某兵虽未就其追认合同进行明示，但作出以下行为：一是出具诉争房屋产权证原件并提供复印件，二是同意房屋买卖合同网签备案，三是前往不动产登记窗口配合过户。上述行为均系对诉争合同的履约行为，已足够使徐某强确认贺某兵认可诉争合同，应当属于贺某兵默示的追认，徐某强再主张撤销合同于法无据。

综上所述，司法实践中应对相对人撤销权行使的限制条件全面严格审查，特别要注意相对人的"机会主义恶意"，以及依法认定本人的默示追认，防止恶意相对人操控交易、转嫁风险，维护诚信、安全的市场秩序，实现无权代理各方利益平衡。

编写人：福建省厦门市思明区人民法院　郭泽喆

40

中介炒房合同的效力认定

——马某香诉徐某洋等房屋买卖合同案

【案件基本信息】

1. 裁判书字号

上海市奉贤区人民法院（2017）沪0120民初2554号民事判决书

2. 案由：房屋买卖合同纠纷

3. 当事人

原告：马某香

被告：徐某洋、徐某、江某光

第三人：上海富仁房产经纪事务所

【基本案情】

坐落于上海市奉贤区燎原农场燎北村8号××室房屋权利人为被告徐某洋、徐某。2016年11月13日，被告徐某洋、徐某与被告江某光签订《房地产居间合同》约定，被告徐某洋、徐某将系争房屋以420000元出售给被告江某光。还约定，被告江某光为投资，其决定第三方产权证名字，被告徐某洋、徐某必须配合。同日，被告江某光支付被告徐某洋、徐某定金40000元。2016年11月19日，被告徐某洋、徐某与被告江某光签订《补充协议》约定，系争房屋过户完4个月内把户口迁出，留房款80000元，四个月内不迁出作为违约金。2016年11月24日，被告江某光转账给被告徐某300000元。2016年11月26日，原告与被告徐某洋、徐某签订《房地产买卖居间协议》约定，两被告将系争房屋出卖给原告，价格为600000元。2016年11月26日交付首付款300000元，剩余款项为贷款300000元。双方在签订协议后60天完成交易手续。原、被告双方擅自解除合同或不遵守合同约定，应承担违约责任。若原告违约定金不退，做违约处理。若被告违约则赔偿原告双倍定金，作为违约金。当天，原告转账给被告徐某298000元，两被告出具收据，言明收到首付款298000元。双方均确认，由于玻璃破损，扣除2000元。被告徐某又将上述298000元支付给被告江某光。2016年11月27日，原告与被告徐某洋、徐某签订网签合同，合同中约定相关违约责任，并进行了审税，由被告江某光支付了原、被告双方的税款。2016年12月28日，系争房屋被上海市黄浦区人民法院查封。2017年1月5日，被告徐某洋、徐某出具《买卖房屋承诺书》言明，卖家从过户开始之前一切债务都与系争房屋无关，如因卖家出现事务追究法律责任，一切后果由卖家承担。2016年11月26日，原告通过第三人推介与被告徐某洋、徐某签订《房地产买卖居间协议书》约定，原告购买两被告房屋，价格为600000元。首付300000元，尾款300000元贷款。签订合同60天完成交易手续。嗣后原告支付了首付款，被告至今未交房。2016年12月28日，系争房屋被黄浦区人民法院查封。遂请求：1. 解除原告与被告徐某洋、徐某签订的《房地产买卖居间合同协议》；

2. 被告徐某洋、徐某立即返还原告购房款 298000 元；3. 被告徐某洋、徐某支付原告违约金 180000 元；4. 确认被告徐某洋、徐某、江某光签订的《房地产买卖居间协议》无效；5. 被告江某光对上述第 2、3 项诉讼请求承担连带清偿责任；6. 被告徐某洋、徐某、江某光支付原告律师费、保全费、担保手续费。

【案件焦点】

中介以赚取差价为目的并且与卖家约定由其指定实际买房人的所谓居间合同是否有效。

【法院裁判要旨】

上海市奉贤区人民法院经审理认为：被告徐某洋、徐某与被告江某光签订的《房地产居间合同》系双方真实意思表示，合法有效。原告认为上述协议存在欺诈而无效，但未提供所谓欺诈证据，且结合三被告之间钱款给付情况、交易情况、过程等，原告上述合同系事后补签存在欺诈的说法本院难以采信。被告徐某洋、徐某坚持其与原告签订合同系履行与被告江某光之间的协议约定，履行配合义务，被告江某光在庭审中也认可其系实际出卖人，但原告及三被告均确认，三被告从未将被告江某光系实际出卖人一事告知原告，被告徐某洋、徐某与原告签订合同，并由被告徐某收取购房款，故原告亦无从知晓被告江某光系实际出卖人。在上述买卖合同关系中，被告江某光作为隐名出卖人，被告徐某洋、徐某作为隐名代理人，原告具有选择权，庭审中经本院释明，原告坚持按照合同追究合同相对方即被告徐某洋、徐某责任，于法无悖。现系争房屋被查封，导致合同无法履行，原告要求解除与被告徐某洋、徐某的买卖合同关系的诉讼请求，本院予以支持。合同解除后，被告已经收取的房款应当予以返还。合同解除系争房屋被查封致使合同履行不能，被告理应承担相应责任。原告主张按照合同约定，以定金作为违约金，其酌情主张 180000 元。但原、被告居间合同中，关于定金已经予以划去，虽然原告辩称，其不清楚上述状况，但其所持合同中定金条款亦予以划去且其支付的款项，被告收条上也明确为首付款，故原告以定金 300000 元酌情主张违约金，于法无据。但被告违约行为确实给原告造成实际损失，且被告江某光以中介身份参与了原告与被告徐某洋、徐某交易过程，其作为专门从事居间业务的人员，且作为格式合同提供人，在其本人与被告徐某洋、徐某的买卖合同中明确约定了违约金数额，但在本人作为隐名出卖人的合同中却划去相关定金，对原告显属不公，本院参照原告实际损失及网签合同的违约金约定酌情确定，被告赔偿原告违约金84000元。被告徐某洋、徐某作为隐名代理人承担责任后，在代隐名出卖人被告江某光承担责任范围内有向其追偿的权利。原告还主张被告江某光因恶意串通、欺诈承担连带责任，于法无据，本院难以支持。综上，判决：

一、解除原告马某香与被告徐某洋、徐某于2016年11月26日签订的《房地产买卖居间协议》；

二、被告徐某洋、徐某于本判决生效之日起十日内返还原告马某香购房款298000元；

三、被告徐某洋、徐某于本判决生效之日起十日内支付原告马某香违约金84000元；

四、驳回原告马某香的其他诉讼请求。

【法官后语】

伴随着近几年房产市场的持续膨胀，中介炒房的现象愈演愈烈，中介买房囤房之后再高价卖出早已成为老百姓耳熟能详的事情，司法裁判需要通过判例避免助长炒房风气的同时亦需要注意交易的稳定性并给予社会一定的价值引导。

一、“炒房合同”的效力认定

（一）炒房行为的认定

本案体现的所谓“炒房”，即中介先与卖家订立买卖合同并约定由其决定转卖的下家，再以中介身份促成卖家与真正实际卖家订立合同之后直接由卖家将房屋过户给真正买家最终达到低买高卖赚取高额差价的目的。

在实现赚取差价的这一整个过程中势必涉及两个或两个以上的合同，以本案为例，被告江某光作为中介首先与被告徐某洋父子签订《房地产买卖居间协议》再促成徐某洋与原告马某香签订《房地产买卖居间合同协议》，此时两个合同是否有效，以及前后两个行为如何认定，三方之间的法律关系又该如何认定是解决本案纠纷的核心问题。

（二）中介与出卖人订立的合同效力

首先，被告江某光虽与徐某洋父子签订的是《房地产买卖居间协议》，但根据合同内同来看，江某光并非作为中介而是实际买受人，合同内容亦是关于房屋买卖的约定，因此江某光与徐某洋父子之间本质上是买卖关系而非居间关系。这样一份表明了购买目的是投资并且双方约定由“中介”指定下家的房屋买卖合同是否有效在实践中确实存有争议。

违背公序良俗说。实践中有人认为中介炒房的行为扰乱经济秩序，违背公序良俗，因此此类以炒房为目的的合同应当无效。但因公序良俗并不是确定的法律概念，亦没有明确的构成要件，司法实践中亦不轻易以此原则来直接认定合同无效。中介通过低买高卖的方式赚取差价确实有损正常的房产交易秩序，但难以上升至违背公共秩序或善良风俗，直接将合同轻易以此为由认定为无效恐不利于维护市场交易的稳定性。

非真实意思表示合同不成立说。亦有实践观点认为，“中介与出卖人签订合同只是先占有房屋的购买机会，同时另寻买主，并非真实要购买房屋，签订买卖合同并非真实意思表示故而合同不成立；炒房人行为有违诚实信用原则，故依法不予保护。”我国合同成立的一般要件是合同双方就合同的主要条款达成合意，而合意原则上是指双方当事人表示内容的一致，对合同条款在客观上意思表示一致。中介与出卖人订立合同时出卖方明知并且同意由中介先买下房屋并且由其决定转卖人，在这样的买卖合同中一方具有购买的意思表示而另一方具有出卖的真意即足矣，因此以意思表示并非真实为由否定合同的成立未免牵强。

（三）出卖人与实际买受人订立的合同效力

徐某洋父子与实际买受人原告签订合同时确实没有告知其已经将房屋卖给中介江某光，隐瞒了江某光是实际出卖人的事实，但是房屋并没有过户，依据物权法的规定，徐某洋父子依然是房屋真正的权利人，而实际买受人亦是基于向真正权利人购买房屋的意思签订的合同，徐某洋父子的行为难以被认定为欺诈，双方之间合同亦是合法有效的。

综上，虽然在住房与城乡建设部的《房地产经纪管理办法》中明确规定“房地产经纪机构和房地产经纪人员不得对交易当事人隐瞒真实的房屋交易信息，低价收进高价卖出房屋赚取差价”，但该文件并不能成为认定合同无效的效力性强制性规定。尤其是如本案中的江某光作为中介却并不在合同中表示其作为中介的身份，因此中介以炒房为目的的合同在当前实践中尚且难以被轻易判定为无效。

二、三方之间法律关系的认定以及买受人权益救济

中介在隐瞒实际身份情况下与实际买受人、出卖人三方法律关系究竟该如何认定。我国《民法通则》第六十五条第二款规定："书面委托代理的授权委托书应当载明代理人的姓名或者名称、代理事项、权限和期间，并由委托人签名或者盖章。"《民法总则》第一百六十五条亦同样规定："委托代理授权采用书面形式的，授权委托书应当载明代理人的姓名或者名称、代理事项、权限和期间，并由被代理人签名或者盖章。"因此，我国大部分学者认为我国民法将代理权授予行为定性为单方法律行为只需要被代理人就代理权的授予作出单方意思表示即可。本案中，被告江某光隐瞒自己身份并且在自认其是实际出卖人的情况下，其又促成原告与被告徐某洋父子即房屋权利人订立买卖合同，包含着其作为隐名出卖人将出卖事宜委托给徐某洋父子的意思表示，徐某洋父子亦自认其与原告签订的合同是为了履行与江某之间的协议，即相当于是接受江某光的委托与原告签订合同，因此参照适用《合同法》第四百零三条隐名代理的规定，当实际买受人因代理人遇到履行障碍时赋予其选择权，经过法院释明，有权选择违约请求权主张的对象，以保障其权益。

编写人：上海市奉贤区人民法院　陈婉青

八、房屋确权纠纷

41

夫妻一方将婚后登记在己方名下的房屋对外出售后死亡对无权处分的认定及合同履行的影响

——周某诉张某义等房屋买卖合同案

【案件基本信息】

1. 裁判书字号

上海市第一中级人民法院（2017）沪01民终774号民事判决书

2. 案由：房屋买卖合同纠纷

3. 当事人

原告（被上诉人）：周某

被告（上诉人）：张某义、徐某云、丁某英、张某生、张某轩

【基本案情】

张某庆与被告丁某英于1988年登记结婚。2003年，张某庆购买位于上海市闵行区普洱路88弄1号××室房屋，并与第三人中国民生银行上海闵行支行签订《个人住房抵押借款合同》申请按揭贷款29.9万元。2005年5月18日，涉案房屋产权登记在张某庆名下。

2015年10月19日，原告向张某庆支付购房定金10万元。2015年10月23日，原告与张某庆签订《上海市房地产买卖合同》，约定原告以总价229万元购买涉案房屋，过户时间和交房时间均为2016年2月5日前。签约当日，原告应付首付款

66万元（含已付定金），张某庆应于签约后七日内归还尚欠贷款并取得注销抵押材料。2015年12月23日前，原告应付第二期款3万元。张某庆需配合原告申请贷款，手续备齐时双方申请过户。待房地产交易中心出具过户后的产权证及贷款银行为抵押权人的他项权利证明后，原告应委托贷款银行支付第三期款160万元。收到全额房款后三日内，双方办理房屋交接手续。同日，双方还签订《房屋买卖补充协议》，约定实际上房东到手价为220万元，其余9万元为预付的税费，多退少补。签约后，原告按期支付了房款66万元，但张某庆尚未还清原有贷款也未涤除抵押。

庭审中，原告申请证人作证第二期款的支付时间系预估的，讲好在办理贷款和房东本人见面时当面支付。后因双方都较忙，通过中介从中联络口头推迟见面时间。中介在2015年12月25日左右与张某庆敲定于2016年1月3日或4日在上海见面。

2016年1月1日，张某庆因病突发死亡被注销户口。之后，原告与五被告（系张某庆的法定继承人）多次协商无果，原告遂起诉要求：1. 判令五被告立即偿还涉案房屋的贷款；2. 判令第三人在五被告还清全部贷款后立即办理涤除设定在涉案房屋上的抵押手续。3. 判令五被告立即配合原告办理涉案房屋的产权过户手续；4. 判令五被告立即交付涉案房屋。

【案件焦点】

1. 原告与张某庆签订的《上海市房地产买卖合同》是否合法有效。张某庆是否无权处分涉案房屋；2. 原告未于2015年12月23日支付第二期房价款3万元是否构成违约；3. 张某庆死亡后，涉案房屋买卖合同是否可以继续履行。

【法院裁判要旨】

上海市闵行区人民法院经审理认为：原告与张某庆就涉案房屋签订的合同，系其真实意思表示，合法有效。作为房屋共有人的丁某英是知晓并同意出售该房屋的，张某庆签署合同并非无权处分，故该合同可以发生物权变动的效力。就第二期房款支付时间，中介证实双方协商一致，变更了合同约定，直至张某庆突然死亡，原告没有机会向被告当面支付该款。且张某庆并未先归还尚欠第三人的贷款，属违约在先，故即便如五被告所述原告构成违约，五被告亦不享有合同解除权。现因张某庆死亡，张某庆的法定继承人亦负有履行义务并享有收取剩余房款的权利。本院充分理解五被告痛失至亲的心情，望五被告本着诚实信用原则，继续履行涉案房地产买卖合同，向第三人归还剩余抵押贷款。现第三人亦表示在上述贷款归还后，同意配合办理涤除设定在涉案房屋上的抵押登记手续。现原告的诉请，符合合同约定，本院予以支持。鉴于原告目前已将剩余房款163万元（含预估的9万元税费）交至本院。为避免诉累，本院对原告应支付五被告的后续房款一并作出处理。

上海市闵行区人民法院依照《中华人民共和国合同法》第六条、第一百零七条、第一百三十五条规定，判决如下：

一、五被告于本判决生效之日起十日内向第三人归还全部贷款本息（具体金额以银行当日借款流水账目为准）。若届时五被告不能归还，则由原告代为清偿；

二、第三人于上述贷款清偿之日起三日内注销设定在涉案房屋上的他项权利；

三、原告于上述房屋抵押登记涤除后三日内向五被告支付房款3万元。同日，五被告协助原告将上述房屋产权办理过户至原告名下，过户期间发生的相关税费等费用，全部由原告负担；

四、原告于房地产交易中心出具原告为产权人的房地产权证的当日向五被告支付剩余房款151万元；

五、五被告于收到上述全部款项后三日内，将涉案房屋交付原告。

张某义、徐某云、丁某英、张某生、张某轩五人提起上诉。

上海市第一中级人民法院经审理认为：张某义等五人上诉的主要理由一是认为张某庆出售涉案房屋未经共有权人丁某英同意，属无权处分而不能发生物权变动的效力，二是周某未在2015年12月23日前支付第二期房款30000元构成违约且已达到合同约定的解除条件。对此，因张某义等五人的上诉主张亦是其一审时的答辩意见，而一审法院已经有针对性地、详尽地阐述了张某义等五人上述主张不能成立的理由，对此予以认同且不再赘述。二审期间，张某义等五人并未提供新的、切实的证据足以推翻一审法院的认定，故对其上诉诉请不予支持。综上所述，张某义等五人的上诉请求不能成立，应予驳回；一审判决认定事实清楚，适用法律正确，应予维持。上海市第一中级人民法院依照《中华人民共和国民事诉讼法》第一百七十条第一款第一项之规定，判决如下：

驳回上诉，维持原判。

【法官后语】

本案所涉法律问题较为复杂，不仅有出售的房屋负有抵押对于贷款银行的地位认定及贷款合同的处理，还有合同一方死亡后合同履行问题，以及夫妻一方出售共有房屋是否涉及无权处分等问题。处理本案核心在于，如何理解夫妻一方将登记在己方名下的共有房屋对外出售的情形，现仅结合本案具体情况，做一梳理。

一、婚后购买的登记在一方名下的房屋的权属认定

现实生活中，夫妻双方将婚后购房仅登记在一方名下的情形不在少数。根据婚姻法相关规定，婚姻关系存续期间取得的财产属于夫妻共有财产，不因不动产登记簿上未登记另一方配偶的名字就否定该配偶对房屋的物权。

二、产权登记人以自己名义与买受人签订出售合同的效力

在审判实践中，配偶方多以产权登记人未取得配偶同意出售共有房屋属于无权处分作为合同效力的抗辩。然而，无权处分并非合同无效的法定情形，不引起合同无效的后果。故产权登记人以自己名义签订的房屋买卖合同，仍属有效。当然，无权处分的合同客观存在履行上的障碍，难以引起物权变动的效果。

三、判断是否属于无权处分的举证责任分配

由于出卖人系以单独产权人的身份订立合同，若要求买受人均负有查询出售方婚姻状况的义务未免强人所难。实践中，配偶一方多以出售时未经其同意为由主张无权处分，本案中，因产权登记人死亡，按案情一度陷入“死无对证”的僵局。我们认为，产权登记人单方处分夫妻共有房屋，应先由买受人对出卖人取得授权或具有表见代理的情形加以举证。一般而言，可综合考虑配偶一方是否参与挂牌，价格磋商、收取房款以及夫妻是否共同居住等因素。本案中，因产权登记人一家均生活在外省，这无疑又给认定增添了几分难度。

综上，婚姻法范畴下对夫妻共有财产的保护，以及合同法范畴下对民商事交易稳定的维护，系审判人员需考量的问题。若一味强调共有人权利，势必损害市场交易，反之，一味强调合同履行，又将损害夫妻共同财产，引起权利失衡及社会不稳定。审理中，应根据具体案情，审慎裁判。

编写人：上海市闵行区人民法院　陈春芳　林舒

九、定金与违约金

42

当事人请求增加违约金的数额应以实际损失额为限

——韩某芬诉北京京大昆仑房地产开发有限公司商品房预售合同案

【案件基本信息】

1. 裁判书字号

北京市第二中级人民法院（2017）京02民终8564号民事判决书

2. 案由：商品房预售合同纠纷

3. 当事人

原告（被上诉人）：韩某芬

被告（上诉人）：北京京大昆仑房地产开发有限公司（以下简称京大昆仑公司）

【基本案情】

2012年8月1日，韩某芬（买受人）与京大昆仑公司（出卖人）签订《商品房预售合同》约定：房屋坐落为丰台区岳各庄5号住宅楼2层××号，该房号为暂定编号，该商品房的用途为商业、配套公建；预测建筑面积248.13平方米，房屋总价款7443900元；买受人可以首期支付购房总价款的50%，3723900元于2012年8月1日前付清，其余价款3720000元可以向建设银行借款支付；第十二条：交付条件：出卖人应当在2013年6月30日前向买受人交付该商品房；该商品房交付时应当符合下列条件：该商品房已取得规划验收批准文件和建筑工程竣工验收备案表，有资质的房产测绘机构出具的该商品房面积实测技术报告，满足出卖人承诺的市政基础设施和其他设施达到的条件，出卖人已取得了该商品房所在楼栋的房屋权属证明；该商品房达到第十二条约定的交付条件后，出卖人应当在交付日七日前，书面通知买受人办理交接手续的时间、地点以及应当携带的证件，双方进行验收交接时，出卖人应当出示第十二条约定的证明文件，并满足第十二条约定的其他条件，出卖人不出示证明文件或者出示的证明文件不齐全，或未满足第十二条约定的其他条件的，买受人有权拒绝接收，由此产生的逾期交房责任由出卖人承担；出卖人未按约定期限和条件将该商品房交付买受人的，逾期超过120日后，买受人有权退房，买受人要求继续履行合同的，合同继续履行，自约定的交付期限届满之次日起至实际交付之日止，出卖人按日计算向买受人支付全部已付款万分之一的违约金，并于该商品房实际交付之日起60日内向买受人支付违约金；出卖人支付的违约金累计不超过商品房总价款的2%。上述合同签订后，韩某芬支付了50%购房款3723900元，缴纳了税款，但双方至今未办理涉案房屋交接手续。韩某芬认为京大昆仑公司长达三年未向其交付房屋，其购买的是商铺，逾期交房给其造成重大损失，合同约定京大昆仑公司支付的违约金累计不超过房屋总价款的2%，违约金约定标准过低，不足以弥补其方损失，现起诉要求按照同时期房屋市场租金标准计算逾期交房违约金。韩某芬提供北京建亚恒泰房地产评估有限公司于2017年2月28日出具评估报告，报告载明涉案房屋在韩某芬主张的违约期间市场租金为：2013年19.6万元，2014年41.16万元，2015年43.45万元，2016年45.74万元，2017年6.52万元，以上合计156.47万元。

【案件焦点】

1. 按合同约定标准计算的违约金是否足以弥补韩某芬的损失；2. 若予以调整，违约金数额如何确定。

【法院裁判要旨】

北京市丰台区人民法院经审理认为：本案中的《商品房预售合同》系双方当事人真实意思表示，不违反法律、行政法规的强制性规定，应为合法有效，双方当事人均应当依照合同的约定履行各自义务。合同签订后，京大昆仑公司未按合同约定于2013年6月30日前交付房屋，显属违约，应当承担违约责任。韩某芬主张违约金的期间为2013年6月30日起至2017年1月9日起诉时止，京大昆仑公司认可此期间房屋未能交付的事实。韩某芬主张合同约定的违约金过分低于其所受损失，要求法院予以调整，应按涉案房屋市场租金标准计算。因涉案房屋系商铺，房屋逾期交付，致使韩某芬无法经营使用或出租房屋获益，造成损失，韩某芬提交其自行委托评估机构出具的涉案房屋市场租金评估报告证明其损失。因京大昆仑公司违约时间较长，但依据双方合同约定，被告承担的违约责任上限为总房款的2%，即148878元，明显过低，故法院依据违约时间，参考市场租金价格，公平原则等对违约金数额予以酌定。

北京市丰台区人民法院依照《中华人民共和国合同法》第六十条、第一百一十四条，《最高人民法院关于审理商品房买卖合同纠纷案件适用法律若干问题的解释》第十六条之规定，作出如下判决：

一、北京京大昆仑房地产开发有限公司于本判决生效之日起七日内向韩某芬支付位于北京市丰台区岳各庄5号住宅楼2层××号房屋逾期交房违约金75万元；

二、驳回韩某芬的其他诉讼请求。

京大昆仑公司不服一审判决，提出上诉。北京市第二中级人民法院经审理认为：京大昆仑公司逾期交房的违约事实明确，该公司应当承担违约责任。根据《中华人民共和国合同法》第一百一十四条第二款之规定，约定的违约金低于造成的损失的，当事人可以请求人民法院予以增加。《最高人民法院关于适用〈中华人民共和国合同法〉若干问题的解释（二）》第二十八条规定，当事人依照合同法第一百一十四条第二款的规定，请求人民法院增加违约金的，增加后的违约金数额以不超过实际损失额为限。本案涉诉房屋用途系商业用房，具有较大的商业价值，京大昆仑公司逾期交房，客观上造成韩某芬无法实际经营或出租获利，韩某芬主张的京大昆仑公司未能按期交房造成其租金收益损失，北京市第二中级人民法院认为应属合理损失范围。根据双方合同约定，京大昆仑公司应支付的违约金累计不超过商品房总价款的2%，即148878元。韩某芬诉讼中主张该合同约定的违约金低于其实际损失，并提供相关评估报告予以佐证。北京市第二中级人民法院在衡量违约金数额时主要以韩某芬客观的损失为基础，同时兼顾合同的履行情况、违约时间、当事人过错程度以及预期利益并结合公平原则等综合因素予以分析，认为涉案合同约定的违约金低于韩某芬的客观损失，韩某芬要求调高违约金的请求应予支持，一审法院酌情确定的75万元的违约金数额合理，本院予以确认并维持。

北京市第二中级人民法院依照《中华人民共和国民事诉讼法》第一百七十条第一款第一项之规定，作出如下判决：

驳回上诉，维持原判。

【法官后语】

在房屋买卖合同纠纷的审理中，违约金的支付问题常常是双方当事人争议的焦点问题。《最高人民法院关于当前形势下审理民商事合同纠纷案件若干问题的指导意见》第六条规定：“……应当根据合同法规定的诚实信用原则、公平原则，坚持以补偿性为主、以惩罚性为辅的违约金性质……”因此，中国现在施行的是以补偿性为主、惩罚性为辅的违约金制度。

赔偿性违约金用于填补违约损害之功能，其数额的认定有可参考的标准。《最高人民法院关于适用〈中华人民共和国合同法〉若干问题的解释（二）》第二十九条第一款规定：“当事人主张约定的违约金过高请求予以适当减少的，人民法院应当以实际损失为基础，兼顾合同的履行情况、当事人的过错程度以及预期利益等综合因素，根据公平原则和诚实信用原则予以衡量，并作出裁决。”根据《合同法》第一百一十四条第二款规定，约定的违约金低于造成的损失的，当事人可以请求人民法院予以增加。这里的“损失”依据《最高人民法院关于适用〈中华人民共和国合同法〉若干问题的解释（二）》可以得出属于“实际损失”。而关于实际损失的确定，有几点需要注意，首先，它应当是受法律保护的权益。其次，这种损失是违约人的违约行为而直接导致的，意味着违约行为与违约损失之间有因果关系。如果与违约行为无关的损害，不能够算在损害赔偿之中。用违约金的数额与实际损失进行比较，如果过分高于或者低于实际损失，法院依据当事人的申请即可能对违约金数额进行调整。

《德国民法典》第三百四十三条规定：“在判断违约金是否适当时，应当考虑债权人的一切合法利益，而不仅仅是考虑财产利益。”可见，德国法这一原则性规定要求法官在确定违约金数额是否需要调整时，应当从多方面考虑。《最高人民法院关于适用〈中华人民共和国合同法〉若干问题的解释（二）》中也规定了对违约金数额进行确定时，需要综合考虑其他因素，如当事人的过错、合同履行的情况、预期利益和寻求替代交易的难易程度等。这将更有利于坚持公平公正原则，实现违约金调整的根本目的。

本案中，韩某芬与京大昆仑公司所交易房屋系商铺，京大昆仑公司超过合同约定时间未向韩某芬交房，致使韩某芬无法经营使用或出租房屋获益，造成损失。且京大昆仑公司违约时间较长，双方当事人合同中所约定的违约责任上限为房款的2%，即148878元，明显过低，不足以弥补韩某芬因对方违约行为所遭受的损失。法院正是依据了违约时间、市场租金价格等，同时遵循公平原则对违约金数额综合予以考虑，酌定为75万元，是公平合理的。

编写人：北京市第二中级人民法院　蒋春燕

43

当事人在违约发生后约定的赔偿款项能否适用违约金调整规则

——曾某诉陈某霜、李某城房屋买卖合同案

【案件基本信息】

1. 裁判书字号

福建省厦门市中级人民法院（2017）厦02民终511号民事判决书

2. 案由：房屋买卖合同纠纷

3. 当事人

原告（被上诉人）：曾某

被告（上诉人）：陈某霜

被告：李某城

【基本案情】

2016年5月29日，陈某霜与曾某在东篱公司居间下订立《房产买卖协议书》，约定陈某霜将位于厦门市集美区东安北里3号××室的房产出卖给曾某；签订合同当日买方应支付购房定金20万元；违约方应赔偿守约方含律师费在内的多项损失。

同日，曾某支付陈某霜定金20万元。2016年6月29日，曾某、陈某霜、李某城订立《协议书》，就履行前述《房产买卖协议书》过程中出现问题进行协商处理，约定两被告于2016年7月1日24时前向原告支付454800元（包含双倍定金400000元、中介费39800元、承诺书违约金10000元、律师费5000元）；如两被告未如期支付，每逾期一日支付协议总金额的5‰作为违约金；原告暂不追究两被告的刑事责任和违约责任。李某城庭审中确认如果违约，同意支付律师费。

【案件焦点】

当事人在违约发生后约定的赔偿款项能否适用违约金调整规则主张调低。

【法院裁判要旨】

福建省厦门市集美区人民法院经审理认为：陈某霜和李某城以《协议书》的方式确认违约，且同意于2016年7月1日前支付454800元，属于双方在违约事实发生之后对违约损失的清算和确认，并非约定如发生违约时违约责任如何确定，故不适用违约金调整原则。原告主张两被告依约支付454800元，于法有据，本院予以支持。双方约定，如两被告未如期支付上述款项，应按日5‰支付违约金，两被告抗辩违约金过高。本院认为，上述违约金计算标准已达到年182.5%，在双方已就违约损失进行清算确认的情况下，被告拒不付款给原告造成的系资金占用损失，上述标准明显过高，本院依法予以调整，酌定为按年24%计算，从逾期之日（2016年7月2日）起算至实际支付之日止。陈某霜与曾某订立的房屋买卖合同中约定违约方应承担律师费，李某城亦确认如违约同意承担律师费，故原告主张两被告赔偿本案律师费损失20000元，于法有据，本院予以支持。第三人东篱公司经本院合法传唤，无正当理由拒不到庭参加诉讼，不影响本案的审理。

福建省厦门市集美区人民法院依照《中华人民共和国合同法》第一百零七条、第一百一十四条，《中华人民共和国民事诉讼法》第六十四条第一款，《最高人民法院关于适用〈中华人民共和国民事诉讼法〉的解释》第二百四十条之规定，判决：

一、被告陈某霜、李某城应于本判决生效之日起十日内偿付原告曾某454800元及相应违约损失（从2016年7月2日起，计算至实际偿付之日止，按年利率24%计算）；

二、被告陈某霜、李某城应于本判决生效之日起十日内赔偿原告曾某律师费损失 20000 元；

三、驳回原告曾某的其他诉讼请求。

陈某霜持原审意见提起上诉。

福建省厦门市中级人民法院经审理认为：陈某霜与李某城以《协议书》的形式确认了因无法履行房屋买卖合同对曾某应承担的违约责任。《协议书》系各方当事人的真实意思表示，陈某霜主张其对《协议书》内容并不知悉，其无须承担相应的赔偿责任，以及系曾某先违约的主张，均缺乏相应的事实和法律依据。陈某霜并无证据证明《协议书》约定违约金数额过高，故各方当事人应依约履行。至于陈某霜与李某城之间的约定，并不能对曾某产生约束力。陈某霜主张的缺乏社会经验亦不能作为免除责任的合法事由。《协议书》约定的逾期支付的违约金标准，原审法院已依法作了调低。故陈某霜的上诉请求，缺乏事实和法律依据。一审判决认定事实清楚，适用法律正确，应予维持。福建省厦门市中级人民法院依照《中华人民共和国民事诉讼法》第一百七十条第一款第一项规定，判决如下：

驳回上诉，维持原判。

【法官后语】

一、违约事实发生后当事人确定的赔偿款项不属于违约金

《合同法》第一百一十四条第一款规定："当事人可以约定一方违约时应当根据违约情况向对方支付一定数额的违约金，也可以约定因违约产生的损失赔偿额的计算方法。"该条规定的违约金属于双方在订立合同时对将来发生损失金额的预定，即约定之时违约事实尚未发生，可实现防止违约发生时守约方负担过重的损失数额举证责任效果。违约金，是由当事人约定的或者法律直接规定的，在一方当事人不履行或者不完全履行合同时向另一方当事人支付一定数额的金钱或者其他给付。赔偿性违约金是当事人双方预先估计的损害赔偿总额，又叫作损害赔偿额的预定。

本案中，陈某霜与曾某于 2016 年 5 月 29 日订立《房产买卖协议书》，约定陈某霜将位于厦门市集美区东安北里 3 号 ×× 室的房产出卖给曾某。曾某、陈某霜、李某城于 2016 年 6 月 29 日订立《协议书》，就履行前述《房产买卖协议书》过程中出现的问题进行协商处理，约定两被告于 2016 年 7 月 1 日 24 时前向原告支付 454800 元（包含双倍定金 400000 元、中介费 39800 元、承诺书违约金 10000 元、

律师费5000元)。显然上述《协议书》是因陈某霜违反《房产买卖协议书》实际发生后双方对购房合同权利义务进行清算而订立，该协议中约定的陈某霜支付454800元赔偿款项，不属于损害赔偿的预定，而属于双方对实际损害赔偿的确定，性质上与违约金有根本的区别。

二、违约事实发生后当事人确定的赔偿款项不适用违约金调整规则

《合同法》第一百一十四条第二款规定："约定的违约金低于造成的损失的，当事人可以请求人民法院或者仲裁机构予以增加；约定的违约金过分高于造成的损失的，当事人可以请求人民法院或者仲裁机构予以适当减少。"违约金在性质上属于损害赔偿的预定，但预定的金额与实际损失的金额可能不一致，甚至相差悬殊，故该款规定了违约实际发生后预定的违约金和实际损失有偏差时的调整规则，即低于实际损失的当事人可以请求增加，过分高于损失的可以请求减少。故该调整规则的根本原理在于，订立合同和实际违约时各方当事人据以评判的环境、条件和情况已发生巨大变化，预估的损失和实际损失不可能总是相符，故应允许以实际损失为标准进行相应调整。而违约损失发生后当事人确定赔偿款项，是违约已经实际发生时所为，当事人据以确定的环境、条件和情况已经固定，其由此确定的赔偿款项，不能适用《合同法》第一百一十四条第二款规定违约金的调整规则。本案中曾某、陈某霜、李某城在《协议书》中约定曾某、陈某霜于2016年7月1日24时前向原告支付454800元。两被告据以判断的环境、条件和情况已经确定无疑，其完全可以根据《房产买卖协议书》中房屋的价值、违约责任等内容约定，对方交付款项的金额等情况与对方协商确定损害赔偿金额。在此基础上确定支付454800元款项，其抗辩属于违约金且过高，没有法律依据。

三、违约事实发生后当事人确定的赔偿款项无阻却事由的应予支持

如果违约事实发生后当事人确定的赔偿款项确有明显不公，是否有阻却条款适用的事由？笔者认为，违约事实发生后当事人确定的赔偿款项，不适用违约金的调整规则，但双方在协议中约定该赔偿款的行为，性质上仍属于合同。故该约定仍适用合同法规定的阻却事由，如合同是否无效，合同有无欺诈胁迫、乘人之危、显失公平等可变更、可撤销的情形。经审查没有上述阻却事由的，当事人应当遵守契约依约履行。本案中被告陈某霜、李某城并未举证证明确定赔偿款项的约定有无效或可变更、可撤销的情形，故原告主张依照《协议书》约定的金额支付赔偿款项应当予以支持。

编写人：福建省厦门市集美区人民法院 余巍

44

商用房逾期交付及违约金的认定

——黄某辉等诉无锡市金顺房地产开发有限公司商品房销售合同案

【案件基本信息】

1. 裁判书字号

江苏省无锡市中级人民法院（2017）苏02民终4490号民事判决书

2. 案由：商品房销售合同纠纷

3. 当事人

原告（被上诉人）：黄某辉、薛某红、黄某灵

被告（上诉人）：无锡市金顺房地产开发有限公司（以下简称金顺公司）

【基本案情】

2014年1月23日，金顺公司（出卖人）与黄某辉、薛某红、黄某灵（买受人）签订合同，约定三人购买金顺公司开发的商用商品房屋，买受人并按约实际支付了购房款484873元。合同约定，出卖人应在2014年5月1日前将符合约定的商品房交付买受人使用；出卖人应当书面通知买受人办理交付手续；出卖人逾期交房超过90日后，买受人有权解除合同，买受人要求继续履行合同的，合同继续履行，出卖人自约定的最后交付期限的第二天起至实际交付之日止按日向买受人支付已交付房价款万分之一的违约金。黄某辉（甲方）另与无锡市金和物业经营管理有限公司（乙方，以下简称金和公司）签订了委托经营管理协议书一份，约定甲方购买的上述商铺，委托乙方从2014年5月1日起至2024年4月30日止进行出租和经营管理，甲方自愿放弃前3年向乙方收取任何形式的经营收益等。2017年6月14日，金顺公司向黄某辉等三人开具了购房发票，并向黄某辉等三人发出书面通知，通知房屋交付和办理房产证。

黄某辉等三人认为金顺公司未向其发出过书面收房通知，故请求判令金顺公司

自2014年5月2日起至实际交付之日止按已付房款每日万分之一计算的违约金。金顺公司抗辩其已于2014年5月1日向金和公司交付了房屋，且黄某辉三人并未遭受损失，不同意支付违约金，且认为违约金主张过高。

【案件焦点】

1. 逾期交付的认定；2. 违约金的确定。

【法院裁判要旨】

江苏省无锡市锡山区人民法院经审理认为：双方商品房买卖合同并未约定向第三方交付，金顺公司在审理过程中并未提供证据证明向金和公司交付房屋的情况，故应认为金顺公司确存在逾期交付房屋的行为。金顺公司所辩黄某辉等三人并未遭受损失，主张的违约金过高，一审法院认为双方商品房买卖合同约定违约情形下应由违约方支付违约金，且约定的违约金计算标准不属过高，即使委托经营管理协议书约定黄某辉等三人在一定期限内放弃向第三方收取任何形式的经营收益，不影响向金顺公司依据商品房买卖合同主张违约金。

江苏省无锡市锡山区人民法院依照《中华人民共和国合同法》第一百一十四条之规定，判决如下：

一、金顺公司于本判决生效后十日内向黄某辉、薛某红、黄某灵给付55227元；

二、驳回黄某辉、薛某红、黄某灵的其他诉讼请求。

后金顺公司上诉至江苏省无锡市中级人民法院，并在二审审理过程中提供了竣工证明书和金和公司的情况说明，用以证明案涉房屋已于2014年5月1日前竣工验收，并在2014年4月30日前交付给了金和公司。

二审法院认为双方签订的商品房买卖合同约定，金顺公司应于2014年5月1日前交付案涉房屋，该交付指办理验收交接手续，出示相关证明文件并签署房屋交接单，但金顺公司直到2017年6月14日才通知黄某辉、薛某红、黄某灵办理房产证，显属违约，应承担相应的违约责任。金顺公司在二审中提供的竣工证明书以及金和公司的情况说明，不能证明已在合同约定的期限内履行了约定的交付行为。故江苏省无锡市中级人民法院依照《中华人民共和国民事诉讼法》第一百七十条第一款第一项之规定，判决：

驳回上诉，维持原判。

【法官后语】

本案中，买受人与出售方签订的商品房买卖合同是双方真实意思表示，合法有效，对双方应具有约束力，双方应根据合同全面履行自己的权利义务。

《合同法》第六十四条规定："当事人约定由债务人向第三人履行债务的，债务人未向第三人履行债务或者履行债务不符合约定，应当向债权人承担违约责任。"可见，向第三人交付的行为，应当有双方的约定为前提，本案中并无该前提，买受人虽委托第三方对其购买的房屋进行经营管理，但也未有委托第三方进行收房的约定。商品房买卖合同中约定的交付方式为办理验收交接手续，出示相关证明文件并签署房屋交接单，出售方提供的竣工证明书以及第三方的情况说明，不能证明已在合同约定的期限内履行了约定的交付行为。出售方逾期三年之久通知买受人办理房产证，应当认定出售方构成了逾期交付的违约行为。

本案特殊性在于，买受人在与第三方的委托经营管理协议中放弃了出售方违约期间的经济收益，出售方认为买受人未因其违约行为遭受损失。关于违约金与实际损失的关系，首先，本案中买受人委托第三方经营管理，放弃收益权，虽在经济上看起来未受损，但买受人并未放弃其对房屋验收的权利，出售方的违约，导致买受人失去了及时对房屋质量等提出异议的权利，故认为出售方的违约责任不因买受人无经济损失而受影响。

另外，笔者认为，对于违约责任，当事人有约定的应当首先从约定。根据《合同法》第一百一十四条第二款规定："约定的违约金低于造成的损失的，当事人可以请求人民法院或者仲裁机构予以增加；约定的违约金过分高于造成的损失的，当事人可以请求人民法院或者仲裁机构予以适当减少。"虽然法律赋予法院依职权调整违约金的权力，但是此系公权力对司法资质范围内的主动干预，应予慎重。违约责任从约定，违约方对于自己发生违约将承担的违约责任明确知晓，违约责任未超出违约方的预期，保护了当事人缔结合同时的信赖利益。笔者认为，调整违约金属于对合同的变更，应仅适用于法律规定中可以对合同变更的情形，如缔约时有重大误解或显失公平，或缔约后出现了不可预见的情形，还有就是守约方恶意利用过高的违约金牟取利益的情形。但结合本案，商品房交易习惯中合同的提供方一般为出售方，缔约时双方的地位本就失衡，守约方为买受人的情况下，应当遵从合同约定。

编写人：江苏省无锡市锡山区人民法院　骆文文

45

违约金调整规则的适用

——侯某佳诉张某房屋买卖合同案

【案件基本信息】

1. 裁判书字号

北京市第三中级人民法院（2017）京03民终5207号民事判决书

2. 案由：房屋买卖合同纠纷

3. 当事人

原告（被上诉人、反诉被告）：侯某佳

被告（上诉人、反诉原告）：张某

【基本案情】

2016年1月7日，侯某佳作为买受人、张某作为出卖人与麦田公司作为居间方签订《居间服务合同》，双方委托麦田公司就买卖涉案房屋提供居间服务。约定买受人向居间方支付居间服务费98550元。双方签订的买卖合同成立时，居间服务完成。支付方应按照合同约定支付居间服务费。出卖人或买受人违反本合同约定，导致居间方不能继续履行义务的，居间方不承担责任，且居间方有权收取本合同约定的居间服务费，如支付方为守约方，则守约方可要求违约方赔偿。

同日，侯某佳作为买受人、张某作为出卖人与金诚丰公司作为服务方签订《房屋交易保障服务合同》，约定服务内容为协助办理房屋解押手续、贷款手续、公证手续、评估手续等。签订本合同当日，买受人向服务方支付保障服务费32850元。

庭审中，经法院询问，金诚丰公司同意退还侯某佳支付的保障服务费。

另查，2016年1月1日，侯某佳作为买受人（乙方）、张某作为出卖人（甲方）与麦田公司作为居间方（丙方）签订《买方支付定金协议书》，约定乙方愿意以657万元购买房屋，乙方贷款120万元方式支付。税费由乙方负担。签订本协议当日，乙方向丙方支付所要转付的购房定金10万元。合同约定于2016年1月15日前支付定金50万元，于2016年4月30日以资金监管方式支付200万元，于2016年5月30日过户当日支付282万元。物业保证金5万元在过户当日交接。

2016年1月7日，侯某佳作为买受人（乙方）、张某作为出卖人（甲方）签订《北京市存量房屋买卖合同（经纪成交版）》，房屋为涉案房屋，商品房，未设定抵押，房屋成交价格为657万元。买受人直接交付定金50万元，具体支付时间为签订附件当日支付20万元，剩余30万元于2016年1月15日前支付。商业按揭贷款，买卖双方应于2016年4月27日前办理申请贷款手续，买受人拟贷款数额为120万元。剩余购房款，买受人于2016年4月27日前支付购房款200万元，支付方式为金诚丰公司指定账户资金监管。买受人于2016年6月1日前支付购房款282万元，支付方式为银行资金监管。全部监管款项于权属转移登记手续办理完毕后支付甲方。具体内容以买卖双方与资金监管机构签订的监管协议为准。第七条为违约责任。买卖双方应按约定履行义务，若逾期履行，自逾期之日起违约方按成交价格的每日0.5‰向守约方支付逾期违约金。自逾期之日起超过十五个工作日仍未履行，守约方有权单方解除买卖合同，任一方违约造成买卖合同无法继续履行或解除的，守约方可依据定金罚则或成交价格的20%向违约方索赔。违约方还应承担守约方因此次交易所支付的居间等各项费用。

同日，侯某佳作为买受人与张某作为出卖人达成《补充协议》，约定买卖双方应于2016年4月8日前配合金诚丰公司办理资金监管手续，签订与办理资金监管相关的协议。买受人同意出卖人于2016年4月8日前以该房屋为担保办理借款，由金诚丰担保向出借人办理借款手续，配合出借人办理与借款相关手续，包括但不限于售房委托公证、房屋抵押、强制公证等。买受人应于2016年4月27日前将购房款200万元，转入金诚丰指定账户。若出卖人与金诚丰担保的出借人签订《借款合同》，则金诚丰监管的资金优先作为本次借款的还款来源。

合同签订后，侯某佳于2016年1月7日向张某支付定金20万元，于2016年1月18日向张某支付定金30万元。

2016年1月20日，侯某佳向麦田公司支付居间服务费98550元，代收保障服务费32850元。当事人当庭确认保障服务费系麦田公司代金诚丰公司收取，金诚丰公司表示同意退还此笔费用。

2016年4月8日，买卖双方准备签署资金监管协议。金诚丰公司与双方在签订资金监管协议时，准备签订借款合同等其他协议，张某予以拒绝，遂产生纠纷合同至此履行中止。侯某佳、麦田公司和金诚丰公司表示张某有借款需求，但拒绝签订借款合同等协议。张某则对此否认，表示没有借款需求，而金诚丰公司要求其在签订资金监管协议同时必须签订借款合同等协议，对此金诚丰公司否认，表示不需同时签订。

就双方签订的《北京市存量房屋买卖合同（经纪成交版）》附件二以及《补充协议》中双方约定的由金诚丰公司进行资金监管以及张某向金诚丰公司指定的借款人借款一节，张某表示合同系制式合同，无法调整，张某基于重大误解签订的，要求撤销上述约定。就此，侯某佳、麦田公司、金诚丰公司均表示合同并非制式合同，是可以调整的。补充协议系依张某借款需要拟定的，是双方协商后拟定的，并非制式合同。

【案件焦点】

张某拒绝签订资金监管协议等行为是否构成违约，合同是否应当解除及合同解除的后果。

【法院裁判要旨】

北京市朝阳区人民法院经审理认为：侯某佳和张某签订房屋买卖合同，该合同系双方真实意思表示，合法有效，双方均应按照合同约定履行各自的义务。现侯某佳已按照合同约定支付了定金，双方应按照合同约定签订资金监管协议继续履行合同。此时，张某主张其对双方关于金诚丰公司资金监管的合同约定内容存在重大误解，要求撤销。经法院审理查明，双方就金诚丰公司进行资金监管一事，进行了明确的约定，该约定系双方真实意思表示。现张某主张存在重大误解，但并未提交相关证据加以证明，法院对此无法认定，故法院对张某反诉要求撤销有关金诚丰公司资金监管的约定不予支持。因张某未按照合同约定继续履行合同，未签订资金监管协议，导致合同无法继续履行，按照双方合同约定，已构成违约。现侯某佳依据合同约定要求解除合同，有事实和法律依据，且张某当庭亦表示同意解除，故法院对侯某佳该请求依法予以支持。侯某佳要求返还定金50万元，有事实和法律依据，且张某当庭亦表示同意，故法院对侯某佳该请求依法予以支持。关于违约金，侯某佳依据合同约定的违约金计算方式主张违约金，有合同依据。侯某佳主张其实际损失系房屋升值损失，亦有事实依据，故法院对此请求依法予以支持。关于侯某佳要求张某赔偿的居间服务费，实为两项费用，一是居间服务费，根据合同约定，该费用麦田公司不予退还，由违约方向守约方赔偿，故对此法院依法予以支持。二是保障服务费，该费用系麦田公司代金诚丰公司收取，金诚丰公司当庭表示同意退还。故对侯某佳要求退还保障服务费，法院依法不予支持。

综上，北京市朝阳区人民法院依照《中华人民共和国合同法》第八条、第五十四条、第九十三条、第九十四条、第一百一十四条、第一百三十条之规定，判决：

一、解除侯某佳和张某于2016年1月1日签订的《买方支付定金协议书》和2016年1月7日签订的《北京市存量房屋买卖合同（经纪成交版）》和《补充协议》。

二、张某于判决生效之日起七日内返还侯某佳购房定金50万元；

三、张某于判决生效之日起七日内赔偿侯某佳违约金1314000元；

四、张某于判决生效之日起七日内赔偿侯某佳居间服务费损失98550元；

五、驳回侯某佳的其他诉讼请求；

六、驳回张某的全部反诉请求。

张某不服一审判决，提出上诉。

北京市第三中级人民法院经审理认为：依法成立的合同受法律保护，对当事人具有法律约束力。当事人应当按照约定履行自己的义务，不得擅自变更或解除合同。侯某佳和张某签订的《北京市存量房屋买卖合同（经纪成交版）》及附件、《补充协议》等系各方当事人的真实意思表示，合法有效，各方均应按照合同约定履行各自的义务。从各方履行合同的情况来看，侯某佳在合同签订后已按照约定支付了定金，各方应依约以金诚丰公司资金监管的方式继续履行合同，即办理资金监管手续、签订与办理资金监管相关的协议。而张某拒绝签订资金监管协议，其关于金诚丰公司不具备资金监管的资质、其签署由金诚丰公司资金监管的合同约定内容系重大误解应予撤销，以及被要求签署资金监管的相关文件严重损害其利益的上诉主张，缺乏事实及法律依据，故法院对此不予采纳。

根据侯某佳提交的录音证据内容得知张某在拒绝签订资金监管协议后曾明确表示拒绝变更由银行进行资金监管。其在一审期间及二审前期庭审过程中均对录音真实性表示予以认可，但在二审最后一次庭审中否认该录音的真实性，且其没有相反证据予以证明，故法院对其否认录音证据真实性的陈述不予采信。张某在拒绝金诚丰公司进行资金监管后亦拒绝变更为银行监管方式继续履行合同，明显与各方之间的协议约定相违背，一审法院据此认定张某构成违约，并无不当。张某上诉提出资金监管方式本可协商但系侯某佳原因造成合同无法继续履行而解除，与查明事实不符，法院不予采纳。

根据双方合同约定，对于张某违约造成合同无法继续履行的情形，侯某佳有权要求解除合同，且张某在庭审中亦表示同意解除，一审法院据此认定合同解除并无不当，法院予以确认。合同解除后，张某应向侯某佳返还定金50万元。合同的附件及《补充协议》均是合同的组成部分，故张某违反《北京市存量房屋买卖合同（经纪成交版）》附件和《补充协议》的约定，亦应按照合同约定的违约金计算方式支付相应的违约金，一审判决结合合同违约金条款的约定及房屋升值损失，确定相应违约金数额并无过高，对此法院予以维持。张某上诉主张不应按照合同的违约金条款来计算违约金数额，依据不足，法院不予支持。关于居间服务费，根据双方合同约定，由违约方向守约方进行赔偿，一审法院据此认定由张某向侯某佳赔偿居间服务费，亦无不当。

综上所述，张某的上诉请求均不能成立，一审判决认定事实清楚，适用法律正确，应予维持。北京市第三中级人民法院依照《中华人民共和国民事诉讼法》第一百七十条第一款第一项规定，判决如下：

驳回上诉，维持原判。

【法官后语】

本案的主要争议焦点之一和涉及的法律问题为：当事人在合同中同时约定了定金和违约金的情况下，当事人一方请求返还定金，另一方请求支付违约金的，法院如何适用违约金调整规则。

定金是在合同订立或在履行之前支付的一定数额的金钱或替代物作为担保的担保方式。依据性质及功能的不同，定金又可分为立约定金、成约定金、解约定金、违约定金和证约定金。违约金系指按照当事人的约定或者法律直接规定，一方当事人违约的，应向另一方支付的金钱。依据我国《合同法》第一百一十五条规定，当事人可以约定一方向对方给付定金作为债权的担保。给付定金的一方不履行约定的债务的，无权要求返还定金；收受定金的一方不履行约定的债务的，应当双倍返还定金。从该条规定来看，定金作为债权的担保，系违约性质的定金，这就使得定金与违约金约定在一定程度上产生了重合。

定金与违约金之间的适用，关系到合同因一方违约导致合同不能履行时，违约方应承担的责任问题，对守约方如何主张权利至关重要。由于定金与违约金均具有弥补守约方实际损失的功能，为避免违约方因同一行为承受两种后果，在定金与违约金的适用方面，我国《合同法》采取了“择一适用”的原则。依据《合同法》第一百一十六条规定，当事人既约定违约金，又约定定金时，一方违约时，对方可以选择适用违约金或者定金条款。不难看出，对于守约方来说，其仅能在两者之间选择一种对自己最有利的方式主张，获得赔偿。值得注意的是，该条款规定的“择一适用”针对的是同一违约行为，如果双方当事人在合同中针对不同违约行为分别作出了定金和违约金的约定，在一方存在以上所述的不同违约行为时，守约方依然可依据合同的约定分别主张定金和违约金。

在司法实践中，合同针对同一违约行为分别约定了定金和违约金，一方要求返还定金，另一方要求支付违约金，法院应当如何适用违约金调整规则对违约金的具体数额进行调整，存在争议。依据《最高人民法院关于适用〈中华人民共和国合同法〉若干问题的解释（二）》第二十九条，人民法院应当以实际损失为基础，兼顾合同的履行情况、当事人的过错程度以及预期利益等综合因素，根据公平原则和诚实信用原则予以衡量。依据该条款，其仅对人民法院在调整违约金数额时应当予以考虑的因素作出了规定，并未提到定金与违约金同时约定时，应如何衡量。目前，对于是否将定金约定及支付的数额作为确定违约金数额的依据，存在两种观点：第一，调整违约金数额应以实际损失为依据，无须考虑定金支付的情况。合同中对于违约金的约定系双方当事人的真实意思表示，在一方违约的情况下，应当按照合同约定的违约金数额对守约方予以赔偿损失，无论定金支付的情况，该违约金条款均为有效。第二，调整违约金数额时应考虑到定金的支付情况，并将其作为确定违约金数额的一个依据。定金和违约金作为守约方可自主选择的权利主张方式，其功能均是赔偿守约方因合同不能继续履行所造成的损失，如果两者数额差距过大，便会违背权利义务相统一的理念。例如，双方签订房屋买卖合同，总价款为700万元，双方约定若一方违约，则其应当支付守约方20%即140万元的违约金，合同签订后，买方支付了10万元作为定金，现卖方违约，买方在主张损失时，既可以要求按照定金罚则双倍返还定金，也可以要求按照合同约定的违约金主张赔偿，在此种情况下，定金罚则与违约金的数额相去甚远，守约方能否基于其已付的10万元定金作为要求违约方支付140万元违约金的依据？通过对相关案件进行检索，从权利义务相统一的角度出发，目前人民法院往往会将定金作为调整违约金数额的依据之一，在考虑守约方定金支付数额的情况下，对合同履行情况等其他因素予以综合考量，酌情确定违约金数额。

编写人：北京市第三中级人民法院　全奕颖　薛保潇

46

定金合同的生效条件

——曲某诉胡某房屋买卖合同案

【案件基本信息】

1. 裁判书字号

北京市朝阳区人民法院（2016）京0105民初第66890号民事判决书

2. 案由：房屋买卖合同纠纷

3. 当事人

原告（反诉被告）：曲某

被告（反诉原告）：胡某

【基本案情】

2016年8月11日，胡某与曲某签署《北京市存量房屋买卖合同》。主要内容是，胡某出售的房屋坐落于朝阳区安立路56号2号楼××号。该房屋抵押给招商银行北京支行，抵押金额120万元；胡某应于网签后且2016年10月25日办理抵押注销手续。双方通过我爱我家公司居间介绍成交。房屋成交总价700万元；曲某应于合同签订当日向胡某支付定金50万元；曲某拟贷款金额300万元；双方一致同意曲某分两次向胡某支付除定金与拟贷款金额外的所有成交总价款，第一次于网签后且2016年10月15日向胡某支付200万元，第二次于面签当天且2016年11月1日向胡某支付150万元。胡某应当在房屋查档当天将房屋交付曲某。双方最晚应于合同签订之日起90日内，共同向房屋权属登记部门申请办理房屋所有权转移登记手续。曲某付款逾期在10日之内，合同继续履行，并自约定的应付款期限届满之次日起至实际支付之日止，按逾期应付款每日万分之五向胡某支付违约金；曲某逾期付款超过10日，胡某有权单方解除合同，如胡某选择单方解除合同，应当以书面方式进行，本合同自胡某向曲某发出书面通知到达之日起自动解除，曲某应按成交价款的20%向胡某支付违约金。胡某逾期10日内交付房屋，自约定的交付期限届满之次日至实际交付房屋之日应按房屋成交总价万分之五向曲某支付违约金，且应于实际交付之日向曲某支付，合同继续履行；胡某逾期10日未交付房屋，曲某有权单方解除合同或者选择继续履行合同，如曲某选择单方解除合同，应当以书面的方式进行，本合同自曲某向胡某发出书面通知到达之日起自动解除，胡某应于5个工作日内将已经收取的全部款项返还曲某，并按照房屋成交总价的20%向曲某支付违约金。

2016年8月12日，胡某与曲某在我爱我家公司见证下签署补充协议。主要内容是，胡某同意将位于朝阳区安立路56号2号楼××号房屋出售给曲某。经三方友好协商同意，任何一方如对另一方或者两方作出承诺，都会以补充协议、证明或者承诺书等书面形式体现，不存在也不认可口头约定或者承诺。为了保障资金安全，双方未到建委进行房屋查档确权之前，我爱我家公司建议资金自行交接不超过10万元，并建议选择资金监管或者资金存管方式进行交接，如未按照上述提示交接，导致的风险将由买卖双方自行承担。由于曲某原因无法于签署本协议时缴纳足额定金，胡某同意曲某暂交10万元，余额部分在房屋查档当天且2016年8月12日内补齐，若逾期未补齐，则视为曲某违约，胡某有权要求曲某按照合同约定的定金金额双倍标准承担违约金，并有权解除合同。曲某于网签后自行支付胡某购房款400万元。双方协商同意在签署本协议后2日内共同办理房屋交验手续，胡某须在交验前腾空房屋，结清所有应承担的费用。曲某承诺在其入住后至办理完产权转移手续之前，不得对房屋主体结构进行改动或者进行装修。如因曲某原因未能办理产权转移登记手续，在确定曲某违约且胡某要求解除合同导致合同终止履行的，曲某按照胡某要求搬出房屋，结清使用期间发生的物业费、燃气费、水电费等费用，并按照同地段租金最高标准向胡某支付占用房屋期间的房屋使用费，给胡某造成其他损失的，仍需承担赔偿责任。如因胡某原因未能办理产权转移登记手续，曲某要求解除合同导致合同终止履行的，胡某须按有关约定向曲某承担违约责任；在胡某承担违约责任后3日内，曲某须搬出房屋，结清使用期间发生的物业费、燃气费及水电费用等，并按照同地段租金最低标准向胡某支付占用期间的房屋使用费。除合同及补充协议对违约责任另有约定外，双方任何一方违反补充协议的约定，违约方应向守约方支付房屋成交总价款20%的违约金。

合同签署后，曲某支付胡某10万元定金。2016年8月12日补充协议签署当日，曲某又支付胡某定金10万元。2016年8月21日，曲某将剩余定金30万元支付给胡某。2016年8月24日，胡某向曲某出具了收取定金50万元的收据。2016年10月24日，胡某向曲某丈夫发送微信，以曲某未按期支付定金及首付款提出解除合约，并表示将50万元定金予以退还，另支付利息1万元。2016年11月5日，胡某向我爱我家公司人员郭某某及曲某分别发送微信，通知曲某终止合同履行。经我爱我家公司多次协调，合同终未履行。

【案件焦点】

定金合同的生效条件。

【法院裁判要旨】

北京市朝阳区人民法院经审理认为：胡某与曲某签署的《北京市存量房屋买卖合同》及补充协议系双方当事人真实意思表示，内容不违反国家法律、行政法规的强制性规定，合法有效。关于违约责任问题，本院从双方争议的定金及购房款支付环节进行判断。首先，在定金支付环节，双方虽然在补充协议中约定了逾期支付定金的违约责任，但该约定有悖法律规定。根据法律规定，定金是一种担保方式，定金合同从实际交付之日起生效。在曲某向胡某支付定金之前，定金合同并不生效。即使曲某未依约向胡某支付定金，也不能据此认定曲某违约。双方就逾期支付定金构成违约的约定，实则改变了定金的性质。然而，即使将50万元视作分期购房款，也不足以支持胡某行使合同解约权。根据补充协议约定，胡某同意曲某暂交定金10

万元，曲某于补充协议签署当日即支付胡某定金 10 万元，履行了相应义务。补充协议约定，曲某应在房屋查档当天且 2016 年 8 月 12 日内将剩余定金补齐，该约定设定了房屋查档当天以及 2016 年 8 月 12 日两个条件，如曲某于补充协议签署之日即 2016 年 8 月 12 日将剩余定金补齐，则与胡某同意曲某暂交 10 万元的约定不一致，故该约定不明确。而且，即使曲某逾期于 2016 年 8 月 21 日将剩余定金 30 万元支付给胡某，也未超过 10 日的解约期限。退一步讲，即使曲某付款超过了 10 日的期限，胡某也未依约采取书面的方式通知曲某解除合同。胡某未书面通知曲某解除合同，并接受曲某支付的定金，表明其同意继续履行合同。其次，关于首付款的支付环节，胡某提出曲某夫妻口头承诺 9 月中旬支付购房款，其主张不仅没有事实依据，且不符合“不存在也不认可口头承诺”的约定。因此，胡某以曲某违约而拒绝履行合同的理由不能成立，其拒绝履行合同的行为构成违约，应向曲某承担违约责任。曲某要求解除合同，胡某同意解除合同，本院予以确认。曲某要求胡某返还定金 50 万元并支付违约金 140 万元，符合事实及法律规定，本院予以支持。胡某反诉请求，没有事实与法律依据，本院不予支持。综上，北京市朝阳区人民法院依照《中华人民共和国合同法》第一百零七条、第一百一十四条的规定，判决如下：

一、解除胡某与曲某签署的《北京市存量房屋买卖合同》及胡某与曲某、北京我爱我家房地产经纪有限公司签署的补充协议；

二、胡某于本判决生效之日起十日内返还曲某定金 50 万元；

三、胡某于本判决生效之日起十日内支付曲某违约金 140 万元；

四、驳回胡某的反诉请求。

【法官后语】

2015 年年底至 2016 年年初，北京楼市火热，房价疯涨。中央调控楼市的重拳频出，通过提高购买二套房首付比例等政策对非刚需的购房作出限制，但收效颇微，楼市新政的发酵作用显现缓慢，北京等一线城市的二手房市场活跃度仍十分之高，房价可谓一天一价，因买方购房能力下降，换房者惧怕出售自己名下唯一住房后就买不起下一套住房，或最简单而言的，卖房者今天卖房明天就亏因而签完房屋买卖合同就后悔拒绝继续履行等违约现象频发。作为房屋买卖合同中相对强势的一方，卖房者有可能会以贷款政策变化为由要求变更合同履行时间、方式，甚至为合同履行增设条件，而合同双方都会因为害怕对方违约而增设许多的违约条款，以避免自己承担房价疯涨带来的畸高风险。房屋价格的大幅波动是纠纷产生的外部背景，诚信缺失、当事人逐利心理是纠纷产生的内部原因，而中介机构管理混乱则助推了逐利性违约。

在这样一个背景下本案发生。双方签订《北京市存量房屋买卖合同》及一份补充协议，房屋买卖合同约定在双方签订该合同当日，曲某需一次性交纳50万元购房定金，胡某在房屋查档当天将该房屋交付给曲某。在合同签订当日，曲某交付10万元定金给胡某。后双方签订补充协议，约定因为曲某未能在买卖合同签订当日交齐50万元定金，双方约定余额在房屋查档当天且2016年8月12日内补齐。补充协议签署当日，曲某又支付胡某定金10万元。2016年8月21日，曲某将剩余定金30万元支付胡某。2016年8月24日，胡某向曲某出具了收取定金50万元的收据。房屋查档当天，胡某未将房屋交付曲某。曲某认为胡某未按约定交付房屋属于违约，应退还50万元定金并支付违约金140万元。胡某认为，曲某逾期未交付定金是违约，要求曲某按照双倍返还定金的金额标准支付违约金。

因此，本案的主要争议焦点就在于双方在房屋买卖合同及补充协议中都约定了逾期付款的违约责任，曲某逾期支付定金是否需要承担违约责任。这样一个争议就涉及定金合同生效条件的问题。

定金合同经当事人意思表示一致即告成立，而成立以后不一定就能生效。定金合同经当事人双方意思表示一致应当采用书面形式。《担保法》第九十条规定：当事人订立合同，“定金应当以书面形式约定”。定金合同成立后，须实际交付才能生效。《合同法》第四十四条规定：“依法成立的合同，自成立时生效。法律、行政法规规定应当办理批准、登记等手续生效的，依照其规定。”定金合同不属于需要办理批准、登记手续的合同，却不能因成立就生效，它还必须符合《担保法》的特别规定。《担保法》在第九十条对定金合同生效条件明确规定为：“定金合同从实际交付定金之日起生效”。

定金的法律效力，是指定金合同生效后在当事人之间产生的相应权利义务关系。定金依法成立，并经实际交付，便产生法律效力。由此可见，定金合同属于实践性合同。依照我国民事立法的规定，定金的法律效力主要表现在：（1）债务人履行债务后，定金应当抵作价款或收回；（2）给付定金一方不履行约定的债务的，无权要求返还定金；收受定金的一方不履行约定的债务的，应当双倍返还定金。

定金的主要作用是通过合同当事人一方在合同履行合同主要义务前交付给对方的金钱，在不履行时发生不返还或双倍返还的效力，起到担保效果的担保形式。定金作为债的担保方式，在我国民事立法中已经得到了肯定。1981 年通过的《经济合同法》第十四条明确了定金制度，将其作为合同履行的一种担保方式；1986 年通过的《民法通则》第八十九条中规定的定金，在债权一节中，作为担保债务履行的四种方式之一；1995 年通过的《担保法》以专章规定定金，将其作为与保证、抵押、质押、留置并列的一种保障债权实现的担保方式；1999 年通过的《合同法》第一百一十五条同样将给付定金作为债权的担保。因此，定金的性质在于担保，这也是为什么定金合同为实践合同，在当事人交付定金之后定金才起到担保的作用。

本案中，双方对于逾期支付定金约定了违约责任，其实是通过约定改变了定金的性质，使之变为预付款，而不具有了定金的功能，显然这是有悖法律规定的。因此，按照合同约定，逾期支付定金，接收定金的权利方有权利解除合同，而无权要求逾期支付定金的违约金。胡某在收取 50 万元定金之后，向曲某出具了定金收据，并未书面通知合同解除，应视为愿意继续履行合同。而后在房屋查档当天，其未配合房屋查验并未交付房屋却实实在在的违约了。

本案还涉及另外一个问题需要指出，中介公司提供居间服务时，为促成买卖成立，存在未尽审核和注意义务的情况。比如，签订合同时，对合同条款约定不明没有提示双方当事人进一步明确合同内容以避免争议发生。中介公司的员工作为提供居间服务者缺少必要的相关法律知识，对买卖合同双方存在一定的引诱，甚至告知被居间人合同可以签，但可以不严格按照合同履行这类误导性话语，导致买卖双方风险增加，也导致履行过程中产生纠纷。

综上，随着我国房地产业的蓬勃发展以及房地产市场的不断活跃，房屋作为一种商品，在人们的生活中所占据的位置越来越重要。商品房买卖这一民事法律行为较之于其他商品交易行为，其标的的特殊性和交易本身的复杂性，决定了双方当事人对交易行为必然慎重为之，而如何以法律手段保障商品房买卖中双方当事人的利益，更是为人们所关注。中介作为居间服务提供者，更应熟悉相关法律规定，在为双方起草合同中承担起引导的作用，避免不符合法律规定或约定不明的合同条款的出现。

编写人：北京市朝阳区人民法院　毛文蝶

47

签订数份房屋买卖合同定金数额的确定

——赵某诉李某雪房屋买卖合同案

【案件基本信息】

1. 裁判书字号

北京市门头沟区人民法院（2017）京0109民初3891号民事判决书

2. 案由：房屋买卖合同纠纷

3. 当事人

原告：赵某

被告：李某雪

【基本案情】

2017年3月20日，李某雪（甲方）、赵某（乙方）、林某峰、刘某（丙方）签订《买卖定金协议书》（以下简称《定金协议》），约定：经各方协商一致，就甲方出售房屋给乙方而收取购房定金事宜达成如下协议：交易501号房屋，建筑面积55.03平方米，产权证号京2017门不动产权第00111××号，产权人李某雪，甲方保证所售的房屋权属无瑕疵，无债务纠纷；符合上市交易条件。乙方应向甲方支付定金，乙方应于本协议签署时向甲方支付购房定金共计肆拾万元整，甲方收取定金应向乙方出具收条。甲乙双方应于签署本协议后18个工作日内签署《北京市存量房屋买卖合同》等相关法律文件。甲乙双方同意，由丙方为本次交易提供居间服务，且应在签署买卖合同时由乙方向丙方支付居间代理费人民币贰万贰仟捌佰元整；本协议签署后，甲乙双方私自或者另行通过其他居间方签署买卖合同的，则丙方收取的定金不予退还

2017年3月20日，李某雪（甲方）与赵某（乙方）签订《补充协议》，载明：甲乙双方于2017年3月20日就位于501号房屋签订以下补充协议，双方在友好协

商的基础上达成如下协议：1. 甲乙双方约定房屋总价款为人民币（2280000）贰佰贰拾捌万元整。2. 经甲乙双方协商乙方购买本房屋做商业贷款拟定贷款额（900000）玖拾万元整。3. 本次购买房屋定金为（400000）肆拾万元整，乙方在本协议签订之日给付甲方定金一部分（70000）柒万元整，于2017年4月2日补齐剩余（330000）叁拾叁万元整。4. 在乙方补齐定金后甲乙双方配合中间方去门头沟区建委提交房屋核验与客户资质审核。甲乙双方不得找任何借口推托（房源核验、客户资质核拟10个工作日出结果）。5. 在房源核验与客户资质审核通过后，甲乙双方签订存量房屋买卖合同并同时去门头沟建委签订网签合同，同一天网签后乙方付给甲方首付款（980000）玖拾捌万元整。6. 在签订网签合同后3日内甲乙双方配合中间方去银行办理贷款申请面签。7. 在银行下达批贷函后三日内甲乙双方配合中间方去门头沟建委申请缴税过户。甲乙双方不得找任何借口推托或拒不办理。8. 甲方在该房屋有户口，并承诺于2018年9月前迁出。9. 甲方承诺该住房为商品房已满五年且是产权人名下唯一住房，乙方承诺本人社保在北京缴纳且满60个月。如有一方恶意隐瞒属于欺诈行为且承担相应违约责任。10. 如有未尽事宜，以存量房买卖合同为准。

在签订《定金协议》及《补充协议》当日，赵某向李某雪指定的账户支付70000元，李某雪向赵某出具定金收据，收据记载：今收到赵某购买501号房屋，产权证号京2017门不动产权第00111××的房屋定金共计人民币70000元。经买卖双方协商一致同意：如买方违约，此定金不予退还；如卖房违约，应按此定金金额的双倍返还给买方，具体条款事项违约责任以存量房买卖合同为准。该房屋总价为2280000元，定金为购房款的一部分。2017年3月24日，赵某向李某雪指定的账户支付330000元，李某雪向赵某出具定金收据，收据记载：今收到赵某购买501号房屋，产权证号京2017门不动产权第00111××的房屋定金共计人民币330000元。经买卖双方协商一致同意：如买方违约，此定金不予退还；如卖房违约，应按此定金金额的双倍返还给买方，具体条款事项违约责任以存量房买卖合同为准。该房屋总价为2280000元，定金为购房款的一部分。

2017年4月15日，赵某（买受人）与李某雪（出卖人）签订《北京市存量房买卖合同》（以下简称《房屋买卖合同》），载明，出卖人所售房屋坐落为501号房屋……房屋成交价为人民币2280000元……买受人向出卖人支付定金，定金金额为人民币70000元，定金支付方式为直接支付给出卖人，于核验当日付给330000元首付款的一部分……买受人向工商银行申办抵押贷款，拟贷款金额为人民币900000元（小写）……出卖人应当在6月18日前将该房屋交付给买受人……当事人双方同意，自本合同签订之日起20日内，双方共同向房屋权属登记部门申请办理房屋权属转移登记手续。

签订《房屋买卖合同》当日，赵某向林某峰支付居间服务费10000元。

《房屋买卖合同》签订后，李某雪未与赵某前往门头沟区建委签订网签合同，后李某雪明确拒绝将501号房屋出售给赵某。就解除房屋买卖合同的问题，双方曾进行协商，但未达成一致意见。

【案件焦点】

房屋买卖合同约定的定金数额与定金合同约定的定金数额不一致，后签订的房屋买卖合同中的定金数额能否构成对定金合同的变更。

【法院裁判要旨】

北京市门头沟区人民法院经审理认为：赵某与李某雪就501号房屋买卖的相关事宜，在居间人刘某、林某峰参与下订立《定金协议》，同日，赵某与李某雪又签订《补充协议》，赵某按照协议约定履行了给付李某雪定金40万元的义务。之后，赵某、李某雪按照补充协议约定订立《房屋买卖合同》。三份约定均系当事人的真实意思表示，内容不违反相关法律，均为有效协议。

合同生效后，当事人应当全面履行约定义务。当事人协商一致，可以解除合同。李某雪、赵某签订《房屋买卖合同》后，李某雪未配合赵某到房屋管理部门进行网签，表示拒绝出售501号房屋，导致合同不能履行。诉讼前，双方就解除合同事宜进行协商，由于意见分歧较大，未达成一致。在庭审中，赵某要求解除合同，李某雪表示同意，故本院采信双方的一致意见，确定庭审时间为合同解除时间。

赵某同时主张解除《定金协议》及《补充协议》，李某雪认为《定金协议》及《补充协议》已经被《房屋买卖合同》所覆盖，无须解除。对此本院认为，三份协议均针对买卖501号房屋，各自均有独立的内容且相互联系，约定了房屋买卖顺序及双方在履行约定时各自承担的义务。故《房屋买卖合同》不能覆盖《定金协议》及《补充协议》，应当与《房屋买卖合同》同时解除。导致《定金协议》《补充协议》《房屋买卖合同》解除的原因，系李某雪拒绝履行约定所致，其应当承担违约责任。

李某雪认可收到赵某给付的购房定金，且同意双倍返还，但双方就定金的数额意见不一，李某雪主张收到定金7万元，赵某主张支付定金40万元，定金数额为本案争议焦点。

据查明的事实，本着诚信原则确定赵某支付的定金40万元，李某雪应当双倍返还。具体理由如下：1.《定金协议》及《补充协议》中，明确赵某购买李某雪的501号房屋，购房价款为228万元，赵某向李某雪支付定金40万元，并确定支付定金的时间，同时约定办理买卖房屋各项手续前后步骤及双方应当履行的义务。两份协议具备房屋买卖合同的主要事项。赵某按照约定给付李某雪定金共40万元，李某雪写的定金收据中注明若卖方违约，双倍返还定金。表明双方均知悉协议内容及违约后果。2. 按《补充协议》约定，双方订立《房屋买卖合同》，其主要目的是通过房屋管理部门进行网上审核（网签合同），完成房屋买卖交易，并非改变《定金协议》及《补充协议》。3.《房屋买卖合同》写明赵某给付购房定金7万元、于核验当日付给33万元首付款的一部分。但该合同并未履行，更不能改变赵某在订立该合同之前已经支付定金40万元的事实，故李某雪主张赵某支付定金7万元的意见，无事实依据，本院不予采信。

赵某要求李某雪赔偿1万元居间服务费的主张，因其已经要求李某雪双倍返还定金，且足以弥补该损失，故该项请求，缺乏事实及法律依据，本院不予支持。

北京市门头沟区人民法院依据《中华人民共和国合同法》第八条、《中华人民共和国民事诉讼法》第六十四条之规定，判决如下：

一、2017年3月20日赵某、李某雪、林某峰、刘某签订的《买卖定金协议书》及赵某、李某雪签订的《补充协议》于2017年8月9日解除；

二、2017年4月15日赵某与李某雪于签订的《北京市存量房买卖合同》于2017年8月9日解除；

三、李某雪于本判决生效之日起七日内双倍返还赵某定金800000元；

四、驳回赵某的其他诉讼请求。

【法官后语】

在本案中，如何适用定金罚则需要明确定金的性质、定金合同的实践性以及综合合同签订的整体过程来确定。

一是明确定金的性质。定金合同是合同当事人为保证主合同的履行，签订从合同约定一方当事人预先支付给对方一定定金，债务人履行债务后，定金应当收回或者抵作价款的一种担保合同。定金按照性质分为立约定金，即为保证正式订立合同而交付的定金；成约定金，即以交付定金为合同成立的要件；违约定金，即交付定金的一方如不履行合同，收受定金的一方可不予返还定金，收受定金的一方不履行合同应当双倍返还定金；解约定金，即交付定金的一方以丧失定金为代价解除合同，收受定金的一方可以双倍返还定金为代价而解除合同。能否适用定金罚则，首先需明确定金的性质。若定金合同为中的定金为成约定金，双方在签订正式合同后，定金的担保功能已经实现，一方违反正式合同中约定的义务，不能适用定金罚则。

二是明确定金合同为实践性合同。根据法律及司法解释的规定，定金合同属于实践性合同，实际交付的定金数额多于或者少于约定数额，视为变更定金合同，实际交付的数额为定金数额。定金合同属于从合同，房屋买卖合同为主合同。

三是综合考虑合同签订的过程来认定。本案中原、被告定金协议及补充协议中约定的定金数额为40万元，原告实际交付40万元，被告接受了40万元并出具了收据，定金协议及补充协议虽名称为定金协议但具备房屋买卖合同的主要条款。后双方签订正式的房屋买卖合同中约定定金数额为7万元。虽然一份合同为定金合同，一份合同为房屋买卖合同，但两者均具备房屋买卖合同的主要条款。被告辩称后签订的合同视为对先签订的合同的变更，后签订的房屋买卖合同已经覆盖定金协议及补充协议，故定金数额实际更改为7万元。但从定金协议及补充协议条款的约定来看，定金协议及补充协议上约定的定金数额意在保证整个房屋买卖的履行，此定金为违约定金，后签订的房屋买卖合同并不能覆盖定金协议，同时定金合同为实践性合同，买房人按照定金协议的约定交纳定金后，定金数额以实际交纳数额为准，交纳定金后签订的房屋买卖合同虽对定金数额作出变更，并不能以此认定定金数额为合同中约定的数额，应以实际交纳的定金数额为准。在一方不履行合同义务后，收取定金的一方应当以实际收取的定金数额双倍返还。

编写人：北京市门头沟区人民法院　杜宇　潘蕾

48

商品房买卖纠纷中定金返还问题

——叶某诉海门大生投资发展有限公司商品房预售合同案

【案件基本信息】

1. 裁判书字号

江苏省海门市人民法院（2018）苏0684民初1953号民事判决书

2. 案由：商品房预售合同纠纷

3. 当事人

原告：叶某

被告：海门大生投资发展有限公司（以下简称大生公司）

【基本案情】

2017年3月，叶某意向购置大生公司所开发销售的大生产业园内202号房屋，并于2017年3月21日经银行转账向大生公司支付10万元，后大生公司向叶某开具收据，收款事由栏载“202#定金”。双方未订立书面定金合同，亦未就该款项的返还条件、正式商品房买卖合同的主要条款及订约期限作明确约定。后大生公司销售人员至叶某处进行磋商，但未能就案涉房屋买卖的价款、支付方式及期限等主要条款达成一致。2017年9月，大生公司将10万元退还至叶某账户。叶某认为，大生公司向其收取10万元定金，是作为向其出售约定的前述202号房屋、订立正式房屋买卖合同的保证。现大生公司单方退还定金10万元，表明其拒绝与其签订正式的房屋买卖合同，构成违约，损害了叶某的利益，故大生公司应双倍返还定金20万元。现大生公司已返还10万元，应继续返还定金10万元。原告叶某为维护其合法权益，现起诉至法院。

截至庭审，案涉房屋尚未向他人出售，原告叶某要求以2017年3月同批次交纳定金客户的相同条件购买前述房屋；被告大生公司认为，同阶段交纳定金的购房人早已订立主合同并履行付款义务，目前该房屋的市场价值已与去年同期发生客观变化，故双方间的购房合同不能根据案外人去年同期的购房条款确定。

【案件焦点】

叶某向大生公司支付钱款的性质以及本案情形是否适用定金罚则。

【法院裁判要旨】

江苏省海门市人民法院经审理认为：定金是债的一种担保方式，具有从合同和制裁性质。立约定金作为订立正式合同的担保，应当具有约束双方当事人在某期限内作为一定的民事法律行为内容及相应的制裁后果。本案中，原、被告达成买卖案涉房屋意向后，原告向被告支付了 10 万元，仅在被告向原告开具的收据中载明了“定金”字样，双方未订立书面定金合同，未约定前述款项的返还条件、订立正式合同的期限，亦未预设主合同的实质性条款。庭审中，被告自认前述款项系定金。现原告主张适用定金罚则，其须举证证明被告拒绝签约或最终未能订约的原因在于被告，对此，原告未能提供相应的证据予以佐证，应承担举证不能的不利后果。另外，民事活动应当遵循自愿、公平、等价有偿、诚实信用原则。交付定金后，原告自述直至 2017 年年底，双方仍在磋商过程中，但就房屋价款、付款方式及期限等主要条款存在较大分歧，双方最终未能订立正式合同。因缔约双方在缔约过程中均享有平等、自愿的缔约权利，双方未能就合同内容达成一致正是基于当事人行使自身权利所发生的可能性结果。原、被告未能订立正式合同的原因系磋商不成，不可归责于当事人双方。因不可归责于当事人双方的事由，导致商品房买卖合同未能订立的，出卖人应将定金返还买受人。因被告已将收取原告的 10 万元退还至原告账户，原告要求被告再行返还 10 万元的诉讼主张，依据不足，本院不予支持。

综上，江苏省海门市人民法院依照《最高人民法院关于审理商品房买卖合同纠纷案件适用法律若干问题的解释》第四条，《中华人民共和国民事诉讼法》第六十四条第一款之规定，判决如下：

驳回原告叶某的诉讼请求。

【法官后语】

所谓定金，是指合同当事人为了确保合同履行，依据法律规定或者当事人双方的约定，由当事人一方在订立合同时，或订立合同后、履行前，按照合同标的额一定比例，预先给付当事人的钱款。定金本质上是债的一种担保方式，具有从合同和制裁性质。从学理上看，定金包括五种类型：立约定金、成约定金、证约定金、违约定金、解约定金。开发商与买受人签订的商品房认购书或定金协议具有约束双方当事人在确定的期限内作为一定的民事法律行为的内容，即作为签订正式《商品房预售合同》的担保，故该类定金应为立约定金。

在商品房认购书中，常常出现认筹金、意向金、保证金、押金或订金等，但其与“定金”并不完全等同，判断是否为定金应当以当事人的约定是否具有定金性质为依据。当事人交付保证金、定金、押金等，但未约定定金性质，当事人主张定金权利的，人民法院不予支持。立约定金作为订立正式合同的担保，应当具有约束双方当事人在一定期限内作为一定的民事法律行为内容及相应的制裁后果。故立约定金合同应当对主合同的基本条款有所预设，只需双方日后进一步细化。

另外，《最高人民法院关于适用〈中华人民共和国担保法〉若干问题的解释》第一百一十五条规定：当事人约定以交付定金作为订立主合同担保的，给付定金的一方拒绝订立主合同的，无权要求返还定金；接收定金的一方拒绝订立合同的，应当双倍返还定金。立约定金罚则适用条件可以概括为：一、当事人间有定金合同且已经实际支付；二、一方当事人拒绝订立主合同。对于“拒绝”的判断标准是什么，法律并无明确的规定。当事人不能就商品房买卖合同协商一致，是否可以推论是一方当事人拒绝订立主合同从而适用定金罚则呢？立约定金的目的是促成双方订立主合同，但主合同能否签订需要双方进一步协商，取决于合同双方在平等协商基础上意思表示是否一致。根据合同法的规定，当事人应当遵循公平原则确定各方的权利义务。任何一方不能以不合理、不平等条款迫使对方接受。在认定主合同未能订立的过错时，应重点考察合同的当事人是否尽到了谨慎、勤勉、诚信的缔约义务。如主合同的订立系磋商不成，不可归责于双方时，不适用定金罚则。

编写人：江苏省海门市人民法院　周海云

49

违约定金与损失赔偿并用时的处理

——赵某诉陈某勇房屋买卖合同案

【案件基本信息】

1. 裁判书字号

江苏省连云港市海州区人民法院（2017）苏0706民初3720号民事判决书

2. 案由：房屋买卖合同纠纷

3. 当事人

原告：赵某

被告：陈某勇

【基本案情】

2017年3月24日，赵某与陈某勇签订“房产交易委托代理协议”，陈某勇自愿将位于连云港市海州区瀛洲路38－2号楼三单元××室，以97.5万元的价格出售给赵某。当事人双方还约定：“乙方（赵某）中途悔约，应书面通知甲方（陈某勇），购房定金归甲方所有。甲方中途悔约，应书面通知乙方，并自悔约之日起10天内向乙方双倍返还定金等。”合同签订当天，赵某给付陈某勇定金3万元。2017年4月28日，陈某勇向赵某出具书面通知书，称其不再同意出售案涉房屋。原告为了维护其合法权益，请求法院判令：1. 依法确认原、被告之间签订的房屋转让协议合法有效；2. 依法解除双方之间签订的房屋买卖合同，被告双倍返还定金6万元、赔偿中介费9750元、房屋上涨差价损失46.24万元、卖房损失10万元，以上共计63.215万元；3. 被告承担本案诉讼费用。

根据赵某申请，法院委托江苏苏信房地产评估咨询有限公司对案涉房产进行价格司法评估。江苏苏信房地产评估咨询有限公司出具报告的结论为：估价对象在价值时点2017年5月8日的房地产市场价值为人民币113.88万元。陈某勇认可当时出售房屋时，屋内留给赵某的家电、家具等物品的总价值为5000元。

【案件焦点】

1. 如何界定原、被告约定的“悔约”，是解约定金还是违约定金；2. 如何保护守约方的合法权益。

【法院裁判要旨】

江苏省连云港市海州区人民法院经审理认为：赵某与陈某勇之间签订的房屋买卖合同是双方当事人的真实意思表示，不违反相关法律规定，合法成立且有效，双方应当按照约定履行各自的义务。

《最高人民法院关于适用〈中华人民共和国担保法〉若干问题的解释》第一百一十七条规定：“定金交付后，交付定金的一方可以按照合同的约定以丧失定金为代价而解除主合同，收受定金的一方可以双倍返还定金为代价而解除主合同。对解除主合同后责任的处理，适用《中华人民共和国合同法》的规定。”这是司法解释关于解约定金的规定。解约定金与违约定金的区别有：解约定金的当事人，可以抛弃定金或双倍返还定金来达到解除合同的结果；违约定金适用于一方不履行合同义务的情形，其违约行为通常导致合同目的不能实现。质言之，在明确约定解约定金的场合，违约方可以主动适用定金罚则，无须对方同意即可解除合同；反之，在违约定金情形，是否适用定金罚则并解除合同的选择权在守约方。

本案是房屋买卖合同纠纷，当事人双方在合同中明确约定：“乙方（赵某）中途悔约，应书面通知甲方（陈某勇），且购房定金归甲方所有；甲方中途悔约，应书面通知乙方，并向乙方双倍返还定金。”如何界定当事人约定的“悔约”，是本案争议焦点。对此法院认为：1. 如果基于上述司法解释的规定，将本案的定金界定为解约定金，出卖人作为主动违约方，可以双倍返还定金为代价而解除合同，在房屋价格大幅上涨的情况下，明显有失公允，不能够充分保护守约方（买受人）的民事权益。2. 因为当事人没有在合同中规范使用专业法律术语“解约定金”，而是使用了非法律专业用语“悔约”，法院应当严格按照《中华人民共和国合同法》第一百二十五条第一款的规定，即“当事人对合同条款的理解有争议的，应当按照合同所使用的词句、合同的有关条款、合同的目的、交易习惯以及诚实信用原则，确定该条款的真实意思”，界定当事人合同条款的法律属性。根据诚实信用原则，将本案定金界定为违约定金，不让违约方以双倍返还定金为代价而解除合同，符合法律正义的要求。3. 因为当事人约定的“悔约”，可以视为当事人双方均享有约定的单方解除权，法院应当尊重当事人的约定，不能以违约方不享有解除权为由，以司法权予以干预，即本案的违约方享有约定的单方解除权。在此情况下，即使守约方不同意，违约方也可以单方解除合同。4. 根据《最高人民法院关于审理买卖合同纠纷案件适用法律问题的解释》第二十八条规定：“买卖合同约定的定金不足以弥补一方违约造成的损失，对方请求赔偿超过定金部分的损失的，人民法院可以并处，但定金和损失赔偿的数额总和不应高于因违约造成的损失。”根据上述规定，合同被违约方单方解除后，如果定金罚则不能够弥补守约方的损失，守约方可以同时主张损失赔偿，定金罚则和损失赔偿二者可以并处。综上，陈某勇可以单方解除合同，但是当双倍定金不能够弥补赵某损失时，陈某勇还需承担赔偿损失的民事责任。

根据合同约定，悔约后十日内应当返还，故陈某勇还需从2017年5月8日起支付逾期返还定金的利息，利息标准以年利率6%为宜。赵某的其他损失确定如下：1. 购买房屋时，约定价格为97.5万元，现经过司法评估，房屋价格为113.88元，价差16.38万元是其损失；2. 家电家具等物品价值5000元和赵某实际给付的2000元中介费也属于损失；以上共计17.08万元。陈某勇应当从原告起诉之日起，即2017年5月8日支付逾期给付利息，利息标准以年利率6%为宜。

江苏省连云港市海州区人民法院依据《中华人民共和国合同法》第九十三条第二款、第九十七条、第一百零七条、第一百二十五条，《最高人民法院关于审理买卖合同纠纷案件适用法律问题的解释》第三条第一款、第二十八条的规定，作出如下判决：

一、依法确认原告赵某与被告陈某勇之间签订的“房产交易委托代理协议”合法有效；

二、依法确认原告赵某与被告陈某勇之间签订的“房产交易委托代理协议”已经被解除；

三、被告陈某勇于本判决生效后十日内返还原告赵某房屋定金6万元及利息（从2017年5月8日起至实际给付之日止，以6万元为本金，按年利率6%予以计算）；

四、被告陈某勇于本判决生效后十日内赔偿原告各项损失共计17.08万元及利息（从2017年5月8日起至实际给付之日止，以17.08万元为本金，按年利率6%予以计算）；

五、驳回原告赵某的其他诉讼请求。

【法官后语】

房地产市场价格的上涨，引发了大量的房屋买卖合同纠纷。此类案件的事实并不复杂，但如何适用法律，产生了很多不同意见。就本案来说，归纳起来主要争议是：如何理解双方当事人约定的“悔约”，是解约定金还是违约定金？如果是违约定金，案件如何处理？

第一种意见认为：此处的“悔约”，是违约的意思，故合同中的定金是违约定金，违约方不能行使解除权，如果买受人能够全额付款，法院应当判决强制履约。第一种意见认为：“悔约”应当分为两个部分理解，“悔约”不仅有“违约”的意思，还有“解除”的意思，可以在定性为违约定金的基础上，适用《最高人民法院关于审理买卖合同纠纷案件适用法律问题的解释》第二十八条的规定。违约方可以解除合同，只不过其还需赔偿守约方的其他损失。

笔者同意第二种意见，理由如下：

《最高人民法院关于审理买卖合同纠纷案件适用法律问题的解释》第二十八条规定：“买卖合同约定的定金不足以弥补一方违约造成的损失，对方请求赔偿超过定金部分的损失的，人民法院可以并处，但定金和损失赔偿的数额总和不应高于因违约造成的损失。”此条中所规定的定金，仅限于违约定金，不包括解约定金等。这就是说，当违约定金不能弥补守约方的损失时，守约方还可以要求损失赔偿。如果是解约定金，则当事人可以以抛弃定金或双倍返还定金为代价，达到解除合同的目的。

案涉定金性质的界定，决定着案件审理结果的走向。因为当事人在法律上的不专业，双方在合同中没有明确约定为“解约定金”或“违约定金”，而是在合同中约定了双方均可以“悔约”，何谓“悔约”？如果从前后文理解，将“中途悔约”理解为解约定金，有一定的合理性，但是这样会明显对守约方不公平。根据《合同法》第一百二十五条的规定，从诚实信用原则出发，将本案定金界定为违约定金，符合法律的正义。

定金被界定为违约定金时，意味着违约方不能够解除合同，守约方可以要求继续履行合同，这又有悖于当事人意思自治原则，因为从字面上理解，“悔约”就意味着当事人（违约方）可以不再履约。在崇尚私法自治、契约自由的当代，当事人之间签订的合同，就是他们的“圣经”，应该严格遵守，法院的司法权一般不应当僭越。

如何解决上述矛盾？本案在处理过程中，在将“悔约”界定为违约定金的同时，赋予了当事人约定的单方解除权，因为“悔约”就意味着不再履约，不再履约也就是可以单方解除合同。

合同被解除后，定金罚则不能够充分保护守约方的损失时，根据《最高人民法院关于审理买卖合同纠纷案件适用法律问题的解释》第二十八条规定，守约方同时主张损失赔偿，定金罚则和损失赔偿二者可以并处，保护了守约方的民事利益，也符合民法的公平原则。

如果不赋予违约方单方解除权，而是根据守约方的要求判决强制过户。案件这样处理时，会出现多种不确定的情况：1. 银行贷款的办理存在不确定性；2. 在不能贷款时，守约方短时间内有可能筹措不到购房的余款；3. 如果房屋产权尚没有登记在出卖人名下，可能存在房屋不能一次性过户的情况等。以上情况会造成判决的不确定性，执行的可操作性也大打折扣，甚至会造成空判现象，达不到案结事了的良好社会效果。

编写人：江苏省连云港市海州区人民法院　张海

50

违约金与定金能否同时主张

——吕某诉李某利、重庆市璧山区聚鑫房产经纪有限公司房屋买卖合同案

【案件基本信息】

1. 裁判书字号

重庆市第一中级人民法院（2018）渝01民终1021号民事判决书

2. 案由：房屋买卖合同纠纷

3. 当事人

原告（上诉人）：吕某

被告（被上诉人）：李某利、重庆市璧山区聚鑫房产经纪有限公司（以下简称聚鑫公司）

【基本案情】

2017 年 4 月 11 日，被告李某利作为甲方（售房人），原告吕某作为乙方（购房人），被告聚鑫公司作为丙方（中介方），三方签订《房屋买卖中介合同》，约定乙方购买甲方位于重庆市璧山区凤凰城 14 幢 × × 号房屋，建筑面积 84.35 平方米的房屋，成交价格为 350000 元；办理产权变更时发生的相关税费由乙方独自承担；在 2017 年 4 月 11 日乙方交购房定金 10000 元给甲方，当甲方收到房屋定金之日不得将房屋转售给第三方；乙方于 2017 年 4 月 21 日前支付该房屋的购房首付款 43000 元给甲方，购房尾款由乙方委托丙方向银行申请按揭贷款；甲乙双方于该房屋的评估报告完成后三个工作日内或银行按揭审批下来 3 日内办理该房屋的产权过户手续；如有一方未按本协议约定的内容履行，逾期将支付房屋成交额 19% 的违约金。

2017 年 4 月 11 日，原告吕某向被告李某利交付定金 10000 元，4 月 20 日交付购房首付款 43000 元。原告吕某于 4 月 11 日向被告聚鑫公司交付服务费 3500 元。原告吕某、被告李某利在庭审中确认合同约定的过户日期应为 2017 年 8 月 13 日，被告李某利陈述称其已于 4 月 28 日微信告知吕某其未取得房屋所有权人的委托手续，其不能为吕某办理过户，原告吕某陈述称其在 4 月、5 月对房屋过户是有希望的，现在的房屋价格已由 4100 元/平方米上涨至 5400 元/平方米。该房屋至今未办理所有权过户变更登记。原告诉至法院请求判决：1. 被告李某利支付因违约产生的双倍定金 20000 元，返还原告已经支付的购房款 43000 元，违约金 60670 元，被告聚鑫公司退还已经交纳的中介费 3500 元，合计 133570 元；2. 两被告承担连带责任；3. 两被告承担本案诉讼费。

【案件焦点】

原告同时主张定金与违约金是否应得到支持。

【法院裁判要旨】

重庆市璧山区人民法院经审理认为：被告李某利、原告吕某、被告聚鑫公司三方签订的《房屋买卖中介合同》系三方真实意思表示，不违反法律强制性禁止规定，合法有效，具有法律约束力。合同签订后，原告吕某按约定向被告李某利交付定金10000元、购房首付款43000元，向聚鑫公司交付服务费3500元。被告李某利未按合同约定于2017年8月18日协助办理房屋产权过户登记，系李某利违约行为，现吕某、李某利对该合同予以解除表达了一致意愿，被告李某利应向原告吕某承担违约责任；就吕某主张的要求被告返还购房首付款43000元，因合同解除，被告李某利应向原告吕某返还该款43000元；就原告吕某主张的双倍返还定金20000元，因李某利收受定金10000元而不能履行约定的过户义务，应当依法向吕某双倍返还定金20000元；就原告吕某主张的违约金60670元，被告李某利辩称计算标准过高，原告吕某未充分举证证明其实际损失情况，本院综合被告李某利迟延履行时间、过错程度以及吕某预期利益等综合因素，依据公平原则和诚实信用原则，酌定被告李某利应该付原告违约金20000元。原告主张被告聚鑫公司应返还中介服务费并对李某利的违约责任承担连带责任，没有事实和法律依据，本院不予支持。

重庆市璧山区人民法院依照《中华人民共和国合同法》第一百零七条、第一百一十四条、第一百一十五条之规定，作出如下判决：

一、被告李某利于本判决生效之次日返还原告吕某购房款43000元；

二、被告李某利于本判决生效之次日向原告吕某双倍返还定金20000元；

三、被告李某利于本判决生效之次日向原告吕某给付违约金20000元；

四、驳回原告吕某的其他诉讼请求。

吕某不服一审判决，提起上诉。重庆市第一中级人民法院经审理认为：吕某、李某利、聚鑫公司签订的《房屋买卖中介合同》系三方真实意思表示，且不违反法律强制性规定，应属有效合同，各方应当按照合同约定享受权利、承担义务。合同签订后，吕某按约定向李某利支付了定金和购房首付款，但李某利未按合同约定协助吕某办理房屋产权过户登记，系李某利违约，应向吕某承担违约责任。对于吕某主张的违约金60670元，一审法院根据李某利违约金过高，请求法院予以调整的抗辩，结合合同履行情况、当事人的过错程度以及预期利益等综合因素，对违约金数额予以适当调整并无不当，本院予以维持。虽然吕某上诉称一审法院主张的违约金不能弥补其损失，但其并未举示相应证据证明该主张，本院对该上诉理由依法不予采纳。至于吕某在二审中提出的其余异议，因与庭审查明的事实不符，本院依法不予支持。综上所述，吕某的上诉请求不能成立，应予驳回；一审判决认定事实清楚，判决结果正确，应予维持。

重庆市第一中级人民法院依照《中华人民共和国民事诉讼法》第一百七十条第一款第一项之规定，作出如下判决：

驳回上诉，维持原判。

【法官后语】

本案处理重点在于如何正确适用定金和违约金。定金和违约金择一适用是我国合同法的既定立场，其实质是避免重复赔偿。根据我国《合同法》第一百一十六条的规定，若一方违约，守约方可以选择适用违约金条款或者定金条款。此条款中规定的违约金性质实质上属于赔偿性违约金，而定金的性质实质上属于违约定金。二者均具有损害填补功能，赔偿性违约金系对损害赔偿总额的预估，违约定金系最低损害赔偿额的预定。因此，当违约定金与赔偿性违约金同时适用时，会造成对最低损害赔偿额部分的重复赔偿，加重当事人的负担。择一适用则系法律对意思自治的调整，体现了尊重私法自治和实现个案正义的一种平衡。但《最高人民法院关于审理买卖合同纠纷案件适用法律问题的解释》第二十八条同时规定，买卖合同约定的定金不足以弥补一方违约造成的损失，对方请求赔偿超过定金部分的损失的，人民法院可以并处，但定金和损失赔偿的数额总和不应高于因违约造成的损失。此处的定金仍然属于违约定金，而与该违约定金并用的属于超出定金部分的损害赔偿。

本案中，一审、二审法院在已经支持原告要求被告李某利双倍返还定金的情况下，又综合被告李某利迟延履行时间、过错程度以及吕某预期利益等综合因素，依据公平原则和诚实信用原则，酌定被告李某利给付原告违约金20000元。此判决看似支持了违约定金和违约金的并用，但实质上，此处的“违约金”应该是法院在权衡实际情况的基础上判决的被告对定金不足部分的损害赔偿，与择一适用规则的实质并无背离之处。

上述判决有一定的指导意义。在现实生活中，购房者在售房人处认购房屋时往往会事先签订认购协议并缴纳少量的定金。而在目前国内房地产市场异常火爆的现实状况下，短短数月房屋价格就有可能大幅上升。部分房屋出售者有可能以丧失定金为代价不向购房人履行合同，而将房屋转卖他人。购房人只得用更高的价格另行购买房屋，这就造成购房人预期利益的巨大损失。因此，法院的裁判若仅仅支持购房人要求双倍返还定金，在多数情况下并不能弥补当事人的实际损失，也有可能造成大批售房者通过违约来获取更大利益，对维护良好的市场交易秩序无益。这就需要法院在审理此类案件时，兼顾当事人的过错程度以及预期利益，正确适用好定金与违约金的关系，作出合法、合理的裁判。

编写人：重庆市璧山区人民法院　孙海月

十、房屋借贷与担保纠纷

51

房屋买卖合同中非典型合同的法律适用问题

——唐某明诉上海浦东发展银行股份有限公司北京分行、付某国房屋买卖合同案

【案件基本信息】

1. 裁判书字号

北京市第一中级人民法院（2017）京01民终4355号民事判决书

2. 案由：房屋买卖合同纠纷

3. 当事人

原告（被上诉人）：唐某明

被告（上诉人）：上海浦东发展银行股份有限公司北京分行（以下简称浦发银行）

被告：付某国

【基本案情】

2012年10月31日，浦发银行与国强公司签署《融资额度协议》，约定："浦发银行向国强公司提供可循环使用的融资额度1800万元；哈尔滨中强能源科技有限公司、付某国作为担保人为国强公司的上述债务提供担保。"同日，浦发银行与付某国签订《最高额抵押合同》，浦发银行申请办理了抵押权登记。

2012年10月31日，浦发银行又与哈尔滨中强能源科技有限公司（付某国作为法定代表人）签订《最高额抵押合同》，以北京市东城区建国门内大街×号×层10

号、11号、12号房屋为国强公司《融资额度协议》项下的债务提供最高额抵押担保。

2013年12月11日，浦发银行与国强公司签订《流动资金借款合同》，国强公司申请提款，1800万元贷款现已发放。借款期限届满后，国强公司不能按期偿还贷款。2015年6月16日，唐某明（买受人）与付某国（出卖人）签订《房屋买卖合同》，付某国将已设抵押的18231号房屋售与唐某明，有出卖人办理抵押注销手续，成交价格为1320万元，由买受人直接向出卖人支付定金20万元。

2015年6月29日，浦发银行（甲方、抵押权人）、唐某明（丙方、买方）、付某国（乙方、卖方）签订《三方协议》，约定：乙方以18231号房屋向甲方提供抵押担保，丙方希望购买上述抵押房屋，乙方同意出售该房屋，并以出售价款偿还甲方贷款。三方就买卖抵押房屋及偿还贷款债务，达成协议。随后，由于18231号房屋被人民法院查封，无法办理房屋转移登记手续，双方因此产生争议。购房尾款300万元现已解除监管返还唐某明。

2016年8月4日，浦发银行自（2015）东执字第3911号执行案件中取得案外人哈尔滨中强能源科技有限公司承担担保责任用以清偿债务的款项9939232.95元。

【案件焦点】

1. 如何认定《三方协议》的法律性质；2.《三方协议》与《房屋买卖合同》的关系；3.《三方协议》与《房屋买卖合同》解除的法律后果如何认定。

【法院裁判要旨】

北京市海淀区人民法院经审理认为：在合同签订后，原告唐某明支付了购房款，被告付某国应当按约定交付房屋，虽其在履行义务过程中，18231号房屋被法院查封，导致无法过户，但此权利瑕疵担保责任在于被告付某国，其应当承担违约责任。但对于原告主张的诉讼损失费、利息损失费和物业费等不予支持，对于原告所主张的差旅费及律师费，酌情判定为10万元。对于合同解除后浦发银行，收取的1000万元还款应予退还，浦发银行、国强公司、付某国的权利义务应恢复至原状态。

综上，本院依照《中华人民共和国合同法》第八条、第九十四条、第九十七条、第一百一十五条之规定，判决如下：

一、解除原告唐某明与被告付某国于2015年6月16日签订的《北京市存量房屋买卖合同》；

二、解除原告唐某明与被告付某国、被告上海浦东发展银行股份有限公司北京分行于2015年6月29日签订的《三方协议》；

三、被告付某国、被告上海浦东发展银行股份有限公司北京分行共同退还原告唐某明购房款1000万元；

四、被告付某国双倍返还原告唐某明定金40万元，并赔偿原告唐某明损失10万元；

五、驳回原告唐某明的其他诉讼请求。

浦发银行不服一审法院判决，提出上诉。北京市第一中级人民法院经审理认为：一审法院判令争议款项由付某国、浦发银行共同返还，判决结果正确，但以唐某明系唯一受损方，有失公平为由进而判定本案各方的合同责任，判理不当，本院予以纠正。另，相关款项的履行期限，一审法院未予明确，本院对此一并纠正。依照《中华人民共和国合同法》第八条、第六十条、第九十七条，《中华人民共和国民事诉讼法》第一百七十条第一款第二项之规定，判决如下：

一、维持北京市海淀区人民法院（2016）京0108民初29294号民事判决第一、第二、第五项；

二、变更北京市海淀区人民法院（2016）京0108民初29294号民事判决第三项为：付某国、上海浦东发展银行股份有限公司北京分行于本判决生效后十五日内，共同返还唐某明购房款1000万元；

三、变更北京市海淀区人民法院（2016）京0108民初29294号民事判决第四项为：付某国于本判决生效后十五日内，双倍返还唐某明定金40万元，并赔偿唐某明损失10万元。

【法官后语】

我国合同法中并无混合合同之概念，但在民事领域中对于混合合同这种非典型合同广泛存在。与混合合同相并列的还有纯无名合同以及合同联立，三者都属于非典型合同的范畴。合同联立存在若干合同关系，而混合合同只存在单个合同关系。

本案中，浦发银行、付某国、唐某明签订的《三方协议》存在三方民事主体，相互之间形成了多重的权利义务关系。《三方协议》中，既体现了浦发银行和付某国之间的担保合同关系，又体现了付某国和唐某明之间的房屋买卖合同关系。三方之间的基础法律关系混合体现在《三方协议》之中，体现了房屋买卖合同、担保合同关系、借款合同等多个有名合同关系，具备了混合合同的成立要件。因此，《三方协议》系典型的混合合同。

司法审判中，混合合同适用法律的难点，不在于当事人数量的众多，而在于各方之间错综复杂的权利义务关系。不同于有名合同，混合合同具有各方民事主体权利义务的不可分割性和交易的一体性，各方之间的权利义务关系应在同一个合同框架内解决，即遵循各项权利义务单独认定，合同履行情况整体认定的标准。

《合同法》第九十四条规定，有下列情形之一的，当事人可以解除合同：……（四）当事人一方迟延履行债务或者有其他违约行为致使不能实现合同目的……唐某明取得18231号房屋所有权的合同目的无法实现，因此其享有合同的解除权。三方当事人在本案诉讼中一致同意解除《三方协议》，法院据此判决予以确认。

本案一、二审皆认定浦发银行对18231号房屋无法办理产权转移登记并无过错，且在《三方协议》履行期间亦无违约行为，但本案仍判令浦发银行承担1000万元购房款的连带返还责任。对此，我们的依据如下：

不当得利之返还请求权。本案中，在《房屋买卖合同》和《三方协议》均解除的情况下，浦发银行继续占有1000万元构成不当得利。唐某明向付某国支付1300万元购房款系为解除房屋抵押进而取得房屋所有权；付某国同意将上述购房款划转至浦发银行以实现债权。在无法办理房屋产权转移登记的情形下，唐某明的给付目的不能实现，而浦发银行继续占有1000万元钱款，双方的损益变动欠缺法律依据，浦发银行对1000万元的占有构成不当得利。

《三方协议》中交易的一体性。如前文所述，唐某明支付第二笔购房款的前提为完成房屋过户。虽然唐某明分两次支付购房款，且对第一笔购房款1000万元的支付并未有此约定，但通过明确各方合同目的和交易行为的一体性，可以认定唐某明支付全部购房款的目的是取得房屋所有权，两次支付行为具有相同的目的，即取得房屋所有权。在唐某明合同目的无法实现的情形下，实际占有相应钱款的合同当事人均应予以返还。

社会经济的发展必然导致民事合同类型的多样化和复杂化，只要当事人之间订立的合同不违反法律、行政法规的强制性规定，不违反公序良俗，就应充分尊重当事人的意思自治，认定合同有效。审判实践中出现了越来越多新类型的合同，这需要裁判者在面对纷繁复杂的合同纠纷时，根据现有立法和司法解释，条分缕析，分析当事人订立合同的本意，理顺各方权利义务关系，正确适用相关法律原则和规则，作出公正合理的裁判结果。

编写人：北京市第一中级人民法院　柳适思　王志栋

52

买卖型担保的认定及其效力评析

——杨某诉郑某房屋买卖合同案

【案件基本信息】

1. 裁判书字号

北京市第二中级人民法院（2017）京02民再120号民事判决书

2. 案由：房屋买卖合同纠纷

3. 当事人

原告（被上诉人、申诉人）：杨某

被告（上诉人、被申诉人）：郑某

【基本案情】

杨某、郑某二人均是北京市房山区韩村河村村民，位于本村×区×排1号的房屋（以下简称1号房屋）系郑某所有。2010年12月31日，郑某向杨某借款100万元，本息未还。2014年2月22日郑某欲再向杨某借款100万元，双方在2014年2月23日达成借款合同一份，约定，郑某向杨某借款216万元，其中包括2010年12月31日借款100万元、利息16万元，2014年2月22日借款100万元，借款期限为12个月；郑某到村委会把1号房屋过户给杨某所有，郑某暂住一年，如到期郑某未还清借款，杨某有权让郑某一家搬离1号房屋，如郑某一年期内还清借款，杨某到村委会将住宅再过户给郑某。协议签订当天，郑某向村委会提交卖楼申请一份，载明：我叫郑某，根据韩村河村委会原购楼规定，我与张某贤买了一栋别墅，住×区×排一号，总建筑面积329平方米，现由于借款，故转卖给韩村河村民杨某，请村委会批准为盼。杨某于当日向村委会提交买楼申请一份，载明：我叫杨某，因借款给村民郑某，故将韩村河村×区×排一号郑某家的别墅做抵押，双方协商已达成初步意见，到期借款归还不上，自愿将一号房屋过户给杨某，请韩村河村委会给予批准。

2014年2月24日，杨某、郑某二人作为买卖房屋的申请方又达成协议一份，村委会同意杨某与郑某之间进行楼房交易。协议约定，郑某将现居住的1号房屋以200万元的价格自愿出售给杨某。双方自觉遵守《韩村河村民楼房交易的规定》，支付完集体的补助费3万元、过户手续费6万元费用后，村委会给予办理楼房过户手续。楼房交易后，杨某对1号房屋拥有长期居住权、使用权。协议签订后，杨某夫妻在协议上签字，郑某夫妻及二子在协议上签字，北京市房山区韩村河村委会在其中三份协议上加盖了公章，未在郑某所持有的一份协议原件上加盖公章。

协议签订后，杨某向韩村河村委会交纳了退还集体补助款3万元，过户款6万元，并将原房屋产权证原件上交给村委会。村村委会于2015年3月6日为杨某办理了韩房权证韩私字第1304××号韩村河房屋产权证。后因郑某借钱长期不还，杨某起诉至法院，要求判令1号房屋归其所有。

【案件焦点】

1. 杨某与郑某之间是否存在民间借贷法律关系；2. 杨某能否直接依照协议书向郑某主张履行交付房屋的义务。

【法院裁判要旨】

北京市房山区人民法院经审理认为：当事人应遵循自愿、公平、等价有偿、诚实信用的原则从事民事活动。杨某为韩村河村集体经济组织成员，享有使用本村集体土地的资格。杨某与郑某之间关于涉案房屋的处理意见，应以双方所签订的最后一份书面协议为准，该房屋买卖协议系双方真实意思表示，不违反法律、法规等强制性规定，故该协议应属有效，双方均应按约履行。郑某已收到杨某给付的购房款，应按约将涉案房屋交付给杨某。郑某的辩解缺乏法律依据，法院不予采信。故依照《中华人民共和国合同法》第六十条、第一百零七条之规定，判决如下：

被告郑某于本判决生效后三十日内将位于北京市房山区韩村河镇韩村河村×区×排一号的房屋交付给原告杨某。

郑某不服一审判决，提起上诉。北京市第二中级人民法院经审理认为：本案的争议焦点是郑某应否基于双方之间的房屋买卖协议履行交付义务。依据本案已查明的事实，2014 年 2 月 22 日，郑某为杨某出具借款 216 万元的借条；2014 年 2 月 23 日，双方签订《借款合同》约定借款数额、期限并约定将涉案房屋过户给杨某以及届时借款清偿与否涉案房屋如何处理等内容；当日，双方向韩村河村委会提交申请，杨某将 100 万元汇入郑某账户；2014 年 2 月 24 日，双方作为申请人达成协议。结合借条、借款合同、双方申请的内容以及上述协议的履行情况，可以确认，双方之间系民间借贷关系，双方签订涉案房屋的买卖协议实质上是为了履行《借款合同》的相应条款，故杨某基于其与郑某之间存在房屋买卖合同关系，要求郑某履行交付涉案房屋的合同义务，缺乏依据，法院难以支持。原审法院认定双方之间系房屋买卖关系并判决郑某履行交付义务，错误，应予以纠正。

北京市第二中级人民法院依照《中华人民共和国民事诉讼法》第一百七十条第一款第二项之规定，本院判决如下：

一、撤销北京市房山区人民法院（2015）房民初字第 06209 号民事判决；

二、驳回杨某的诉讼请求。

杨某不服二审判决，向北京市人民检察院申请抗诉，后北京市人民检察院向北京市高级人民法院提起抗诉，北京市高院指令北京市第二中级人民法院再审。再审结果依然是维持原审判决。北京市第二中级人民法院再审认为：本案争议焦点问题是杨某与郑某之间是否存在民间借贷法律关系。杨某能否直接依照协议书向郑某主张履行交付房屋的义务。根据本案查明的事实，双方自 2010 年起即存在民间借贷关系，至 2014 年 2 月双方再次发生民间借贷关系，并签订《借款合同》，根据该合同的约定，除约定借款数额、期限，还约定将涉案房屋过户给杨某以及届时借款清偿与否，涉案房屋如何处理等内容，并在之后双方共同向所居住的村委会申请房屋买卖，签订了协议书。综合分析双方当事人出具借条，签订《借款合同》及协议书的顺序及内容，可以认定郑某是以其住房作为借款偿还的保证，双方之间不是简单唯一的房屋买卖关系，而是一种非典型担保方式即买卖型担保。故在郑某与杨某之间存在民间借贷关系，并以房屋提供担保的情形之下，杨某以与郑某存在房屋买卖合同关系而主张郑某交付房屋的请求，本院不能支持。本案亦不适用《最高人民法院关于审理民间借贷案件适用法律若干问题的规定》（以下简称《民间借贷规定》）予以裁判。综上所述，杨某的再审请求事实与法律依据不足，本院不予支持。本院二审处理认定事实清楚，适用法律正确，判决应予维持。

北京市第二中级人民法院依照《中华人民共和国民事诉讼法》第二百零七条第一款、第一百七十条第一款第一项之规定，判决如下：

维持本院（2015）二中民终字第10246号民事判决。

【法官后语】

本案是一起典型的“名为买卖、实为借贷的”买卖型担保案件，特殊之处是本案并不适用于《民间借贷规定》第二十四条规定。检察院提起抗诉认为原二审适用法律错误，应适用《民间借贷规定》第二十四条的规定，但是显而易见，本案在2015年3月提起诉讼，而《民间借贷规定》在2015年9月才施行，本案并不能直接适用《民间借贷规定》，属于检察院提起抗诉适用法律错误的情况。抛开本案的法律适用问题，就本案所涉及的案件类型作如下梳理。

以签订买卖合同作为民间借贷合同的担保，简称买卖型担保。近年来出现了大量的借贷合同之外签订买卖合同，若借款未能按期清偿，则履行买卖合同，以此担保债权实现的情况。此类案件在司法实践中存在的问题主要有两大类，一类是关于合意的性质认定，主要问题是混淆买卖型担保与典型买卖以及代物清偿。另一类是关于买卖型担保的法律效果的认定，主要是买卖型担保合同的效力、买卖合意的效力及买卖型担保的实现方式等问题。

一、买卖型担保的界定

买卖型担保是一种希望通过约定物的权利转移实现担保目的的非典型担保，本质上是以物之权力转移来实现债权的担保，属于债权性担保。买卖型担保的目的是保障债权的实现，即买卖型担保设定的目的是使民间借贷的法律关系按照借贷合同约定的方式实现，而不是为了消灭借贷的法律关系而存在。“以签订买卖作为民间借贷合同的担保”属于当事人之间自由创设的一种保障债权履行的方式，属于意思自治的内容。根据契约自由原则，在不违反法律强制性规定和公序良俗原则，也不影响公共利益的情形下，当事人可以根据契约自由原则约定债权履行之担保的方式。可见，从学理学上，不管这种担保方式担保效果如何，但承认买卖型担保属于非典型性债权担保的一个类型。

买卖型担保的类型。买卖型担保既包括通过买卖合同事先转移所有权的担保方式，即让与担保的方式。也包括通过买卖合同约定，债权人与债务人债务清偿不能时享有买卖合同履行请求权的方式来实现担保，这是一种类似让与担保的担保制度，我们姑且称之为“后让与担保”。本案涉及的房屋买卖的情况属于第二类，只是该房屋不是上市交易的商品房，而是村集体所有的农村住宅，虽然杨某通过村委会已经将该房屋的所有权证变更在自己名下，但这种产权的变更并不具有法律上的意义。

区分买卖型担保、典型买卖与代物清偿。典型买卖与买卖型担保区分的最主要标志在于买卖合同当事人是否存在担保的合意。具体而言：1. 买卖标的物的交付以出卖人未如约偿还主合同债务为前提。2. 由于该买卖合同附属于主合同的借贷合同，买受人（即债权人）无须再支付买卖合同项下的价款。3. 买受人的目的不是获得标的物所有权，而是获得标的物的对价，可能是金钱而非买卖合同标的物。

代物清偿即通俗意义的“以物抵债”，系债务人与债权人约定，由债权人受领他种给付，以代原定之给付，使其债之关系消灭之契约。代物清偿是要物合同，因为只有债权人现实受领了他种给付，原债务关系才归于消灭，否则原债务关系并不消灭。一般认为，代物清偿能够做到消灭债权债务关系，则必须满足代物清偿的合意以及物之所有权的转移这两个条件。买卖型担保与代物清偿在本质上的不同表现在：一是行为目的不同。买卖型担保的目的在于保障债权的实现，而代物清偿的目的则是要消灭债权债务关系。二是作出的时间点不同。买卖型担保合同在借贷合同到期之前就设定了，代物清偿一般在债务履行期届满时才发生。三是买卖型担保不会消灭主债权，还会新设立一种法律关系。代物清偿产生的法律后果是变更与消灭原债权债务。可见，买卖型担保因具备民间借贷合同担保的意思表示，本质上是一个以转移物权力为内容的担保合意，故不宜视为一个附条件的代物清偿协议。就本案而言，所涉及的“以房抵债”可看作一种代物清偿预约，就是双方预先约定，如到期不能清偿债务则以物抵债的情形，但是我国的现行立法和社会实践并不支持该种做法，不管是《担保法》还是《物权法》都对该种流质类条款采取禁止主义立法模式，也就等于对代物清偿预约同样采取禁止态度。

二、买卖型担保的法律规制

截至目前，我国仅有《民间借贷规定》第二十四条，以司法解释的形式明晰了买卖型担保在司法裁判中的具体裁判规则。但买卖型担保作为当事人之间自由设立的非典型性债权担保，根据其创设的内容不同，可能兼具债权和物权的特性，所以，还应当受《民法通则》《合同法》及其相关司法解释、《担保法》和《物权法》及其相关司法解释的规制，这部分法律规范可视为买卖型担保的一般性规则。

三、买卖型担保的法律效果

现实中，买卖型担保基本都是以房屋或价值较大的物品买卖的形式来担保民间借贷，在民间借贷交易中，借款人一般处于劣势地位，为了规避禁止流押条款，往往会采用该种方式，一般而言，担保房屋的价格往往要高于借款本息，并且缺乏对债权人的清算义务。如果认定买卖合同有效，在债务不能清偿时，判令债务人履行买卖合同，往往会造成实质的不公平，并且会损及其他债权人的利益。另外，判断买卖型担保的效力不应以买卖合同内容是否公平合理作为条件，即不能认为买卖合同合理就认定有效、不合理就认定无效，而必须有统一的标准，否则会造成司法实践的混乱。

担保合意和买卖合意构成了买卖型担保的效力基础。买卖型担保的核心是对债务履行提供的担保的合意，在实践中，买卖型担保案件的当事人客观真实存在三种合意，即作为主债权的借款合意、作为债权担保的担保合意以及作为债权担保手段的买卖合意，这三种合意共同构成涉及民间借贷的买卖型担保的典型形态。具体表现：一是呈现出三份单独的合同，将担保合意、民间借贷合意、买卖合意分别约定在三份协议上。二是在两份合同中呈现，在民间借贷合同中既约定担保的合意，也约定民间借贷的合意，担保合意作为民间借贷合同中的一个担保条款，买卖合意另行约定在单独的买卖合同中。三是约定在一份合同中，当事人关于买卖标的物的意思表示，作为担保合意的客观工具，将担保的合意直接约定在买卖合同中，本案的外观则属于第二种类型，即借贷合同中约定了担保条款，协议书是一份另行单独的房屋买卖合同。

以法律行为理论分析案例中《协议书》的效力。法律行为理论是认定民事行为效力的基本准则。法律行为可一般性地定义为当事人旨在根据意思表示的内容获得相应法律效果的行为。法律行为的核心是当事人的意思表示。意思表示是将欲发生法律效果之意思表示于外的行为。一个法律行为是否产生效力，首先取决于当事人的意思表示是否体现真实意愿。另外，应严格区别法律行为的成立与生效。通说认为，法律行为的一般成立要件有三个：一是当事人，二是有意思表示，三是有标的存在，标的就是当事人想要达到的私法上的效果。但是法律行为成立后，并不必然就能发生法律上的效力，还必须符合法律规定的条件，也就是符合法律行为的生效要件。本案中，杨某与郑某虽就以签订农村房屋买卖协议为借款合同提供担保达成一致，表面上房屋买卖协议虽已成立，但并不当然就一定生效，是否生效正是本案争议的一个焦点问题。通过双方当事人出具借条，签订《借款合同》及房屋买卖协议书的顺序及内容，可以认定房屋买卖协议仅是外观，双方之间的真实意思表示是借款，而房屋买卖协议只是借款合同的担保内容，郑某是以其住房作为借款偿还的保证，其买卖的意思属于民法理论上的意思表示不真实，具体说是虚伪表示。虽然该房屋买卖协议成立，但是因为不符合法律规定的生效条件，并不能自然生效。另外，在房屋交易习惯中，往往明确约定房屋的交付时间，而本案中未明确约定房屋交付时间，却约定郑某享有回赎权，亦不符合房屋交易惯例，因此双方之间的法律关系是民间借贷合同关系而非农村房屋买卖合同关系。

四、买卖型担保的救济途径

实现买卖型担保的过程，就是实际履行该非典型合同并以此结束买卖、担保和借贷法律关系的过程。既然买卖型担保中的买卖合同是一种作为担保手段的非典型的买卖方式，那么当事人自然可以在担保的目的之下，并在法律允许的范围之内，自由安排其履行方式，当事人可明确约定清算型条款，当履行买卖合同条件具备时，买受人并不直接取得标的物的所有权，而是在主合同借贷金额范围内，有权对标的物折价、拍卖或变卖的款项受偿。具体到本案中，名为房屋买卖、实为借款担保，应认定房屋买卖合同无效，并驳回出借人要求履行房屋买卖合同的诉讼请求。出借人可以就本案另诉民间借贷法律关系处理。但是由于本案涉及的是农村房屋的买卖，法律对此并没有十分明晰的规定。若另诉民间借贷纠纷，法官应充分考虑涉案农村房屋具有的地域性、特殊性和政策性特征，对涉案房屋是拍卖、变卖予以适当的变通，引入诚信原则，在合理的限度内处理该债务，尽量有效地平衡双方的利益，使案件的处理结果有正确的价值导向，在审判实践中培育和践行社会主义核心价值观。

编写人：北京市第二中级人民法院　王文庆

53

名为买卖实为借贷时的处理

——付某钰诉唐山继兴房地产开发有限公司、董某霞房屋买卖合同案

【案件基本信息】

1. 裁判书字号

河北省唐山市丰南区人民法院（2015）丰民重初字第69号民事判决书

2. 案由：房屋买卖合同纠纷

3. 当事人

原告：付某钰

被告：唐山继兴房地产开发有限公司、董某霞

【基本案情】

2014年6月10日，付某钰为乙方，与甲方唐山继兴房地产开发有限公司签订房地产买卖合同，约定：甲方将开发建设的丰南区黄各庄镇兴旺小区底商18套售给乙方，成交价格为人民币200万元，于2014年6月10日之前交清全部房款，甲方保证上述房产建成并取得预售许可证后与乙方签订正式买卖合同，并负责为乙方办理房产证和土地证等证件。甲方加盖了公章，并由法人代表董某霞签字；乙方签字并按指印。2014年6月10日，收款人董某霞出具收条“收到付某钰交购房款人民币贰佰万元正”。收款人董某霞签名并加盖唐山继兴房地产开发有限公司印章”。2014年6月10日，付某钰丈夫郑某亮的农行账户于两次转账20万元和150万元到董某霞农行账户，2014年6月7日给付董某霞现金10万元，2014年6月8日两次给付董某霞现金各10万元。2014年6月22日，双方签订房地产买卖合同补充协议，约定：甲方确保在2014年6月30日前取得上述房地产预售许可证，并将买卖合同约定的房产交付乙方，为乙方办理房产证和土地证等相关证件。否则，甲方无条件退还付某钰已付购房款200万元，并向乙方支付违约金60万元，同时自2014

年6月10日始至退清全部购房款之日止每月按购房款的4%向付某钰赔偿损失。在该份补充协议上，甲方唐山继兴房地产开发有限公司加盖了公章；乙方付某钰签字并按指印。董某霞系唐山继兴房地产开发有限公司原法定代表人，2014年6月30日，该公司申请将法定代表人变更为郭某。付某钰认为唐山继兴房地产开发有限公司违约，请求判令被告退还已付购房款200万元；支付违约金60万元；自2014年6月10日起至退清全部购房款之日止每月按购房款的4%赔偿损失。

【案件焦点】

1. 本案原、被告属于何种法律关系；2. 董某霞的行为属于个人行为还是公司行为。

【法院裁判要旨】

河北省唐山市丰南区人民法院经审理认为：本案双方争议焦点之一，双方是房地产买卖合同关系还是借贷关系。虽然原告与二被告签订的是《房地产买卖合同》，《收条》中也注明为交购房款，但合同约定内容缺乏真实性，200万元购买18套底商，其平均价格与市场价格明显差距过大，不是真实意思表示，根据被告提供的录音内容，是原告丈夫郑某亮向董某霞提供的资金，董某霞在出具的收条中确认收到付某钰交购房款，收条由董某霞本人签名确认，且与原告丈夫郑某亮向其提供的资金数额能够相互印证，双方实际应属于借贷关系。双方争议的第二个焦点，董某霞借款是公司行为还是个人行为。董某霞与原告发生借贷关系时，任唐山继兴房地产开发有限公司法定代表人，且在与原告签订合同、补充协议以及向原告出具的收条中均加盖了公司印章，是以公司名义的对外行为，虽然原告丈夫郑某亮将借款打到了董某霞个人账户，但不能以此说明就是董某霞的个人行为，唐山继兴房地产开发有限公司主张该借款董某霞用于偿还个人债务，应当承担举证责任，但其未能提供证据证明，其抗辩主张，本院不予以采信。双方补充协议对违约金以及损失的约定，本院视为对借款利息的约定，因其约定标准超出了《最高人民法院关于审理民间借贷案件适用法律若干问题的规定》第二十九条第一款规定的标准，超出部分，不受法律保护。虽然经司法鉴定，原告提供的《房地产买卖合同》及《收条》中公章印文与样本公章印文不是同一枚印章盖印，但该两份证据上法定代表人的指印和签名是真实的，如果唐山继兴房地产开发有限公司认为该印章系伪造，损害了其公司利益，应当依法向侦查机关申请立案，由侦查机关处理，不属于本案的审理范围，亦不构成本案审理程序中止的事由。

河北省唐山市丰南区人民法院依照《中华人民共和国民法通则》第八十四条、第一百零八条，《中华人民共和国合同法》第二百零六条，《最高人民法院关于审理民间借贷案件适用法律若干问题的规定》第二十九条第一款的规定，作出如下判决：

一、被告唐山继兴房地产开发有限公司于本判决生效后十日内偿还原告付某钰借款本金人民币 200 万元；并自 2014 年 6 月 10 日起至本判决生效之日止，按月利率 2% 计算，给付原告以上借款本金的利息；

二、驳回原告的其他诉讼请求。

【法官后语】

司法实践中大量存在通过签订买卖合同为借贷行为提供担保情形。法律关系的性质界定，不应受制于当事人之间签订合同的外观和名称，而应由当事人的真实意思和合同的实质内容来决定，只要确认双方当事人就借贷问题达成了合意且出借方已经实际将款项交付给借款方，即可认定债权债务关系成立。当事人签订买卖合同，其目的是担保债务人能及时还本付息，在债务人无法偿还债务时，以其自有房产直接抵债，当事人不存在真实的买卖合同关系，而是民间借贷关系。

关于本案应按何种法律关系审理的问题。原、被告虽然签订的系房屋买卖合同，但双方的真实目的不是房屋所有权的转移，而是为借款担保。根据《最高人民法院关于审理民间借贷案件适用法律若干问题的规定》第二十四条规定，应按民间借贷关系审理。

关于董某霞的行为属于个人行为还是公司行为的问题。本案合同签订时董某霞任唐山继兴房地产开发有限公司法定代表人，且在合同中董某霞签字并加盖了公章，虽诉讼过程中经鉴定公章与公司提供的样本公章不是同一枚，但董某霞的指印和签名经鉴定是真实的，现公司主张系董某霞个人债务，公司于合同签订后变更了法人，公章亦有变更的可能，对于时任公司法人的董某霞与原告签订合同，并在合同中加盖公章，从外部表现足以让原告认为系公司行为。若认定系个人债务，偿债能力定不如公司的能力强，可能损害债务人的利益。对于公司若认为该印章系伪造，损害了其公司利益，应当依法向侦查机关申请立案，由侦查机关处理，不属于本案的审理范围。

审判实践过程中，我们不应拘泥于事物的外观，应探求事物的本质，完全贯彻物权法有关物权行为与债权行为相分离的原则，努力实现合同法提倡的诚实信用和保护交易安全原则。

编写人：河北省唐山市丰南区人民法院　刘小欢

54

为民间借贷设定担保而签订的房屋买卖合同效力

——魏某诉靳某房屋买卖合同案

【案件基本信息】

1. 裁判书字号

北京市第一中级人民法院（2017）京01民终4557号民事判决书

2. 案由：房屋买卖合同纠纷

3. 当事人

原告（被上诉人）：魏某

被告（上诉人）：靳某

【基本案情】

2013年11月27日，魏某与靳某签订《房屋买卖合同》，约定："卖方（甲方）：魏某，买方（乙方）：靳某。第一条 房产位置 甲方同意出售甲方所有的位于坐落于北京市昌平区沙河镇南丰路兆丰家园10号楼4单元××号（产权人：魏某）所有权处分的房产给乙方。房屋建筑面积85.26平方米。房地产权证目前开发商还没有办理下来，等房产证下来的时候甲方自愿无条件配合乙方办理交接过户等后续问题。甲方保证此房产一切情况介绍属实，承诺和保证此房产所有权人同意出售。同时物业交接前需付清甲方产生的物业管理费、水电、有线、通信费及任何该房产使用所产生的费用。乙方对本房屋房产证尚未办理完成的事实以及对甲方所出售的房屋已充分了解，乙方愿意购买上述房屋。第二条 成交价格以及如何支付甲、乙双方同意上述房产的成交价格为总价人民币壹佰陆拾万元整（大写），￥1600000（小写）。并于当日一次付清。第三条 办理过户及房屋交付 甲方取得房产证后，应通知乙方办理房屋过户手续，乙方应在接到甲方书面通知之日起30日内与甲方共同到房管局完成产权过户……合同中还约定了其他内容。”合同后有双方签字及捺印。合同后显示的签订时间为2015年1月1日。

2013年11月27日，魏某与靳某签订《房产抵押合同》，约定：“抵押人（借款人）：魏某，抵押权人（出借人）：靳某。为确保2013年11月27日签订的房屋抵押合同（以下简称主合同）的履行，抵押人（以下简称甲方）愿意以其有权处分的房地产作抵押。抵押权人（以下简称乙方）经实地勘验，在充分了解其权属状况及使用与管理现状的基础上，同意接受甲方的房地产抵押。第一条 甲方用作抵押的房产为北京市昌平房地产开发总公司开发的兆丰家园回迁楼房屋一套，坐落于北京市昌平区沙河镇南丰路兆丰家园10号楼4单元××号建筑面积85.26平方米，产权人：魏某。第二条 根据主合同，甲乙双方确认：债务人为魏某，抵押期限自2013年11月27日至2015年1月1日。第三条 经双方评估，上述房地产价值为人民币壹佰陆拾万元整（大写），￥1600000（小写）……第六条 抵押房地产现由甲方无偿使用，若合同到期未能还款，甲方必须无条件配合乙方办理交接过户等房屋后续手续。甲方在抵押期间对其抵押的房产承担维修、养护义务并负有保证抵押房地产完好无损的责任，并随时接受乙方的检查监督……”合同后有双方签字及捺印。合同后显示的签订时间为2013年11月27日。

另查，庭审中双方均认可涉案房屋属于回迁房，尚未办理相关权属证明。

庭审中被告靳某向法庭提交银行流水明细，证明原告魏某从其处借得160万元，原告魏某认为银行流水明细系被告取现消费，与自己没有关系；庭审中被告靳某向法庭提交收条，证明原告已收到购房款160万元，原告魏某对收条内容不予认可，但认可收条上系本人签字及捺印。

【案件焦点】

当事人以签订房屋买卖合同为民间借贷合同设定担保，借款到期后借款人不能还款，借款人要求确认合同无效的，该如何处理。

【法院裁判要旨】

北京市昌平区人民法院经审理认为：《中华人民共和国合同法》第五十二条规定："有下列情形之一的，合同无效：（一）一方以欺诈、胁迫的手段订立合同，损害国家利益；（二）恶意串通，损害国家、集体或者第三人利益；（三）以合法形式掩盖非法目的；（四）损害社会公共利益；（五）违反法律、行政法规的强制性规定。"《中华人民共和国物权法》第一百八十六条规定："抵押权人在债务履行期届满前，不得与抵押人约定债务人不履行到期债务时抵押财产归债权人所有。"本案的争议焦点系房屋买卖合同的效力问题，魏某与靳某在同日分别签订了《房屋买卖合同》和《房产抵押合同》，双方签订房屋买卖合同的真实目的系将房屋作为借款的担保，因此房屋买卖合同的履行只是具体实现担保债权的方式，该合同虽已成立，但属于借款人与出借人在债务履行期届满前，变相约定将担保财产归出借人所有，符合流质契约的要件，应属无效合同，原、被告双方产生的纠纷应按照借贷合同关系予以处理。现魏某要求确认《房屋买卖合同》无效，其主张符合法律规定，本院予以支持。北京市昌平区人民法院依照《中华人民共和国合同法》第五十二条，《中华人民共和国物权法》第一百八十六条，《中华人民共和国担保法》第四十条，《中华人民共和国民事诉讼法》第六十四条之规定，作出如下判决：

原告魏某与被告靳某于2013年11月27日签订的《房屋买卖合同》无效。

靳某不服一审判决，提出上诉。北京市第一中级人民法院经审理认为：当事人对自己提出的诉讼请求所依据的事实或者反驳对方诉讼请求所依据的事实，应当提供证据加以证明，但法律另有规定的除外。主张法律关系存在的当事人，应当对产生该法律关系的基本事实承担举证证明责任。本案中，通过审查当事人提交的《房屋买卖合同》《房产抵押合同》《欠条》以及其他证据材料并结合双方的陈述意见，靳某对于与魏某之间存在民间借贷法律关系已完成相应的举证责任。魏某主张的签订《房屋买卖合同》《房产抵押合同》《欠条》系为了帮助应付靳某妻子的抗辩意见，与本院查明的事实不符，也有违日常生活经验法则，本院不予采信。综合全案事实，双方签订《房屋买卖合同》的真实意思表示系为民间借贷设定担保，而不是通过支付正常交易对价取得诉争房屋。据此，本案的基础法律关系应为民间借贷法律关系。一审法院仅依据当事人主张的房屋买卖法律关系进而审理本案有误，本院予以纠正。北京市第一中级人民法院依照《最高人民法院关于审理民间借贷案件适用法律若干问题的规定》第二十四条,《最高人民法院关于适用〈中华人民共和国民事诉讼法〉的解释》第三百三十条之规定,作出如下裁定:

一、撤销北京市昌平区人民法院(2017)京0114民初5144号民事判决;

二、驳回魏某的起诉。

【法官后语】

本案一审法院与二审法院审理的差异在于对流质抵押的判断和认定问题。流质条款是指当事人之间关于债务人届期不履行债务时债权人(抵押权人)有权直接取得抵押财产所有权的约定内容,因违反担保的原则而被法律认定无效。一审法院认为魏某与靳某在同日分别签订了《房屋买卖合同》和《房产抵押合同》,双方签订房屋买卖合同的真实目的系将房屋作为借款的担保,因此房屋买卖合同的履行只是具体实现担保债权的方式,该合同虽已成立,但属于借款人与出借人在债务履行期届满前,变相约定将担保财产归出借人所有,符合流质契约的要件,应属无效合同,故一审法院判决驳回原告魏某的诉讼请求。二审法院认为通过审查当事人提交的《房屋买卖合同》《房产抵押合同》《欠条》以及其他证据材料并结合双方的陈述意见,靳某对于与魏某之间存在民间借贷法律关系已完成相应的举证责任。综合全案事实,双方签订《房屋买卖合同》的真实意思表示系为民间借贷设定担保,而不是通过支付正常交易对价取得诉争房屋。

《物权法》第一百八十六条规定:"抵押权人在债务履行期届满前,不得与抵押人约定债务人不履行到期债务时抵押财产归债权人所有。"《担保法》第四十条规定:"订立抵押合同时,抵押权人和抵押人在合同中不得约定在债务履行期届满抵押权人未受清偿时,抵押物的所有权转移为债权人所有。"以上是法律关于"禁止流押"的规定,以上规定是指在借贷合同或者在抵押合同中有关于流质条款的约定,但本案中靳某与魏某在《房屋买卖合同》和欠条中未有流质条款的约定,而且借款人魏某起诉要求确认双方签订的《房屋买卖合同》无效。《最高人民法院关于审理民间借贷案件适用法律若干问题的规定》第二十四条规定:"当事人以签订买卖合同作为民间借贷合同的担保,借款到期后借款人不能还款,出借人请求履行买卖合同的,人民法院应当按照民间借贷法律关系审理,并向当事人释明变更诉讼请求。当事人拒绝变更的，人民法院裁定驳回起诉。”本案中，借款人魏某起诉要求确认买卖合同无效的，法院也应当按照民间借贷法律关系审理，如果法院向当事人释明变更诉讼请求，当事人拒绝变更的，人民法院应当裁定驳回起诉。

编写人：北京市昌平区人民法院　陈振祥

55

“以房抵债”型房屋买卖合同的效力认定

——杨某明诉钱某伟等商品房买卖合同案

【案件基本信息】

1. 裁判书字号

江苏省无锡市中级人民法院（2016）苏02民终4775号民事裁定书

2. 案由：商品房买卖合同纠纷

3. 当事人

原告（上诉人）：杨某明

被告（被上诉人）：钱某伟、陶某琴、陶某甲、陶某乙、无锡孚森之星科技有限公司（以下简称孚森公司）

【基本案情】

2012年7月6日，钱某伟与江苏天福房地产开发有限公司（以下简称天福公司）订立商品房买卖合同，购买宜兴市竹海锦城××幢101号、102号预售商品房，101号房价款为4114391元，首付款为2414391元；102号房价款为3963023元，首付款为2313023元。同日，陶某琴与天福公司订立商品房买卖合同，购买宜兴市竹海锦城××幢103号、104号预售商品房，103号房价款为6071863元，首付款为3521863元；104号房屋价款为3963023元，首付款为2313023元。上述商品房预售合同均于2012年7月6日备案，合同约定除首付款外的剩余房款由买受人在备案之日起七日内办理银行贷款支付，房屋的交付期限为2013年1月1日前。2014年

12月17日，杨某明与钱某伟、陶某琴、陶某甲订立协议，协议约定：确认陶某甲结欠杨某明借款合计1800万元，其中本金1200万元，利息600万元；钱某伟、陶某琴将上述四套预售房屋转让给杨某明，杨某明对房屋现状了解并愿意接受该房屋；四套房屋用于抵偿陶某甲结欠杨某明的本金债务800万元，杨某明另向钱某伟、陶某琴支付600万元并承担尚未归还银行的按揭贷款，600万元分期支付，协议订立后的15日支付200万元，于2015年6月30日前支付200万元，办妥产权更名或变更登记手续完毕后十日内支付200万元；杨某明按照银行要求足额偿还银行贷款，在所述房屋项目具备交付条件的情况下，钱某伟、陶某琴应在符合法律法规规定的可以办理产权变更登记的情况下，应无条件配合杨某明办理产权更名或过户变更登记手续。2014年12月15日，陶某乙及孚森公司向出具担保书，在1600万元范围内承担连带担保责任，担保范围包括1200万元本金损失、代偿房产贷款及本息损失、实际支付购房款及利息损失、追偿损失应支付的合理费用。协议订立后，杨某明向陶某琴支付了200万元。

审理中，杨某明称协议订立时，钱某伟、陶某琴仅同意将房屋抵偿部分债务，其当时考虑拿到一点是一点，就同意了该方案；协议订立时，其知道房屋的情况，也到实地看过，因开发商延期交付，双方无法确定具体的交付、过户时间，故未作相关约定，更名亦因存在按揭贷款而无法办理，但钱某伟、陶某琴承诺近期开发商可以交付，故其接受了该协议。钱某伟、陶某琴表示在订立协议时未作关于近期交付的承诺。

审理中，本院于2016年6月13日至宜兴市竹海锦城楼盘了解情况，天福公司前销售经理严京雨表示该楼盘因开发商原因，至今未交付验收。

【案件焦点】

杨某明与陶某琴、钱某伟、陶某乙等所签协议是否合法有效。

【法院裁判要旨】

江苏省无锡市惠山区人民法院经审理认为：本案所涉的协议系因抵偿陶某甲结欠杨某明的债务而产生，但协议涉及的抵偿债务金额仅800万元，杨某明需另行支付购房款并承担银行按揭贷款偿还义务，相关购房款与银行按揭贷款金额已超过债务抵偿金额，该协议的性质应为房屋买卖合同。该协议订立时，协议涉及的房屋已经处于延期交付的状态，双方均对房屋情况有所了解。双方亦未在协议中约定更名、交付或过户的具体时间。杨某明称协议订立时陶某琴、钱某伟承诺近期交付，但无证据证明。该协议系各方真实意思表示。《最高人民法院关于审理买卖合同纠纷案件适用法律问题的解释》第三条第一款规定：当事人一方以出卖人在缔约时对标的物没有所有权或者处分权为由主张合同无效的，人民法院不予支持。陶某琴、钱某伟订立协议时持有商品房买卖合同并登记备案，虽未办理权属登记而取得所有权，但协议并不因此而无效。《中华人民共和国城市房地产管理法》第三十八条虽然规定了未依法登记取得权属证书的房地产不得转让，但该规定系对房地产过户等处分行为的规制，并不影响合同本身的效力。综上，本案诉争的协议书系各方真实意思表示，并不违反法律强制性规定，亦不损害国家、集体和他人合法利益，协议书合法有效。杨某明的各项诉讼请求缺乏事实及法律依据，本院不予支持。

江苏省无锡市惠山区人民法院依照《最高人民法院关于审理买卖合同纠纷案件适用法律问题的解释》第三条第一款之规定，判决如下：

驳回杨某明全部诉讼请求。

杨某明因不服一审判决向江苏省无锡市中级人民法院提起上诉，因未按时缴纳上诉费，无锡市中级人民法院依照《中华人民共和国民事诉讼法》第一百五十四条第一款第十一项、《最高人民法院关于适用〈中华人民共和国民事诉讼法〉的解释》第三百二十条之规定，裁定：

按上诉人杨某明自动撤回上诉处理。

【法官后语】

本案的争议焦点为杨某明与钱某伟、陶某琴等人所签协议（以下简称协议）是否合法有效。在本案中，判断本案所涉协议的效力，需要解决以下三个问题：1. 协议的性质；2. 杨某明的意思表示是否真实；3. 协议是否因钱某伟、陶某琴未取得权属证而无效。

一、关于协议的性质

杨某明与钱某伟、陶某琴等人所签署的协议中，杨某明取得房屋的对价包括支付购房款、承担按揭贷款及800万元借款债权冲抵。各方签署协议的主要目的在于解决陶某甲所欠杨某明800万元借款债务。该协议既有买卖的内容，也有抵债的内容，其性质究竟是以物抵债还是房屋买卖，抑或二者混同的协议，是本案一项具有争议的基础性问题。该协议不同的性质属性决定了不同的效力审查路径。故本案要解决本案协议的效力问题，首先需要对协议的性质进行识别。

所谓以物抵债协议，是在法律行为层面，当事人约定以他种给付替代原定给付的协议。我国法律对此并无明文规定，欠缺构成要件，也缺乏法律效果规范，该种合同属于非典型合同。对于以物抵债协议的认识，对于未届清偿期的以物抵债协议，一般认为实质是流质条款，系无效合同。对于已届清偿期的以物抵债协议，理论上有三种认识：实践合同说，也即“代物清偿说”，即只要尚未履行物权转移手续，以物抵债协议不成立。诺成合同说，以物抵债协议属于诺成合同，不以现实的物权转移为要件。处分行为说，处分行为相对负担行为。负担行为系创设权利义务的行为，处分行为则直接发生权利变动的法律行为。该说认为以物抵债系以他种给付取代原定给付，系在原有债之关系基础上财产权利的变动，符合处分行为的构成要件。故以物抵债并非合同法意义上的契约，而属于处分行为。

在司法实践中，江苏省高级人民法院于2014年4月14日发布的《关于以物抵债若干法律适用问题的审理纪要》认可了此种观点，认为债务期限届满后形成的以物抵债协议，如未办理物权转移手续，债权人要求继续履行以物抵债协议或者要求确认所抵之物归自己的，法院应驳回诉请；如已办理了物权转移手续，要求确认无效的，法院不予支持。最高人民法院发布的第15批指导性案例之72号案例（以下简称72号案例）：汤龙、刘新龙、马忠太、王洪刚诉新疆鄂尔多斯彦海房地产开发有限公司商品房买卖合同纠纷一案中，法院认为借款合同双方当事人协商一致，终止借款合同关系，建立商品房买卖合同关系，将借款本金及利息转为已付购房款并经队长清算的，在不存在《合同法》第五十二条规定的情况下，该商品房买卖合同具有法律效力。实务界普遍认为，该指导案例认可了以物抵债协议的诺成性质。

72号案例与本案情况类似，均是债务到期时候，当事人之间以建立房屋买卖合同终止原先的债权债务关系，并约定将借款债权作为购房款进行冲抵。笔者认为，以72号案例确立的裁判规则作为承认以物抵债协议诺成性的依据略有不妥。此种情况实质系构成债之更改，即双方当事人建立新的债权债务关系以消灭原先的债权债务关系。而以物抵债实质系代物清偿，即以他种给付取代原定给付。前者新债成立生效即宣告旧债的消灭。后者即便形成代物清偿协议也不意味着旧债的消灭，需要实际履行才发生旧债消灭的法律效果。在此意义上，以物抵债协议仍为实践性合同，但是双方如在协议中约定协议成立即旧债消灭，则该协议已不再是以物抵债协议，而转化为买卖合同。故以物抵债协议效力的审查与买卖合同效力的审查应有不同的审查路径。基于防止虚假诉讼的需要，无论是以物抵债协议还是买卖合同，债务的真实性以及物债金额的匹配仍应是法官审查的要点。但是以物抵债协议中，物权是否实际转移系审查要件，买卖合同则不以物权实际转移作为审查要件。

本案中，杨某明与钱某伟、陶慧琴所签协议中，除了以对陶某甲的800万元债权作为购房款进行冲抵，其还需另行支付购房款并承担按揭贷款，并明确约定了陶某甲所欠800万元债务消灭，协议双方互负权利义务，系典型的房屋买卖合同。该房屋买卖合同属于债的更改，一旦成立生效原债即消灭。故对于本案协议审查，应遵循房屋买卖合同的审查路径，房屋买卖合同属于诺成性合同，并不以物权的实际转移作为生效要件。

二、杨某明意思表示是否真实

协议签订时，房屋已经处于延期交付的“烂尾”状态，杨某明对房屋的现状也有所了解。双方未在协议中约定“过户交付”时间正是基于对房屋现状了解的基础之上。双方就房屋交付、更名或过户作出的约定应视为远期约定，协议类似于远期合约，合同标的具有预期性，合同目的为预期将来取得房屋。故可以认定，杨某明在签订协议时是基于真实的意思表示。

三、协议是否因钱某伟、陶某琴未取得房屋权属证书而无效

杨某明主张协议无效的理由在于钱某伟、陶某琴未取得房屋权属证书，既属于无权处分，也违反了《城市房地产管理法》第三十八条的相关规定，故协议无效。这里有两个问题，1. 钱某伟、陶某琴是否为无权处分，协议是否因无权处分而无效；2.《城市房地产管理法》第三十八条是否系导致合同无效的效力性强制性规定。

关于第一个问题，法律行为分为负担行为和处分行为。负担行为是一个人相对于另一人承担为或不为一定行为义务的法律行为。处分行为指直接作用于某项现存权利的法律行为。负担行为和处分行为相互独立，其效力应遵循不同的路径进行判断。当事人具有处分权并非负担行为的效力前提，而是处分行为的效力前提。《最高人民法院关于审理买卖合同纠纷案件适用法律问题的解释》第三条第一款规定：

当事人一方以出卖人在缔约时对标的物没有所有权或者处分权为由主张合同无效的，人民法院不予支持。如上文所言，协议应定性为买卖合同，故可以适用该司法解释的相关规定。本案中，钱某伟、陶某琴在签订协议之前已与案涉房屋开发商签订了商品房买卖合同且办理了网签备案，已经是稳定唯一的买受人，对于将来取得房屋能够有稳定的预期。本案协议亦约定了房屋在能够交付过户的情况下，由钱某伟、陶某琴协助办理交付过户，说明协议并不要求钱某伟、陶某琴在未取得处分权的情况下进行处分。综上，虽然签订协议时钱某伟、陶某琴尚未取得涉案房屋的实际占有与控制，也未取得房屋的权属证书，但并不影响协议的效力。

关于第二个问题，《城市房地产管理法》第三十八条规定了未依法登记取得权属证书的房地产不得转让。该条文并非对合同效力产生影响的效力性强制性规定。理由如下：1. 房地产交易本身不为法律所禁止，《房地产管理法》的立法目的在于规范交易秩序，而非打击禁止房地产交易。2. 房屋买卖合同所指向的权利义务并非仅仅是房屋转让，还涉及其他合同利益，如本案所涉的债权冲抵、违约损失等，如因此否认合同效力，将导致利益失衡。3. 此处的“不得转让”系基于房地产管理秩序的考虑，对房屋的过户作出的规制，属于合同履行范畴，即对于处分行为的规制。这种规制只需由房地产管理部门不予登记过户即可达到规制目的，无须因此否定负担行为即合同行为的效力。综上，《城市房地产管理法》第三十八条应为管理性规定，并不对协议效力产生影响。

编写人：江苏省无锡市惠山区人民法院　顾正阳

十一、其　他

56

房屋买卖合同无效情形中“恶意串通”的认定标准

——马某甲诉马某乙、马某丙确认合同无效案

【案件基本信息】

1. 裁判书字号

北京市东城区人民法院（2017）京0101民初6013号民事判决书

2. 案由：确认合同无效纠纷

3. 当事人

原告：马某甲

被告：马某乙、马某丙

【基本案情】

马某甲、马某丙、马某乙系马某生与刘某英的子女。1993年4月27日，刘某英购买了位于北京市东城区东大地×巷4、6号房屋，该房屋建筑面积41.7平方米。1993年9月17日，刘某英取得该房屋所有权证。2005年6月4日，马某生去世。2013年5月24日，马某乙、马某丙与刘某英签订《存量房屋买卖合同》，将东城区东大地×巷4、6号房屋中的6幢1层房屋（以下简称涉诉房屋）出售给刘某英、马某乙、马某丙，房屋成交价20万元。合同中房屋的交付、违约责任、税费相关规定、权属转移登记等条款均被划掉。2013年5月27日，刘某英、马某丙、马某乙签订《房屋共有协议》，约定涉诉房屋由刘某英、马某丙、马某乙共有，共

有方式为按份共有，由刘某英占有四分之二份额，马某丙占有四分之一份额，马某乙占有四分之一份额。2013年6月4日，刘某英、马某丙、马某乙领取涉诉房屋的所有权证。刘某英于2015年2月6日去世。马某甲认为，北京市东城区东大地×巷4、6号房屋在马某生去世后，系马某生的遗产。马某乙、马某丙及刘某英明知马某甲为马某生的合法继承人之一，在未与马某甲商量的情况下私自签订《存量房屋买卖合同》，以买卖的形式办理产权转移登记，排除了马某甲获得遗产的可能。该合同系马某乙、马某丙与刘某英恶意串通签订，损害了马某甲的利益，应属无效合同。故要求确认刘某英与刘某英、被告马某乙、马某丙于2013年5月24日签订的《存量房屋买卖合同》无效。马某乙、马某丙不同意马某甲的诉讼请求，认为刘某英对上述房屋有二分之一的产权份额，马某甲的利益体现在刘某英的产权份额中，马某乙、马某丙未损害马某甲的利益。

【案件焦点】

马某乙、马某丙与刘某英签订《存量房屋买卖合同》是否存在恶意串通、损害第三人合法权利益的情形，是否应认定无效。

【法院裁判要旨】

北京市东城区人民法院经审理认为：有恶意串通，损害国家、集体或者第三人利益的情形的，合同无效。根据查明的事实，涉诉房屋系刘某英、马某生夫妻关系存续期间购买，属于二人的夫妻共同财产，在马某生去世后，其所享有的相关财产份额应由其配偶及子女共同继承。刘某英、马某乙、马某丙作为马某甲的亲属，对涉诉房屋系刘某英、马某生的夫妻共同财产及马某生去世后，马某甲对涉诉房屋享有继承权利等情况应该明知。但在遗产未分割的情况下，刘某英与马某乙、马某丙签订《存量房屋买卖合同》，将涉诉房屋的所有权份额出售给马某乙、马某丙，且马某乙、马某丙未支付相应对价。从合同签订双方的亲属关系及未支付对价等情况，可以确定刘某英、马某乙、马某丙签订关于涉诉房屋的《存量房屋买卖合同》存在恶意，该合同侵犯了马某甲对于马某生所留遗产的继承权，应属无效合同。故原告要求确认刘某英与刘某英、被告马某乙、马某丙于2013年5月24日签订的《存量房屋买卖合同》无效的诉讼请求，具有事实和法律依据，本院予以支持。二被告的辩称，本院不予采纳。综上，北京市东城区人民法院依照《中华人民共和国合同法》第五十二条之规定，判决：

确认刘某英与刘某英、被告马某乙、马某丙于2013年5月24日签订的《存量房屋买卖合同》无效。

【法官后语】

本案为典型的未经房屋共有人同意出售房屋的案例。《最高人民法院关于审理买卖合同纠纷案件适用法律问题的解释》颁布前，无权处分房屋买卖合同效力存在较大争议。《最高人民法院关于审理买卖合同纠纷案件适用法律问题的解释》颁布后，根据该解释第三条第一款的规定："当事人一方以出卖人在缔约时对标的物没有所有权或者处分权为由主张合同无效的，人民法院不予支持。"在房屋买卖合同中，不能仅因处分人无权处分而认定合同无效。但该条规定并非认可所有的无权处分合同均为有效合同。关于无权处分房屋买卖合同效力的认定，应首先判断该房屋买卖合同是否具备合同生效的要件且是否存在《合同法》第五十二条规定的合同无效情形。只有合同具备合同生效要件而没有《合同法》第五十二条规定的合同无效情形的情况下，才考虑适用《最高人民法院关于审理买卖合同纠纷案件适用法律问题的解释》第三条的规定。

在司法实践中，当事人以《合同法》第五十二条规定的合同无效情形中"恶意串通，损害国家、集体或者第三人利益"主张确认合同无效的案件很多，但因"恶意串通"涉及交易双方主观意识的判断，当事人一般举证困难，在实践中较难认定。如何判断是否存在《合同法》第五十二条"恶意串通"的情形？一般而言，确认房屋买卖合同效力时，认定"恶意串通"应从合同的签订过程、履行过程、买卖双方的关系及交易的对价等外在的表现形式，判决签订房屋买卖合同是否存在主观恶意及客观损害利益。具体而言，首先，应审查买卖双方的交易目的是否存在恶意、买卖双方的关系，如交易双方是否明知买卖的房屋中存在第三人的利益。如明知前一手交易为恶意串通仍继续交易，或存在本案中刘某英、马某乙、马某丙作为马某甲的亲属，明知买卖的房屋系刘某英、马某生的夫妻共同财产及马某生去世后，马某甲对该房屋享有继承权利的情况下仍签订《存量房屋买卖合同》的情况，可以认定买卖双方的交易目的存在恶意。其次，应审查房屋买卖过程是否存在与一般交易不同的不合常理的情形，如是否通过中介公司进行购买，购买房屋时是否到房屋进行查看，购房款是否支付，购房款的支付是否符合一般交易习惯，购房的价款是否明显低于市场价格等。本案中，刘某英与马某乙、马某丙签订的《存量房屋买卖合同》为双方自行成交的合同，且约定的成交价格仅为20万元，马某乙、马某丙购买亦未支付相应购房款，可以确定刘某英、马某乙、马某丙签订的《存量房屋买卖合同》存在恶意。最后，应审查房屋买卖合同是否造成损害第三人利益的客观结果，主要审查第三人在房屋中是否存在相关利益。本案中，刘某英、马某乙、马某丙签订关于涉诉房屋的《存量房屋买卖合同》侵犯了马某甲对于马某生所留遗产的继承权。综合上述事实，最终确认刘某英、马某乙、马某丙签订关于涉诉房屋的《存量房屋买卖合同》为无效合同。

编写人：北京市东城区人民法院　杨莹

57

父母处分子女名下房产时“为了被监护人利益”的判断规则及买卖合同效力

——郭某诉高某、高某辰房屋买卖合同案

【案件基本信息】

1. 裁判书字号

北京市第三中级人民法院（2017）京03民终4667号民事判决书

2. 案由：房屋买卖合同纠纷

3. 当事人

原告（被上诉人）：郭某

被告（上诉人）：高某、高某辰

【基本案情】

高某与钟某芳系夫妻关系，高某辰系二人之子，高某、高某辰名下有一套位于

北京市朝阳区广渠门外大街三号院2号楼××室的房屋（以下简称涉案房屋），其中高某辰享有99%的份额，高某享有1%的份额。2016年7月22日，郭某与高某、高某辰签订《北京市存量房屋买卖合同》，约定高某、高某辰将涉案房屋出售给郭某，价值1030万元。双方自行交付定金200万元，并于2016年11月20日前（含当日）办理申请贷款手续，买受人拟贷款数额为：150万元。第6项约定剩余购房款，（1）买受人于2016年10月5日前（含当日）支付出卖人购房款人民币150万元整；（2）买受人于2016年11月20日前（含当日）支付出卖人购房款人民币300万元整，支付方式为福建金诚丰担保有限公司北京分公司指定账户资金监管。全部监管款项于权属转移登记手续办理完毕后支付甲方。

合同签订后，郭某支付了前两笔定金共50万元，按照合同约定，第三笔定金100万元应于2016年8月15日前由郭某支付给高某、高某辰，同日高某、高某辰须将房屋交付郭某，但至今双方均未按约定履行2016年8月15日的付款和交房义务。就其原因，郭某称高某、高某辰明确表示不同意交付房屋，且其后将账户封闭，拒绝接收后续款项。高某、高某辰则解释称，是郭某未按照合同约定支付100万元款项，没有继续履行合同的诚意。

郭某诉至法院，请求继续履行房屋买卖合同，并由高某、高某辰支付违约金、租金及中介费等。庭审中，房屋买卖合同的中介经纪人李某出庭作证，称高某出卖房屋的过程中曾多次通过电话与其妻钟某芳沟通卖房事宜，并通过微信发送给中介人员钟某芳的售房委托书，但后来因双方产生争议，没有再提交书面手续。高某、高某辰提交公证书一份，内容为证明钟某芳是未成年人高某辰的母亲，是其法定监护人。

【案件焦点】

1. 如何判断父母是否为了未成年人利益出售子女名下房产；2. 对于房产过户中“为子女利益出卖房产”保证书上仅有父母一方签字，是否影响房屋买卖合同的效力。

【法院裁判要旨】

北京市朝阳区人民法院经审理认为：被告高某多次在2016年8月15日前后向原告及麦田公司建议终止合同，原告有理由认为被告有不愿继续履行合同的意思表示，从自我利益保护角度出发，原告有权拒绝先交付定金，防止损失可能继续扩大，但被告仍应继续履行交付房屋的义务，故本院对被告所述履行顺序抗辩的意见不予采信。8月15日之后原告又多次表示要求继续履行合同交付定金，被告以合同不完善等为由不愿继续履行合同，但被告所述房款提取事宜并不影响本案房屋买卖合同的效力，合同亦不存在履行上的障碍，在合同有效且可继续履行的前提下，本院认为被告不履约的行为构成违约，本院酌情调整违约金数额为50万元。

北京市朝阳区人民法院依照《中华人民共和国合同法》第六十条之规定，判决如下：

一、原告郭某于本判决生效后三日内给付被告高某、高某辰剩余购房款970万元，被告高某、高某辰于收款后当日协助将北京市朝阳区广渠门外大街三号院2号楼××室房屋所有权转移登记至原告郭某名下；所有权转移过程中发生的税、费由原告郭某承担；

二、被告高某、高某辰于本判决生效后十日内支付原告郭某违约金50万元；

三、驳回原告郭某的其他诉讼请求。

高某、高某辰不服一审判决，提出上诉。北京市第三中级人民法院经审理认为：根据法律规定，限制民事行为能力人的民事活动可以由其法定代理人代理，由于出卖房屋时高某辰作为房屋所有权人之一系限制民事行为能力的未成年人，高某以其父亲及房屋共有权人的身份与郭某签订房屋买卖合同，符合法律规定，不影响合同效力。郭某、高某之间系等价有偿交易，房屋价格未低于当时市场价格，不存在双方恶意串通损害未成年人利益的情形。高某虽主张是因为做生意资金紧张，并非为了高某辰的利益，但并未就此提供有力证据予以证实。在郭某支付前两笔定金后，高某、高某辰因金诚丰公司无法向其办理出借资金而提出解约，并无合同依据，双方就此协商不成，郭某行使不安抗辩权，未继续支付剩余房款并无不当，应当由高某、高某辰承担违约责任。高某、高某辰据此主张提出解除合同，并不符合法定解除或约定解除事由，不应予以支持。

北京市第三中级人民法院依照《中华人民共和国民事诉讼法》第一百七十条第一款第一项之规定，判决如下：

驳回上诉，维持原判。

【法官后语】

《民法总则》第三十五条第一款规定："监护人应当按照最有利于被监护人的原则履行监护职责。监护人除为维护被监护人利益外，不得处分被监护人的财产。"由此可见，监护人对未成年子女财产的处分权是以其"必须为了未成年人的利益"为基本原则的。一旦损害了未成年人利益，就可能涉及买卖合同无效或效力待定的问题；但另外，在与第三人签订的房屋买卖合同履行过程中，一旦发生争议，父母往往会以其不是为了被监护人的利益为由，主张合同无效不能履行，这很可能损害买受人利益。因此，在处理此类案件时，如何判断"为了子女利益"成为一个核心问题。

由于法律上对何谓"为了子女利益"的原则规定笼统，适用时较为抽象，加之目前不动产登记机构在过户登记环节对父母处分子女财产缺乏程序上的严格限制，通常停留在仅仅要求单方监护人出具为被监护人利益的书面保证即可办理相应登记，并未进行实质性审查，加大了法院处理此类纠纷的难度，本案就是集中体现这一问题的典型案例。具体而言，可综合考虑以下几个因素：

第一，监护人出售房屋的价格是否合理。虽然有偿出售并非认定是否损害未成年人利益的唯一标准，但出售房屋时标以相对合理的价款仍是判断监护人是否系善意管理和处分未成年人房产的一个重要因素。本案中，郭某、高某事先并不相识，而是通过中介公司达成房屋买卖意向并签订合同，系等价有偿交易，所约定的房屋交易价格亦未低于当时市场价格，并无证据显示高某存在恶意损害高某辰利益的情形。

第二，售房意图与被监护人利益的关联性。由于售房真实意图属家庭内部事务，外人难以知悉，买受人往往处于诉讼中举证的弱势一方，而原本有条件证明售房意图的出卖人为达到毁约目的，却怠于举证，并主张非为子女利益出售房产，使案件陷入僵局。因此，在该问题的处理上，不能仅凭出卖人的一面之词，应结合售房款用途与被监护人利益之间的关联性、监护人与被监护人之间的亲权关系等进行把握。

在我国亲权与监护权并未分离区别的情况下，作为监护人，经济状况好坏必然关乎抚养能力状态，即使其因自身经营状况恶化、资金周转困难等原因出卖房屋，取得的利润亦间接服务于家庭利益，难以仅凭此就认定损害了未成年人利益。退一步讲，即使父母在出售房产时承诺是为了子女利益，其是否真正为了孩子的利益仍有待于后续对该笔售房款的实际用途进行追踪检验。如果父母在出卖房产后确实行使了明显不利于子女利益的处分行为，那么这也是被监护人不得不承担的一种风险，其仍可以就所受损失向监护人主张侵权赔偿。

第三，父母仅单方签署“为了未成年人利益”的书面保证不能成为否定买卖合同效力的理由。根据《房屋登记办法》第十四条规定，“未成年人的房屋，应当由其监护人代为申请登记。监护人代为申请未成年人房屋登记的，应当提交证明监护人身份的材料；因处分未成年人房屋申请登记的，还应当提供为未成年人利益的书面保证。”由于上述法律法规均未明确要求必须父母双方都在书面保证上签字方能出售未成年人财产，且实践操作中亦只需父母一方在书面保证上签字即可过户。因此，在判断是否为了未成年人利益的问题上，法院不应仅以父母未全部签字即否定该证明及房屋买卖合同的效力，还应结合案件实际分不同情况作出甄别。

例如，夫妻在离婚时明确约定房屋过户至子女名下，任一方不得擅自出卖，那么此后父母一方出卖房屋时应由双方共同签字确认“为了孩子利益”，法院应对此进行严格审查。而本案中，高某在交易过程中多次通过电话与其妻钟某芳联系商量，并出示钟某芳签字的同意书照片，且交易的付款账户也是钟某芳的账号。对于买受人郭某而言，已经尽到了作为买受人的审查注意义务。因此，本案中，高某作为高某辰的法定代理人，与郭某签订房屋买卖合同，符合法律规定，不能因父母一方未签字即否定合同效力及为了未成年人利益的售房意图。

编写人：北京市第三中级人民法院　杨夏

58

家庭成员之间为孩子上学而签订的房屋买卖合同的效力认定

——李甲诉李乙等确认合同无效案

【案件基本信息】

1. 裁判书字号

北京市第三中级人民法院（2017）京03民终8291号民事判决书

2. 案由：确认合同无效纠纷

3. 当事人

原告（上诉人）：李甲

被告（被上诉人）：李乙、李丙、李丁

【基本案情】

李甲与李乙于1981年1月登记结婚，婚后生育一子李丙。1999年2月，李乙与北京市公路局密云分局签订职工购房协议，李乙购买北京市密云区花园小区×号楼1层×单元101号房屋一套，面积为61.5平方米，房价款为19369.23元。2003年1月，李乙取得房本，房屋登记所有权人李乙。

2007年3月，李丙与李丁结婚。2011年3月17日，李乙与李丙、李丁签订房屋买卖合同，李乙将北京市密云区花园小区×号楼×单元101号房屋（以下简称101号房屋）以6万元的价格卖给李丙、李丁，并办理了房屋权属转移登记手续，101号房屋过户登记至李丙、李丁名下。

2016年12月19日，李丁起诉李丙离婚，在该案中李丁的诉讼请求未提及要求分割涉案房屋，北京市密云区人民法院于2017年2月判决驳回李丁的诉讼请求。2017年5月4日，李甲提起诉讼，要求确认李乙与李丙、李丁于2011年3月17日签订的房屋买卖合同无效。各方当事人均未在涉案的房屋内居住且涉案房屋已出租。

一审审理期间，各方对于是否给付购房款事项，陈述不一。二审中，李丁称双方口头商定的房屋价款为10万元，合同约定的价款为6万元是为了避税，但是当时钱在李丙的账户里，李丁听李丙说用19万元给其父母久润东区的房子装修，故李丁认为该19万元是涉案房屋的价款。李乙和李丙不认可李丁的陈述，均称未支付房款，李乙其他房屋的装修款系自行支付。李丁未向法院提交支付涉案房屋房款的证据。

关于使用涉案房屋入学情况。李丙、李丁之子李戊于2010年2月5日出生，李丙、李丁与李戊的户口均登记在涉案房屋。李戊使用该学区房指标于2016年9月入学。

关于涉案房屋过户后的使用情况。涉案房屋过户至李丙、李丁名下后，李甲称其控制房屋并进行出租。根据李甲在二审提交的证据，2013年至2014年、2015年至2016年的供暖费收据的抬头均写明“支票号：李甲”，2017年4月15日的水费收据载明名称“李甲”，李甲的证言与其签订的书面租赁合同内容基本一致。李丁认可涉案房屋过户后一直出租，其没有收取过涉案房屋的租金。

【案件焦点】

李乙与李丙、李丁是否具有买卖房屋的真实意思表示以及是否存在真实的房屋买卖合同关系，进而确定案涉房屋买卖合同的效力。

【法院裁判要旨】

北京市密云区人民法院经审理认为：根据《最高人民法院关于审理买卖合同纠纷案件适用法律问题的解释》第三条的规定：当事人一方以出卖人在缔约时对标的物没有所有权或者处分权为由主张合同无效的，人民法院不予支持。李乙将登记在其名下的案涉房屋转让给李丙及李丁，后办理了权属变更手续。李乙与李丙、李丁订立房屋买卖合同，双方均具有完全行为能力，且双方均认可订立合同系其真实意思表示，合同内容亦不违反法律或社会公共利益，合同合法有效。虽然签订合同时未有李乙之妻李甲同意出售房屋的书面承诺材料，但买卖双方已办理房屋过户手续多年，且双方又系亲属关系，李甲称对李乙转让房屋一事不知情，有悖常理。现其主张合同无效，不符合法律规定，法院不予支持。

北京市密云区人民法院依据《最高人民法院关于审理买卖合同纠纷案件适用法律问题的解释》第三条、《中华人民共和国民事诉讼法》第六十四条第一款之规定，判决：

驳回李甲的诉讼请求。

一审判决后，李甲不服，提起上诉。北京市第三中级人民法院认为：《中华人民共和国民法通则》第五十五条规定：民事法律行为应当具备下列条件：（一）行为人具有相应的民事行为能力；（二）意思表示真实；（三）不违反法律或者社会公共利益。因此，意思表示真实是民事法律行为的基本条件。本案中，签订案涉合同，依常理，各方之间当存有买卖房屋的意思表示及相应履行行为。但是，结合查明事实，各方一系列外在行为与上述意思表示存在相悖之处：第一，从合同目的看，各方均认可签订合同系为李戊上学，且李戊已使用涉案学区房的指标入学。第二，从合同内容看，合同仅约定成交价 6 万元，未约定定金、付款方式、付款期限、交房时间、违约责任等重要条款，且约定的成交价显著低于市场价，各方亦认可系为避税。第三，从合同履行看，合同签订当日，在未支付购房款的情况下，即完成过户，与交易习惯不符。且在此之后，李甲和李乙未向李丙和李丁主张过购房款。第四，从涉案房屋过户后使用情况看，涉案房屋以李甲的名义出租并收取租金。综上，李乙与李丙、李丁之间不具有出卖房屋的真实意思表示，亦不存在真实的房屋买卖合同关系并就此履行相应义务，而是据此实现李戊利用涉案房屋入学指标上学的目的。因此，签订案涉房屋买卖合同，各方真实意愿并非买卖，应属无效民事行为。李甲的上诉请求，于法有据，予以支持。

北京市第三中级人民法院依照《中华人民共和国民法通则》（2009 年修正）第五十五条，《中华人民共和国民事诉讼法》第一百七十条第一款第二项之规定，判决：

一、撤销北京市密云区人民法院（2017）京 0118 民初 4391 号民事判决；

二、确认李乙与李丙、李丁于 2011 年 3 月 17 日签订的《存量房屋买卖合同》无效。

【法官后语】

案涉房屋属于学区房，系李戊祖父李乙以单位职工身份购房并登记在其名下。根据相关入学政策，为使李戊顺利入学，李乙与李戊之父母李丙、李丁签订房屋买卖合同并办理了房屋权属转移登记手续。李戊入学后，因李丁提出离婚诉讼，李甲诉至法院请求确认李乙与李丙、李丁签订的房屋买卖合同无效。本案审理的重点在于李乙与李丙、李丁之间是否具有买卖房屋的真实意思表示以及是否存在真实的房屋买卖合同关系。

本案裁判于《民法总则》实施以前，系依据《民法通则》第五十五条第二项即民事法律行为应当意思表示真实所作出的裁判，但本案涉及通谋虚伪行为的认定及效力问题，即案涉房屋买卖行为能否认定为通谋虚伪行为。

通谋虚伪行为的构成要件。通谋虚伪行为，即行为人与相对人通谋以虚假的意思表示实施的民事法律行为，该行为以假意掩盖真意。通谋虚伪行为应具备四个要件：一是须有意思表示；二是须表示与内心目的不一；三是须有虚伪故意即表意人和相对人对其表示与意思不一致具有明知性；四是须行为人与相对人通谋实施。需要说明的是，1. 没有“通谋”或者没有相对人的，为单独虚伪表示，又称真意保留，不构成通谋虚伪表示。2. 该“通谋”要求表意人、相对人之间具备双向的、积极的意思联络。3. 该“通谋”不同于“恶意串通”，不以意图欺骗第三人为必要，只要事实上具有隐蔽性即可。4. 该“通谋”不同于“以合法形式掩盖非法目的”，即不以存在非法目的为要件。

通谋虚伪行为的效力认定。通谋虚伪行为包含两个行为：一是伪装行为；二是隐藏行为。

伪装行为，是指体现行为人和相对人虚假意思表示的民事法律行为。本案中，李乙与李丙、李丁签订的房屋买卖合同，本应以房屋交易为本意，李乙转移案涉房屋所有权，李丙、李丁支付价款。实际上，李乙与李丙、李丁签订房屋买卖合同系为了李戊顺利入学，且李戊也已使用案涉学区房指标入学。签订房屋买卖合同仅是各方为了实现李戊入学的目的且能够避税而采取的伪装行为，表现在：从合同内容看，该合同仅约定了成交价格6万元，未约定定金、付款方式、付款期限、交房时间、违约责任等重要条款，且约定的成交价格显著低于市场价格；从合同履行看，合同签订当日，在未支付购房款的情况下，涉案房屋即过户至李丙和李丁名下，且在此之后，李甲和李乙未向李丙和李丁主张过购房款；从案涉房屋的使用情况来看，房屋过户后仍以李甲的名义出租并收取租金。综合上述情况，李乙与李丙、李丁之间不具有出卖房屋的真实意思表示，亦不存在真实的房屋买卖合同关系。

隐藏行为，是被伪装行为所掩盖的，代表行为人和相对人真实意思的行为。伪装行为无效，双方之间法律关系的性质应根据隐藏行为进行判断，进而再依照法律规范确定其效力。故此，如当事人之间的法律关系名为房屋买卖，实为其他法律关系的，应以隐藏的法律关系为基础确定其效力及相应权利义务。本案中，李乙、李丙、李丁签订房屋买卖合同的真实目的是让李戊使用该学区房指标入学，是否需要进一步明确“隐藏行为”所对应的实际法律关系以及分析其效力具有一定的探讨价值。

为此，存在两种观点，一种观点认为，认定通谋虚伪行为需要以对隐藏行为所对应的实际法律关系作出认定为前提。另一种观点认为，只需认定虚伪行为即行为人与相对人以虚假的意思表示实施的民事法律行为无效即可，对隐藏行为的效力无须考虑和审查，即对隐藏行为无法进行明确定性时，亦可认定伪装行为无效。本案中，对于李乙、李丙、李丁之间签订买卖合同以此实现入学的隐藏行为实际系何种法律关系，系赠与合同、借名买房合同还是其他法律关系，均无法准确定性，且经过释明，当事人就此均未提出明确主张，只是坚持并非存在房屋买卖的意思表示。结合现有证据和当事人陈述，能够认定各方所签订的房屋买卖合同系以虚伪的意思表示所为的民事法律行为，故应认定为无效。而隐藏行为能否以及如何明确定性并不影响认定本案房屋买卖合同无效。

编写人：北京市第三中级人民法院　巴晶焱　田子阳

59

借名买房未签订书面协议的事实认定标准

——侯某、侯某胜诉侯某梅确认合同无效案

【案件基本信息】

1. 裁判书字号

北京市第一中级人民法院（2018）京01民终1830号民事判决书

2. 案由：确认合同无效纠纷

3. 当事人

原告（被上诉人）：侯某、侯某胜

被告（上诉人）：侯某梅

【基本案情】

侯某忠与刘某英生有二女一子，即侯某、侯某梅、侯某胜。刘某英于2002年3月20日去世，侯某忠于2011年10月20日去世。

侯某忠与中国石化国际事业公司于2001年11月30日签订《房屋买卖契约》。该合同显示：侯某忠按房改房政策以15784.92元购买北京市海淀区三义庙北16楼4层1单元××号房屋；计算房屋价款时折合了侯某忠、刘某英夫妻的工龄。侯某、侯某胜与侯某梅在庭审中确认涉案房屋是中国石化国际事业公司的自管公房，但其家庭成员没有人是中国石化国际事业公司的员工。2006年3月22日，侯某忠取得涉案房屋的房屋所有权证书。2006年4月4日，侯某忠在北京市海淀第二公证处立下公证遗嘱，表示涉案房屋属侯某忠个人所有，在其去世后将该房产留给女儿侯某梅个人所有。2007年4月22日，侯某忠与侯某梅就涉案房屋签订房屋买卖合同，侯某忠将涉案房屋以50000元价格出售给侯某梅。同年4月25日，房屋过户至侯某梅名下。后侯某梅将房屋出售给他人。侯某、侯某胜主张，2000年3月，中国石化国际事业公司将涉案房屋分配给侯某忠承租，房屋是由侯某忠以现金支付方式购

买的，2002年侯某忠对房屋进行了装修，侯某忠一直居住在涉案房屋内，购房款票据、房屋所有权证均一直由侯某忠持有。刘某英去世后，继承人未对遗产进行分割，而后侯某忠与侯某梅在未经其他合法继承人同意的情况下进行了虚假交易，签订了房屋买卖合同将房屋过户至侯某梅名下。侯某、侯某胜认为侯某忠与侯某梅的行为侵犯了他们的合法继承权，诉至法院要求确认侯某忠与侯某梅签订的房屋买卖合同无效。侯某梅主张涉案房屋是由其前夫父母给予他们夫妻二人的，其是合法承租人，也一直居住在涉案房屋内，只是为了少支付购房款才借父母的名义购买涉案房屋，购房款、房屋装修费均是由其支付的，取得涉案房屋产权证后也一直由其持有，故其不同意侯某与侯某胜的诉讼请求。

【案件焦点】

1. 侯某梅借侯某忠名义买房但未签订书面协议的事实认定；2. 侯某忠与侯某梅以签订《房屋买卖合同》过户房屋的合同性质认定。

【法院裁判要旨】

北京市海淀区人民法院经审理认为：关于侯某梅主张的借名买房问题。侯某梅主张其借侯某忠名义购买涉案房屋，侯某、侯某胜对此予以否认。首先，涉案房屋来源问题，侯某梅与侯某、侯某胜意见不一，但针对各自主张，双方所提供的证据均不足以证明各自主张；且双方均认可家庭成员中没有中国石化国际事业公司的员工，但对于如何取得涉案房屋，双方均未作出合理解释，并且未提供相关证据证明；本院亦无法核实相关情况。其次，对于购房款的交付，双方也意见不一，但双方同样未提供充足有效的证据证明各自的主张。再次，房屋的装修、使用情况及房屋手续的持有情况，双方意见不一，且均未提供充足有效的证据证明各自主张。最后，侯某忠生前留有公证遗嘱将涉案房屋留给侯某梅，亦与侯某梅的主张相矛盾。在侯某忠与侯某梅未就借名买房签订书面合同，且上述情况均无法通过双方提供的证据证明予以确认的情况下，本院无法采信侯某梅的主张。

关于涉案房屋的性质问题。基于前款认定，本院不采信侯某梅借名买房的主张，而涉案房屋是侯某忠与刘某英夫妻关系存续期间购买，且计算房屋价款时折合了二人的工龄，故涉案房屋应为侯某忠与刘某英的夫妻共同财产。

关于侯某忠与侯某梅签订的买卖合同的性质及效力问题。从侯某梅的自述来看，侯某忠与侯某梅签订房屋买卖合同是为了过户涉案房屋，而侯某梅并未依照买卖合同中的约定支付购房款。再结合侯某忠曾留有公证遗嘱将涉案房屋留给侯某梅的情况，本院认定侯某忠与侯某梅所签订的合同名为房屋买卖合同，实为赠与合同。侯某忠与侯某梅在明知涉案房屋中包括刘某英的财产份额的情况下，在刘某英去世后，未经所有法定继承人同意，擅自将房屋从侯某忠名下过户至侯某梅名下，已经损害了第三人的利益，故侯某忠与侯某梅赠与合同中涉及刘某英财产份额的部分无效。

综上，北京市海淀区人民法院依照《中华人民共和国合同法》第五十二条第二项，判决：

确认侯某忠与侯某梅于2007年4月22日签订的房屋买卖合同中涉案刘某英财产份额的部分无效。

侯某梅不服原审判决，提起上诉。

二审法院同意一审法院裁判意见，北京市第一中级人民法院依据《中华人民共和国民事诉讼法》第一百七十条第一款第一项之规定，判决：

驳回上诉，维持原判。

【法官后语】

近年来，随着各地限购政策的出台，“借名买房”情形日益增多。《物权法》规定：“不动产权属证书是权利人享有该不动产物权的证明”，此系我国法律对房屋权属的形式要求。而我国民法又充分尊重当事人意思自治原则，在不违反法律强制性规定以及社会公共利益的前提下，允许当事人之间自由订立合同，因此《北京市高级人民法院关于审理房屋买卖合同纠纷案件适用法律若干问题的指导意见（试行)》第十五条规定：当事人约定一方以他人名义购买房屋，并将房屋登记在他人名下，借名人实际享有房屋权益，借名人依据合同约定要求登记人（出名人）办理房屋所有权转移登记的，可予支持。但由此便造成了法律层面的产权人与实际层面的产权人不一致的形态，从而由“借名买房”引发的纠纷屡见不鲜。

问题在于，北京市高级人民法院对借名买房是否予以支持有着较为明确的规定，但对于如何认定双方存在借名买房的事实，法律并未给法官判案提供清晰的裁判规则，北京市高级人民法院对此亦未作出明确规定。本案中，原告侯某、侯某胜主张侯某梅与侯某忠签订房屋买卖合同系恶意进行虚假交易，以合法的合同形式掩盖私自处分共有财产侵害其他合法继承人权利的目的，请求法院确认侯某忠与侯某梅签订的买卖合同无效。侯某梅对此进行抗辩，主张其只是借父母的名义购买涉案房屋，但就借名买房侯某忠与侯某梅并未签订书面协议，这时，法院该如何判定侯某梅“借名买房”事实的成立呢？

就本案而言，一、二审法院都认为在侯某忠与侯某梅就“借名买房”一事未签订书面协议的情况下，仅凭侯某梅的陈述以及在庭审时提交的《房屋进住证明》、房屋供暖缴费通知、住房情况调查函回执、居委会证明等证据，并不能证明侯某忠与侯某梅就“借名买房”存在口头约定，并且从双方当事人的陈述与提交的证据来看，法院无法查明房屋的出资、使用情况，也无法查明购房票据及房产证的持有情况，加之，在借名买房关系中也需存在一个合意，即借名人与被借名人就房屋所有权的归属达成一致意见，即使如侯某梅所述其与侯某忠就“借名买房”存在口头约定，但侯某忠在生前的公证遗嘱中表示要将涉案房屋留给侯某梅，据此可认定侯某忠与侯某梅并未就房屋的所有权属达成合意。故法院无法认定侯某梅“借名买房”的事实成立。另外，本案审理的另一个关键在于侯某忠与侯某梅以签订《房屋买卖合同》过户房屋的合同性质该如何认定。在本案中，侯某忠与侯某梅签订了《房屋买卖合同》，目的是将涉案房屋过户至侯某梅名下，但侯某梅并未支付合同中约定的对价，名为买卖合同，实为赠与合同。

编写人：北京市海淀区人民法院　倪虹

60

限购政策对房屋买卖合同效力的影响

——张某玲诉杨某祥房屋买卖合同案

【案件基本信息】

1. 裁判书字号

福建省厦门市中级人民法院（2017）闽0205民终4607号民事裁定书

2. 案由：房屋买卖合同纠纷

3. 当事人

原告（上诉人）：张某玲

被告（上诉人）：杨某祥

【基本案情】

杨某祥系案涉房产的权属登记人。2016年5月28日，杨某祥（甲方、出售方）与张某玲（乙方、买受方）在厦门麦田人房地产代理有限公司海沧第八分公司（以下简称麦田人海沧八公司）的居间下签订一份《房屋买卖合同》。合同约定，杨某祥将案涉房产以4120000元的总价出售予张某玲；张某玲应于合同签订当日向杨某祥支付200000元定金，于2016年6月6日前支付购房款800000元。杨某祥应于案涉房产的一手产权证办理出来后七个工作日内向抵押权人申请提前清偿借款，该笔借款由张某玲以购房款代杨某祥清偿。张某玲应于杨某祥与抵押权人确定的日期将购房款2330000元支付至抵押权人指定账户；张某玲应在案涉房产过户之日内将部分购房款770000元支付给杨某祥。杨某祥应于收到该770000元的购房款当日将案涉房产交付给张某玲。《房屋买卖合同》第九条违约责任：（一）甲方的违约责任：若甲方不能按约定交房、办理过户手续……或违反合同其他约定的，视为违约，按成交价每日万分之五承担违约金……若因违约导致诉讼的，守约方支付的居间服务费（佣金）、差旅费、律师费等必要费用由违约方承担。《房屋买卖合同》中补充协议第二条约定，甲方应在案涉房产解押当日将办理案涉房产甲方名下的权证相关权利义务、出售与过户该房屋以及收取售房款相关权利义务等以公证的形式委托给乙方指定人员并将相应的公证书交付给乙方……。补充协议第三条约定，收到公证书后，由甲方代理人与乙方（或乙方指定的产权人）办理案涉房产交易相关手续……同日，杨某祥、张某玲与麦田人海沧八公司签订《居间服务合同》及《交易服务合同》各一份，杨某祥、张某玲分别作为卖方与买方签名。张某玲在麦田人海沧八公司提供的《佣金及代办费确认书》上签字，该确认书上记载佣金为103000元。同日，厦门麦田人房地产代理有限公司出具《收款收据》一份交由张某玲收执，载明收到案涉房产中介费50000元。

合同签订后，张某玲于2016年5月28日向杨某祥支付了50000元定金，于5

月30日支付150000元定金，于6月6日支付800000元购房款。2017年1月10日，厦门海投房地产有限公司（以下简称海投房地产公司）发出通知，通知该公司开发的天源—A地块项目的业主请于2017年1月10日~2017年4月9日前往委托办理或领取相关资料后自行向厦门市不动产登记中心——海沧工作站申请办理。2017年1月18日，张某玲向杨某祥发出《履约通知函》，要求杨某祥履行与张某玲签订的《房屋买卖合同》，于收到函件之日起三日内办理一手产权证。杨某祥于2017年3月17日领取了办理产权的相关资料，于2017年3月26日办理出案涉房产的产权证书。2017年3月31日，杨某祥到中国建设银行股份有限公司厦门市分行（以下简称建行厦门市分行）偿还案涉房产的抵押贷款。而后，建行厦门市分行到厦门市不动产登记中心办理抵押注销手续。2017年3月1日，张某兰与张某玲签订《委托购房协议书》，委托张某玲以张某玲的名义在海沧区政府附近买房，价格3500000~4500000元之间。

另查明，张某玲名下有位于厦门市思明区嘉禾路104－108号香江花园2号楼×单元的房产、厦门市思明区长青路283号××室房产及厦门市海沧区嵩屿北一里16号××室房产。2016年10月5日，厦门市人民政府办公厅发布《厦门市人民政府办公厅关于进一步促进我市房地产市场平稳健康发展的意见》，该意见的第二条：进一步从严执行住房限购政策：对以下三种类型居民家庭，暂停在本行政区域内向其销售建筑面积180平方米及以下的商品住房。（一）拥有2套及以上住房的本市户籍居民家庭；（二）拥有1套及以上住房的非本市户籍居民家庭；（三）无法提供购房之日前3年内在本市逐月连续缴纳2年以上个人所得税或社会保险证明的非本市户籍居民家庭。上述商品住房包括新建商品住房和存量住房（二手住房）。交易时间按以下方式认定：购买新建商品住房以提交商品房买卖合同网签时间为准，存量住房（二手住房）买卖以市不动产登记中心业务收件时间为准。2017年3月，张某玲与福建天衡联合律师事务所签订《委托代理合同》，约定福建天衡联合律师事务所指派林巧财、罗宏强作为本案的代理人，律师代理费79000元。2017年5月23日，张某兰转账支付律师费79000元。在本案审理过程中，张某玲向本院提出财产保全申请，本院于2017年6月30日作出（2017）闽0205民初2304号民事裁定书，裁定查封、冻结杨某祥名下的案涉房产（以3120000元为限）。张某玲向本院缴纳财产保全申请费5000元。

【案件焦点】

政府出台的限购政策是否对合同的履行环境产生实质性影响，若产生实质性影响，那么是属于不可抗力、情势变更还是不可归责于双方当事人事由。

【法院裁判要旨】

福建省厦门市海沧区人民法院经审理认为：张某玲与杨某祥签订《房屋买卖合同》系张某玲与杨某祥的真实意思表示，内容合法，应为有效，合同双方都应当严格依照协议履行。本案中，张某玲已支付了定金200000元及首付款800000元，案涉房产的产权已办理出来，抵押权也于2017年3月30日注销，合同约定双方应于案涉房产抵押权登记注销后五个工作日内办理送件过户手续。但2016年10月5日，福建省厦门市人民政府办公厅发布《厦门市人民政府办公厅关于进一步促进我市房地产市场平稳健康发展的意见》，规定拥有2套及以上住房的本市户籍居民家庭暂停在本行政区域内向其销售建筑面积180平方米及以下的商品住房。张某玲属于厦门市户籍，名下已经有3套房产，属于上述意见中的限购对象。因此，房屋买卖合同双方就自2016年10月5日起无法到厦门市不动产登记中心办理过户，直至本次限购政策解除。张某玲由于其拥有房产的情况，属于本次限购对象，在现行限购政策下，不能再次购房，案涉房产买卖合同无法继续履行，张某玲请求办理案涉房产的不动产权转移登记至张某玲名下，本院不予支持。

关于案涉房产的交付问题。《房屋买卖合同》约定，杨某祥应于收到770000元的购房款当日将案涉房产交付给张某玲，而770000元购房款的交付约定是在案涉房产过户之日。张某玲属于限购对象，案涉房产在限购条件下无法过户至张某玲，后续770000元购房款的交付及案涉房产的交付也不具备履行条件。因此，张某玲请求杨某祥将案涉房产交付给张某玲，本院不予支持。张某玲请求支付杨某祥剩余房款770000元，本院不予支持。

关于逾期履行违约金问题。限购政策的出现导致交易无法继续履行，这属于案涉房产买卖双方不可预测的情形，这种情况的变化并非出于买卖双方的主观意愿，属于客观因素导致合同目的无法实现，由此导致购房合同无法继续履行的后果不可归责于任何一方。因此，张某玲请求杨某祥支付逾期履行违约金，没有法律依据，本院不予支持。

关于中介费的负担问题。由于购房合同无法继续履行不可归责于任何一方，但鉴于相应的中介费用已支付，已支付的中介费用应由案涉房产的买卖双方来分担。因此，张某玲请求杨某祥支付中介费用 103000 元，但其提供的证据显示仅支付 50000 元，故本院支持 25000 元，超过部分不予支持。

关于律师费问题。《房屋买卖合同》约定的是由违约方承担律师费，在本案没有违约方的情形下，张某玲请求杨某祥支付律师费，条件不成就，本院不予支持。

关于保全费负担问题。购房合同无法继续履行不可归责于任何一方，张某玲请求杨某祥支付保全费，没有相应的事实依据，本院不予支持。

关于办理委托公证的问题。首先，由于受托人并非张某玲本人，而是案外人张某兰。张某兰不是案涉房产的买受人，杨某祥与张某兰不互负合同的权利义务。因此，杨某祥与张某兰之间的委托不具有不可撤销事由。因此，合同约定的委托系以信任为基础，委托人杨某祥可以随时行使任意解除权，可以随时拒绝履行、撤销或者解除委托。即便委托关系通过公证成立，杨某祥也同样可以通过公证形式解除委托。其次，本案中委托公证约定存在的目的是受杨某祥的委托办理过户手续，张某玲已向委托人杨某祥本人请求办理过户登记手续，再要求杨某祥委托张某兰办理过户手续也没有存在的必要，张某玲自不能再要求办理委托公证。最后，张某玲属于本次限购对象，案涉房产不能转移登记，相应的公证委托也无须再进行。因此，张某玲请求杨某祥将案涉房产项下不动产权证相关权利、义务，包括出售该房屋以及收取购房款的相关权利义务委托给张某玲指定的张某兰，没有事实及法律依据，本院不予支持。

福建省厦门市海沧区人民法院依照《中华人民共和国合同法》第四百一十条，《最高人民法院关于适用〈中华人民共和国合同法〉若干问题的解释（二）》第二十六条，《最高人民法院关于审理商品房买卖合同纠纷案件适用法律若干问题的解释》第二十三条，《中华人民共和国民事诉讼法》第六十四条第一款规定，判决如下：

一、杨某祥应于本判决生效之日起十日内支付张某玲中介费 25000 元；

二、驳回张某玲的其余诉讼请求。

张某玲、杨某祥均不服原审判决，提起上诉。后张某玲、杨某祥于 2017 年 10 月 30 日以双方当事人已庭外和解为由，分别向厦门市中级人民法院申请撤回上诉。

二审法院认为，上诉人张某玲、杨某祥在本案审理期间提出撤回上诉的请求，不违反法律规定，故裁定：

准许张某玲、杨某祥撤回上诉。

【法官后语】

司法实践中，因限购、禁购问题引发的房屋买卖合同纠纷不在少数，大多表现为买受人因新政实施而无法进行房屋过户登记，诉至法院要求赔偿损失、继续履行合同或解除买卖合同。本案中涉及的法律问题是政府出台的限购政策是否对合同的履行环境产生实质性影响，若产生实质性影响，那么是属于不可抗力，还是情势变更？

不可抗力，是指“不能预见、不能避免并不能克服的客观情况”，多表现为人力不可抗拒的自然力，如地震、台风、洪水、海啸、旱灾等自然灾害，也包括社会异常事件，如战争、罢工、暴动等。笔者认为，构成不可抗力应具备以下四个条件：1. 不可预见性。法律要求构成不可抗力的事件必须发生在当事人订立合同时，一般理智正常的当事人无法预见到该事件的发生；2. 不可避免性。合同生效后，当事人对可能出现的意外情况尽管采取了及时合理的措施，但客观上并不能阻止这一意外情况的发生；3. 不可克服性。合同当事人对意外事件所造成的损失不能克服；4. 履行期间性。构成不可抗力的事件必须是发生在合同签订之后、终止以前。

情势变更，是指合同成立以后客观情况发生了当事人在订立合同时无法预见的、非不可抗力造成的不属于商业风险的重大变化，继续履行合同对于一方当事人明显不公平或者不能实现合同目的，当事人请求人民法院变更或者解除合同的，人民法院应当根据公平原则，并结合案件的实际情况确定是否变更或者解除。笔者认为，情势变更原则应具备以下四项条件：1. 以合同赖以存在的客观情况确实发生了变化为前提，且客观情况发生变化的时间必须是在合同成立以后尚未履行完毕之前；2. 客观情况发生变化须为当事人所不能预见；3. 变更的发生系不可归责于当事人的原因；4. 情势变更发生后，如继续履行合同维持合同效力，对当事人一方显失公平。

对于因限购引起的房屋买卖合同纠纷能否直接适用不可抗力、情势变更原则加以解决，理论与实务界观点不一。

第一种观点认为，由于限购政策使得买房者的主体资格不适格，合同赖以存在的客观情况发生变化，造成合同目的无法实现，故限购政策应理解为重大情势变更，可以适用情势变更原则，当事人可据此要求解除合同。

第二种观点认为，不能适用情势变更原则。审判实务中对援引情势变更原则应持有谨慎态度，不得肆意扩大“情势”的范围。情势变更原则主要针对经济形势、经济政策的重大变化，如突遇物价飞涨、经济危机等。更重要的是，限购政策实施后，直接导致的是合同无法履行，而非继续履行合同对一方当事人显失公平。

第三种观点认为，当事人签订了房屋买卖合同，双方均有意履行完合同约定，但由于限购政策原因无法过户，且该不能过户的行为系不能避免、不能克服的，应将限购政策认定为不可抗力。倘若合同内容可以履行但政策因素导致费用过高或其他后果，履行对一方显著不公的，可结合实际情况认定为情势变更。

笔者认为：首先，出台限购政策对房地产市场进行宏观调控并非是一个令所有市场主体猝不及防的突变过程，而是经历从限贷到限购逐步加强和完善的发展过程。房屋买卖合同作为标的额较大、与买卖双方切身利益密切相关的合同，当事人在合同订立之时，应对可能出现的房地产市场风险以及履行障碍有一定程度的预见和判断。其次，房产限购政策出台的最终结果并非系导致对某一方当事人显失公平，不适宜简单适用情势变更原则。综上，限购政策应比照《最高人民法院关于审理商品房买卖合同纠纷案件适用法律若干问题的解释》第四条的规定，将其认定为“不可归责于当事人双方的事由”，从而对双方当事人的利益进行平衡处理。本案中，原告张某玲与被告杨某祥签订房屋买卖合同在先且签订合同时双方主体均符合当时政策要求，限购政策出台在后，2016 年 10 月出台的《厦门市人民政府办公厅关于进一步促进我市房地产市场平稳健康发展的意见》规定对于原告张某玲而言，是无法回避和解决的，相当于其在厦门地区不具有购房的主体资格。由于购房资格是顺利履行房屋买卖合同必须具备的前提性条件，一旦丧失购房资格将导致整个合同无法继续履行。此时，原告张某玲与被告杨某祥对导致合同继续履行均无过错，属于可以按照“不可归责于双方当事人的事由”处理，任何一方当事人都可以诉求解除合同。因合同已无法通过协商、变更合同的方式顺利履行，实际上合同已陷入“履行不能”的境地，故原告张某玲诉请继续履行合同，无法得到支持。但此时原告张某玲若要求返还支付购房款及定金，法院应予以支持。

编写人：福建省厦门市海沧区人民法院　黄建和　林烨

61

购房人在履约过程中符合购房资格后遇限购令升级对合同履行的影响以及网签合同的性质认定

——陈某姬诉徐某晴房屋买卖合同案

【案件基本信息】

1. 裁判书字号

上海市第一中级人民法院（2017）沪01民终2911号民事判决书

2. 案由：房屋买卖合同纠纷

3. 当事人

原告（反诉被告、被上诉人）：陈某姬

被告（反诉原告、上诉人）：徐某晴

【基本案情】

徐某晴系位于上海市闵行区虹梅路3297弄20号××室房屋的产权人，第三人系该房屋的抵押权人。

2014年9月23日，陈某姬与徐某晴签订《上海市房地产买卖合同》及《补充协议》，约定转让价为375万元，首付款170万元，银行贷款205万元。2014年10月1日前腾房，2016年4月30日前过户。过户之前，买方按6000元/月向卖方支付租金，2014年10月1日至2016年1月31日的租金96000元在签约次日支付，2016年2月1日至交易过户前的租金在过户当日补足。交易所有税费等由买方承担，卖方需配合合同价格，最终交税买方按照过户时交易中心出具的发票交税，不再另行签订买卖合同。签约后，徐某晴支付房款170万元及租金96000元。同年10月1日，双方完成交房手续。

2016年2月，在社保缴满两年后，陈某姬即与徐某晴联系后续事宜。2016年2

月23日，居间方分别向双方发送《通知函》，称因政策变化，请务必于2016年3月2日18时前按照原合同约定的买卖条件签订新的示范文本。但徐某晴未前往。

2016年2月24日，因交涉未果，陈某姬提起本案诉讼要求：1. 徐某晴向第三人偿还贷款本息；判令第三人在收款后注销设定抵押。2. 判令徐某晴支付以170万元为本金，自2016年5月1日起至2016年7月7日止，按每日万分之五的标准计算的违约赔偿金57800元。

2016年3月25日，上海市出台限购新政，将非上海市户籍居民家庭购房缴纳个人所得税或社会保险的年限自购房之日起计算的前3年内在本市累计缴纳2年以上，调整为自购房之日起连续缴纳满5年及以上。

徐某晴当庭反诉：1. 判令解除双方签订的《上海市房地产买卖合同》；2. 判令陈某姬支付违约赔偿金75万元；3. 判令陈某姬返还涉案房屋；4. 判令陈某姬支付自2016年2月1日起至实际返还房屋之日止，按每月6000元计算的房屋使用费。

审理中，陈某姬已于2016年6月7日、同年8月5日分两次将涉案房屋上的剩余房款205万元以及自2016年2月1日起至2016年4月30日止的租金18000元缴至本院。

【案件焦点】

1. 陈某姬是否因限购或逾期付款构成违约；2. 徐某晴是否有义务于陈某姬的社保缴纳满2年后配合陈某姬重新进行网签合同。

【法院裁判要旨】

上海市闵行区人民法院经审理认为：涉案合同履行期限的跨度时间以及先交房后过户的交易方式皆异于一般流程，结合买方社保缴纳情况及补充协议约定，卖家在签约时对买方限购情况是明知的。虽然买方在购房时社保缴纳不足2年，但不能否定合同效力。而其在约定过户前已具备购房资格，并非新政限购对象，若双方及时重新网签，并不影响交易进行。

重新网签的性质，仅系行政登记之需，在交易中心网络系统上登记一个新的签约日期，同时也是履行合同的环节之一，并非双方就房屋买卖权利义务的重新约定，因此，徐某晴在陈某姬社保缴纳满2年后有义务配合其重新网签合同。

考虑到徐某晴未予配合系对补充协议第二条的理解存在差异，况且在合同履行期届满前实施的限购新政确对双方履约造成一定的困扰，故对陈某姬要求徐某晴支付逾期配合过户违约金之请求，不予支持。鉴于双方在过户前采取缴纳租金形式的约定，本院综合考量本案因素认定自2016年2月1日起至约定过户日2016年4月30日止的租金，陈某姬应予以支付。鉴于陈某姬目前已将剩余房款205万元交至本院，为避免讼累，本院对陈某姬应支付徐某晴的后续房款亦一并作出处理。

据此，上海市闵行区人民法院依照《中华人民共和国合同法》第一百零七条、第一百二十五条第一款、第一百三十五条规定，判决如下：

一、徐某晴于本判决生效之日起十日内向第三人归还全部贷款本息。若届时徐某晴不能归还的，则由陈某姬代为清偿；

二、第三人于上述贷款清偿之日起三日内注销他项权利（抵押）；

三、徐某晴于上述房屋抵押登记涤除后十个工作日内协助陈某姬将上述房屋的产权办理过户至陈某姬名下，过户期间发生的相关税费等费用，由陈某姬负担。同日，陈某姬向徐某晴支付剩余房款2050000元以及自2016年2月1日起至2016年4月30日止的租金18000元，合计2068000元；

四、驳回陈某姬的其余本诉诉讼请求；

五、驳回徐某晴的全部反诉诉讼请求。

徐某晴不服一审判决提起上诉，二审法院经审理认为一审判决认定事实清楚，适用法律正确，遂判决：

驳回上诉，维持原判。

【法官后语】

历次楼市限购令的出台，均是几家欢喜几家愁。有人惧怕房价再度上涨，在限购状态下签订合同，却让合同履行平添更多风险。有人在签约时具备购房资格，却在履行完毕前遭遇更严格的限购政策。限购对合同履行的影响，应据个案而定。本案原告正属于两者结合的特殊情形，即在限购时缔约但双方约定较长的履行期限以等待限购因素的消除，然在合同履行期限届满后又遭遇更严限购。审理本案，着重应考虑如下几个因素：

限购对合同效力的影响。对于合同的效力认定，应严格遵循《中华人民共和国合同法》第五十二条对合同无效的严格限定。购房人在签约时限购，出售人也愿意接受这一条件，并愿意等待一定时间以履行合同，系合同双方的意思自由，这一约定并不违反法律和行政法规的强制性规定，该类合同当属有效。另外，住房限购政策具有公共政策的性质，确实会对合同能否继续履行造成重大影响。对于合同订立后，由于限购实施导致合同目的无法实现的，则合同当事人均可要求解除合同。

网签合同的性质认定。处理本案关键在于限购新政是否导致合同不能履行，这就涉及网签合同的认定问题。合同双方对于房屋买卖的合意并非始于网签。网签合同仅是基于行政登记备案的需要，由买卖双方在过户之前进行的相应行政备案手续。

买卖双方在网签合同时，受限购政策约束，但在合同约定的过户截至日前，买受人的购房资格障碍消除、重新网签即可交易的情形下，双方重新网签并非缔结新的合同，而系履行原合同的附随义务，出卖人不履行该义务的，构成违约，应承担继续履行的法律责任。就本案，限购新政并不影响涉案合同的履行，审判人员正是基于上述考量作出以上判决。

还值得一提的是，除买受人在过户前遭遇新政外，出售人因合同履行期限长尚未全额取得房款，又逢房价的快速上涨期，自称无力再购房。每个案件均有唏嘘之处，人生百态可见一斑，忠于法律，忠于事实，尊重意思自治，方是案件审判的第一要义。

编写人：上海市闵行区人民法院 陈春芳 林舒

62

改变工业用地土地用途的房屋买卖合同效力认定

——杨某哲诉吴某录房屋买卖合同案

【案件基本信息】

1. 裁判书字号

福建省厦门市中级人民法院（2017）闽02民终516号民事判决书

2. 案由：房屋买卖合同纠纷

3. 当事人

原告（被上诉人）：杨某哲

被告（上诉人）：吴某录

【基本案情】

2009年12月10日，吴某录与案外人厦门市大中亚实业有限公司就诉争房屋签订《房屋使用权合同》，诉争房屋所属项目的规划用途为员工（居住）办公综合楼，项目性质为企业自用，土地使用年限自1996年1月29日至2046年1月28日，约定交房时间为2011年4月30日。该房屋使用权使用价款总价为164000元。双方向厦门市鹭江公证处申请公证。该公证处于2011年5月27日出具（2011）厦鹭证松字第1302号公证书，其中载明：在审核厦门市大中亚实业有限公司与吴某录签订的合同及相关文件资料后，本公证员告知双方当事人：一、该项目所在地块的土地用途为工业（自用办公），土地批准使用期限："日东明珠"1幢为自一九九六年一月二十九日起至二〇四六年一月二十八日止，未经批准不得擅自改变土地用途；二、根据《中华人民共和国城市房地产管理法》及相关法律法规的规定，房地产转让或者变更时，应当向县级以上地方人民政府土地房产管理部门申请办理变更登记。鉴于甲方厦门市大中亚实业有限公司转让的房产目前尚不具备房地产买卖的条件，为确保双方所期待的无权变动目的的实现，交易双方应在有关条件成就之时，及时到房地产管理部门补办房地产权属登记及相应的变更登记手续，并按政府有关规定缴纳相关税费。双方当事人对此表示清楚知悉、理解。

另查明，2016年8月3日，杨某哲作为乙方、吴某录作为甲方、案外人厦门市置联房产行销策划有限公司作为丙方共同签订《房产买卖居间协议书》（编号：00028××），约定：第一条甲方同意将坐落于福建省厦门市集美区杏林西路39号日东明珠1幢××室的房产出售给乙方，土地房产权证号（未填），建筑面积48.57平方米，用途住宅。附属用房使用权建筑面积为48.57平方米。第二条甲、乙双方同意，上述房产成交价为人民币350000元，装修款无该项，以上购房款共计人民币350000元。本协议签订当日乙方应支付购房定金人民币20000元。第四条甲、乙双方同意，乙方将上述购房款分2次支付给甲方，已支付的定金可冲抵首期购房款，具体付款日期及金额如下：乙方于2016年8月30日前向甲方支付人民币350000元。第六条甲方应于公证当日将房产交付给乙方使用。第七条甲方保证上述房屋权属清楚，无债权债务纠纷；如存在其他共有人则共有人均已同意出售；如为已购公有住房、经济适用房的，则同住成年人同意出售。自本协议生效日起，若发生与甲方有关房屋产权纠纷或债务债权等，概由甲方负责，由此给乙方造成的损失，由甲方负责赔偿。若因甲方或甲方的委托代理人原因（包括但不限于甲方无权处分、代理人无权代理等情形）致本房屋买卖合同无效或被撤销的，甲方、甲方的委托代理人自愿向乙、丙方分别按相当于定金和中介费的标准承担过错赔偿责任。双方签订协议当天，杨某哲向吴某录支付定金人民币20000元。

【案件焦点】

1. 吴某录和杨某哲签订的房产买卖居间协议是否有效；2. 吴某录是否应返还20000元定金。

【法院裁判要旨】

福建省厦门市集美区人民法院经审理认为：第一，吴某录和杨某哲签订的房产买卖居间协议是否有效。杨某哲主张，由于中介告知其诉争房产可以办理房屋买卖公证，故其与吴某录签订《房产买卖居间协议书》。但根据厦门鹭江公证处出具的公证书，诉争房屋所在地块的土地用途为工业（自用办公），未经批准不得擅自改变土地用途，吴某录转让的房产目前尚不具备房地产买卖的条件。故杨某哲主张《房产买卖居间协议书》无效。吴某录认为，双方签订的《房产买卖居间协议书》有效。

本院认为，诉争房屋系工业用地。吴某录作为诉争房屋的使用权人，且明知诉争房屋目前尚不具备房地产买卖情况下与杨某哲签订房产买卖居间协议，改变原土地使用权出让合同约定的土地用途。依照《中华人民共和国城市房地产管理法》第四十四条规定，以出让方式取得土地使用权的，转让房地产后，受让人改变原土地使用权出让合同约定的土地用途的，必须取得原出让方和市、县人民政府城市规划行政主管部门的同意，签订土地使用权出让合同变更协议或者重新签订土地使用权出让合同，相应调整土地使用权出让金。吴某录未能提供证据证明，其转让讼争房产行为符合上述法律规定。依照《中华人民共和国合同法》第五十二条规定，违反法律、行政法规的强制性规定，合同自始无效。杨某哲主张房产买卖居间协议无效，于法有据，本院予以支持。

第二，吴某录是否应返还20000元定金。由于《房产买卖居间协议书》缺乏合法性，为无效合同，当事人应当承担合同无效责任。依照《中华人民共和国合同法》第五十八条规定，合同无效后，因该合同取得的财产，应当予以返还，不能返还或者没有必要返还的，应当折价补偿。杨某哲请求返还20000元定金，于法有据，本院予以支持。

福建省厦门市集美区人民法院依照《中华人民共和国合同法》第五十二条、第五十八条，《中华人民共和国城市房地产管理法》第四十四条，《中华人民共和国民事诉讼法》第六十四条第一款，《最高人民法院关于适用〈中华人民共和国民事诉讼法〉的解释》第九十条之规定，判决：

一、确认原告杨某哲与被告吴某录于2016年8月3日签订的《房产买卖居间协议书》（编号00028××）无效；

二、被告吴某录应于本判决生效之日起十日内返还原告杨某哲20000元。

一审宣判后，被告吴某录不服，上诉到福建省厦门市中级人民法院。

福建省厦门市中级人民法院经审理认为：杨某哲与吴某录就诉争房屋签订《房产买卖居间协议书》，其中载明用途为住宅。但根据吴某录与案外人厦门市大中亚实业有限公司签订的《房屋使用权合同》，诉争房屋所属项目的规划用途为员工（居住）办公综合楼，项目性质为企业自用。同时，（2011）厦鹭证松字第1302号公证书亦载明该项目所在地块的土地用途为工业（自用办公）。根据一般生活经验和社会常识，企业自用的员工（居住）办公综合楼与居民住宅的性质显然不同。工业用地与居住用地二者的用地审批手续等显然也不相同，其性质不能混同。故吴某录与杨某哲就诉争房屋所签订的《房产买卖居间协议书》事实上变更了土地及房屋的规划目的和用途。吴某录上诉称没有改变土地及房屋用途，缺乏事实基础，本院不予采信。虽然吴某录表示双方签订《房产买卖居间协议书》时，杨某哲对土地用途及房屋情况等是清楚明了的，但即便杨某哲事先知情，当事人的意思自治也不能逾越法律的规定，双方擅自变更土地及房屋用途而签订的《房产买卖居间协议书》因违反法律、行政法规的强制性规定，当属无效。合同被确认无效后，吴某录理应向杨某哲退还定金20000元。

福建省厦门市中级人民法院依照《中华人民共和国民事诉讼法》第一百七十条第一款第一项规定，判决如下：

驳回上诉，维持原判。

【法官后语】

本案是关于改变工业用地土地用途的房屋买卖合同纠纷的效力认定。近年来，当事人将工业用地上房屋分割出售，将无产权权属证明的房屋转让获取利益的行为，容易引发房屋买卖合同纠纷。本案的特殊之处在于，房屋中介对于改变工业用地土地用途的房屋买卖合同纠纷的效力予以肯定，进而作出该房屋买卖行为能够得到公证处过户登记的结论，并在一定程度上影响了双方当事人的判断。本案争议焦点在于：原告和被告签订的房产买卖合同是否有效。关于该情况下买卖合同效力认定问题，实践中存在三种不同观点：1. 肯定说。对改变工业用地土地用途买卖合同效力持肯定说的学者和实务人士认为，《土地管理法》与《土地管理法实施条例》中不得擅自改变土地用途，改变土地用途必须经相关土地和规划主管部门批准，并办理土地用途变更登记的规定系管理性强制性规定，是土地行政主管部门从土地用途管制角度对土地使用者应按规划用途使用土地的行政管理性要求，而非针对合同效力的强制性规定。违反该规定，仅导致相关行政管理机关对其进行行政处罚的法律后果，不必然导致改变工业用途的买卖合同无效。2. 否定说。对改变工业用地土地用途买卖合同效力持否定说的学者和实务人士的观点亦分成几类，一类认为相关法律中关于不得擅自改变土地用途的规定系效力性强制性规定，其目的在于否定改变土地用途的行为在民商法上的效力，以引导民商事主体遵循我国土地用途管制的基本原则，按照既定土地用途合理使用土地，否则土地用途管制将形同虚设。3. 效力待定说。对改变工业用地土地用途买卖合同效力持效力待定说的观点，如北京市大兴区人民法院（2014）大民初字第9773号民事判决书认为，原告与被告签订房屋转让合同，被告将案涉房屋出售给原告，房屋的出售必然引起土地使用权的转让，因涉案房屋是被告以协议出让方式取得，规划用途为工业用地，而工业国有建设用地使用权未经批准不得转让，故被告出售工业项目房屋需经政府行政主管部门批准同意，尚未批准前，该房屋转让合同效力待定。

具体到本案，一审法院和二审法院对于房屋买卖合同效力的认定，均采用否定说。原因如下：从严认定合同无效，鼓励交易原则是合同法的基本原则之一，意味着在法律规定上对合同效力尽量少干预，在司法审判中从严认定合同效力，从而在更好地保护合同当事人合法利益的前提下，促进交易的进行和社会经济的发展。本案中，原告杨某哲与被告吴某录就诉争房屋签订《房产买卖居间协议书》，其中载明用途为住宅。但根据吴某录与案外人厦门市大中亚实业有限公司签订的《房屋使用权合同》，诉争房屋所属项目的规划用途为员工（居住）办公综合楼，项目性质为企业自用。同时，（2011）厦鹭证松字第1302号公证书亦载明该项目所在地块的土地用途为工业（自用办公）。根据一般生活经验和社会常识，企业自用的员工（居住）办公综合楼与居民住宅的性质显然不同。工业用地与居住用地二者的用地审批手续等显然也不相同，其性质不能混同。故吴某录与杨某哲就诉争房屋所签订的《房产买卖居间协议书》事实上变更了土地及房屋的规划目的和用途。吴某录上诉称没有改变土地及房屋用途，缺乏事实基础，法院不予采信。虽然被告吴某录表示双方签订《房产买卖居间协议书》时，杨某哲对土地用途及房屋情况等是清楚明了的，但即便杨某哲事先知情，当事人的意思自治也不能逾越法律的规定，双方擅自变更土地及房屋用途而签订的《房产买卖居间协议书》因违反法律、行政法规的强制性规定，当属无效。合同被确认无效后，吴某录理应向杨某哲退还定金20000元。

编写人：福建省厦门市集美区人民法院　刘晓霜　林福赞

63

以委托售房方式炒房牟利的法律评价

——王某诉王某兴房屋买卖合同案

【案件基本信息】

1. 裁判书字号

北京市第一中级人民法院（2017）京01民终5419号民事判决书

2. 案由：房屋买卖合同纠纷

3. 当事人

原告（上诉人）：王某

被告（被上诉人）：王某兴

【基本案情】

2017年1月3日，王某兴与王某签订《定金协议》。2017年1月4日，王某兴与王某签订《二手房买卖合同》，约定王某兴将5号房屋卖给王某，价格为113万元，定金为10万元，王某兴收到全款后无条件配合王某办理过户及公证委托手续，最迟于2017年4月4日前办理完毕全部手续，任何一方违约，除适用第六条的约定外，再给对方房屋总价款的20%作为违约金。王某向王某兴共支付定金10万元。

王某系北京盛世恒鑫房地产经纪有限公司职员，因不具备北京购房资格，准备以办理委托售房公证的方式炒房牟利。为此，王某于2017年1月3日与王某兴就购买王某兴所有的5号房屋达成一致，王某当即向王某兴支付定金1万元，王某兴为王某出具《定金协议》，主要载明：5号房屋的成交价格为95万元，王某交给王某兴定金1万元。2017年1月4日，王某兴（出卖人，甲方）与王某（买受人，乙方）签订《二手房买卖合同》，双方约定：乙方同意购买甲方所有的5号房屋，交易价格113万元，定金10万元，甲方应于收到乙方全额房款之日起3天内将交易的房产全部交付给乙方使用，并应在交房之前将所欠费用结清。关于违约责任在第六条中约定，若乙方中途违约，甲方返还乙方已付房款，购房定金归甲方所有；若甲方中途违约，甲方双倍返还定金及乙方已付房款。双方在合同第十二条（最后一条）以手写文字特别约定：1. 甲方收到全款后无条件配合乙方过户及公证委托手续。2. 双方最迟于2017年4月4日前办理完毕该房屋全部手续。3. 在此期间，任何一方违约，除按第六条的约定外，再付对方房屋总价款的20%作为违约金。4. 不可抗拒因素双方免责。合同签订当日，王某向王某兴支付定金9万元，王某兴在《二手房买卖合同》签字日期后面的空白处注明：王某兴收到王某定金共计10万元（含1月3日给付的1万元）。签订合同时，王某没有向王某兴讲明其不具备购房资格的情况，也没有向王某兴说明合同中约定“公证委托手续”的具体含义和目的。2017年2月份，王某要求王某兴配合其办理委托售房手续的公证，王某兴问明办理委托售房手续的含义后，不同意委托售房，只同意产权过户，如果非要办理委托售房，则要求提高房屋价格。双方因此产生争议，未能继续履行合同。

【案件焦点】

1. 王某与王某兴签订《二手房买卖合同》的效力问题；2. 合同解除问题；3. 关于以委托售房的方式进行房屋交易的行为的法律评价。

【法院裁判要旨】

北京市昌平区人民法院经审理认为：当事人对自己提出的诉讼请求所依据的事实或者反驳对方诉讼请求所依据的事实有责任提供证据加以证明。没有证据或者证据不足以证明当事人的事实主张的，由负有举证责任的当事人承担不利后果。本案中王某兴与王某签订的《二手房买卖合同》，虽系双方的真实意思表示，但是购买人王某系非京籍户口，在北京地区缴纳社保未满五年，不具有北京地区的购房资格，导致双方签订的合同无法继续履行，王某提交的购房资格核验单显示的申请核验人为王某羽而非王某本人，且未有相关部门盖章确认，故对于王某要求产权及土地证转移登记的诉讼请求，法院不予支持。关于王某主张的违约金损失，王某作为房地产中介从业人员，明知自己不具有购房资格仍与王某兴签订买卖合同，应自行承担合同解除的法律后果，故对王某的该项诉讼请求，法院亦不予支持。合同解除后，王某兴因该合同而收取的购房定金10万元，应予以返还。

综上，北京市昌平区人民法院依据《中华人民共和国合同法》第九十四条、第九十七条，《中华人民共和国民事诉讼法》第六十四条之规定，作出如下判决：

一、被告王某兴返还原告王某定金十万元，于本判决生效后十日内履行；

二、驳回原告王某的其他诉讼请求。

王某不服原审判决，提起上诉。北京市第一中级人民法院认为：法律上或者事实上不能履行的，当事人不得要求履行。王某与王某兴签订的《二手房买卖合同》约定王某兴在收到王某支付全款后无条件配合过户及公证委托手续。因王某不具备北京购房资格，目前属客观不能履行，王某起诉要求王某兴办理转移登记手续，没有法律依据，一审法院判决驳回王某的该项诉讼请求正确，本院予以确认。房子是用来住的，不是用来炒的。以委托售房的方式进行房屋交易，目的在于逃避住房限购政策，减少交易环节，逃避税收监管，本质上就是炒房牟利，所以这种房屋交易方式不受法律保护。王某兴与王某因对办理委托售房公证产生争议，导致合同不能继续履行，王某主张王某兴违约，并要求王某兴支付违约金，没有事实根据，一审法院判决驳回王某的该项诉讼请求正确。一审法院认定王某兴与王某解除合同，二审中双方均表示认可，本院不持异议。合同解除后，尚未履行的，终止履行；已经履行的，根据履行情况和合同性质，当事人可以要求恢复原状、采取其他补救措施，并有权要求赔偿损失。一审法院判决王某兴返还王某定金10万元，二审中双方均表示认可，本院予以确认。

综上所述，王某的上诉请求不能成立，应予驳回。北京市第一中级人民法院依照《中华人民共和国合同法》第九十七条、第一百一十条第一项，《中华人民共和国民事诉讼法》第一百七十条第一款第一项规定，判决如下：

驳回上诉，维持原判。

【法官后语】

房子是用来住的，不是用来炒的。以委托售房的方式进行房屋交易，本质上就是炒房牟利，法律不应该保护这种房屋交易方式。

一、关于合同效力

根据《合同法》第五十二条第五项、《最高人民法院关于适用〈中华人民共和国合同法〉若干问题的解释（二）》第十四条的规定，只有违反法律、行政法规的效力性强制性规定的合同才能被认定无效。北京市的住房限购政策在本质上属于政策性规范，并非法律、行政法规，虽然会对房屋买卖合同能否继续履行以及继续履行的方式等产生重大影响，但是合同不会因为不符合限购政策而无效。因此，即使王某不具备购房资格，也并不违反效力性的强制性规定，因此其与王某兴签订的《二手房买卖合同》依然是有效的。法律上或者事实上不能履行的，当事人不得要求履行。王某与王某兴签订的《二手房买卖合同》属客观不能履行，王某起诉要求王某兴办理转移登记手续，没有法律依据，一审法院判决驳回王某的该项诉讼请求正确。

二、关于合同解除

本案中，法律上或者事实上不能履行的，当事人不得要求履行。王某起诉要求继续履行合同，王某兴亦没有反诉要求解除合同，双方签订的《二手房买卖合同》只是因为王某不具备购房资格而处于无法继续履行的状态，合同并不当然解除。在当事人并未主张解除的情况下，一审判决认定合同解除并对合同解除的法律后果予以处理有所不妥，但二审中双方对于法院认定合同解除均表示认可，故法院不持异议。合同解除后，尚未履行的，终止履行；已经履行的，根据履行情况和合同性质，当事人可以要求恢复原状、采取其他补救措施，并有权要求赔偿损失。一审法院判决王某兴返还王某定金10万元，二审中双方均表示认可，法院予以确认。

三、关于以委托售房的方式进行房屋交易的行为

“房子是用来住的、不是用来炒的”，但在现实生活中，不少人以委托售房的方式进行房屋交易，目的在于利用房地产市场上涨行情，减少交易环节，逃避税收监管，进一步抬高房屋价格，从中赚取差价。王某作为房屋中介机构的工作人员，明知自己无购房资格，却隐瞒真实情况，与王某兴签订《二手房买卖合同》，王某在明知不可能过户的情况下，约定甲方收到全款后无条件配合乙方过户及公证委托手续，故意将“配合公证委托手续”隐藏于合同本文中，不向王某兴阐明公证委托手续的具体含义，企图在取得受托人的身份后出售房屋，赚取不当利益，这种房屋交易方式不应该得到法律的保护，故王某以王某兴没有配合办理委托售房公证手续为由要求王某兴承担违约责任，应不予支持。

编写人：北京市第一中级人民法院　张进中

图书在版编目（CIP）数据

中国法院2019年度案例．房屋买卖合同纠纷/国家法官学院案例开发研究中心编．—北京：中国法制出版社，2019.5

ISBN 978-7-5216-0144-2

Ⅰ.①中… Ⅱ.①国… Ⅲ.①房地产-买卖合同-经济纠纷-案例-汇编-中国 Ⅳ.①D920.5

中国版本图书馆CIP数据核字（2019）第070642号

责任编辑：谢 雯 张海洋　　封面设计：温培英、李宁

中国法院2019年度案例·房屋买卖合同纠纷

ZHONGGUO FAYUAN 2019 NIANDU ANLI · FANGWU MAIMAI HETONG JIUFEN

编者/国家法官学院案例开发研究中心

经销/新华书店

印刷/三河市紫恒印装有限公司

开本/730毫米×1030毫米 16开　　印张/18 字数/240千

版次/2019年5月第1版　　2019年5月第1次印刷

中国法制出版社出版

书号 ISBN 978-7-5216-0144-2　　定价：58.00元

北京西单横二条2号

邮政编码 100031　　传真：010-66031119

网址：http://www.zgfzs.com　　**编辑部电话：010-66071862**

市场营销部电话：010-66033393　　**邮购部电话：010-66033288**

（如有印装质量问题，请与本社印务部联系调换。电话：010-66032926）

中国法院 2012 ~ 2019 年度案例系列

国家法官学院案例开发研究中心　编

简便易用、权威实用——打造“好读有用”的案例

1. 权威的作者：国家法官学院案例开发研究中心持续20余年编辑了享誉海内外的《中国审判案例要览》丛书，2012年起推出《中国法院年度案例》丛书，旨在探索编辑案例的新方法、新模式，以弥补当前各种案例书的不足。

2. 强大的规模：2012、2013年各推出15本，2014年推出18本，2015年推出19本，2016年推出20本，2017年推出21本，2018、2019年推出23本，含传统和新近的所有热点纠纷，所有案例均是从全国各地法院收集到的上一年度审结的近万件典型案例中挑选出来的，具有广泛的选编基础和较强的代表性。

3. 独特的内容：不再有繁杂的案情，高度提炼案情和裁判要旨，突出争议焦点问题。不再有冗长的分析，主审法官撰写“法官后语”，展现裁判思路方法。

1. 婚姻家庭与继承纠纷
2. 物权纠纷
3. 土地纠纷（含林地纠纷）
4. 房屋买卖合同纠纷
5. 合同纠纷
6. 买卖合同纠纷
7. 借款担保纠纷
8. 民间借贷纠纷
9. 侵权赔偿纠纷
10. 道路交通纠纷
11. 雇员受害赔偿纠纷（含帮工受害纠纷）
12. 人格权纠纷（含生命、健康、身体、姓名、肖像、名誉权纠纷）
13. 劳动纠纷（含社会保险纠纷）
14. 公司纠纷
15. 保险纠纷
16. 金融纠纷
17. 知识产权纠纷
18. 行政纠纷
19. 刑事案例一
20. 刑事案例二
21. 刑事案例三
22. 刑事案例四
23. 执行案例

最高人民法院指导性案例裁判规则理解与适用系列

公司卷二	98 元	物权卷	88 元
公司卷（第二版）（上下册）	139 元	婚姻家庭卷（第二版）	68 元
民事诉讼卷（第二版）（上下册）	145 元	合同卷四（第二版）	98 元
侵权赔偿卷二	69 元	合同卷三（第二版）	98 元
侵权赔偿卷一	69 元	合同卷二（第二版）	108 元
房地产卷	98 元	合同卷一（第二版）	108 元
劳动争议卷	58 元	担保卷（第二版）（上下册）	139 元

最高人民法院知识产权审判实务系列

商标法适用的基本问题（增订版）	78 元
反不正当竞争法的创新性适用【精装】	68 元
知识产权保护的新思维——知识产权司法前沿问题	98 元
最高人民法院知识产权审判案例指导（第 9 辑）	88 元
最高人民法院知识产权审判案例指导（第 8 辑）	88 元
最高人民法院知识产权审判案例指导（第 7 辑）	98 元
最高人民法院知识产权审判案例指导（第 6 辑）	78 元
最高人民法院知识产权审判案例指导（第 5 辑）	88 元
最高人民法院知识产权审判案例指导（第 4 辑）	78 元
最高人民法院知识产权审判案例指导（第 3 辑）	78 元
最高人民法院知识产权审判案例指导（第 2 辑）	78 元
最高人民法院知识产权审判案例指导（第 1 辑）	48 元
中国知识产权指导案例评注（第 8 辑）	98 元
中国知识产权指导案例评注（第 7 辑）	118 元
中国知识产权指导案例评注（第 6 辑）	128 元
中国知识产权指导案例评注（第 5 辑）	118 元
中国知识产权指导案例评注（第 4 辑）	98 元
中国知识产权指导案例评注（第 3 辑）	98 元
中国知识产权指导案例评注（上、下卷）	188 元
知识产权法律适用的基本问题——司法哲学、司法政策与裁判方法	168 元
最高人民法院知识产权司法解释理解与适用（最新增订版）	69 元
最高人民法院知识产权案件年度报告（2008 ~ 2015）（中英文版）	198 元
知识产权司法实务新型疑难问题：专利、商标与著作权热点问题	138 元
知识产权司法实务新型疑难问题：知识产权司法保护与产业发展	120 元
商业特许经营合同原理解读与审判实务	58 元
赢在 IP：知识产权诉讼实战策略	49 元
网络游戏知识产权司法保护	68 元

最高人民法院审判指导书系

执行规范理解与适用——最新民事诉讼法与民诉法解释保全、执行条文关联解读（增订 2 版）	159 元
最高人民法院民事立案业务指导	108 元
最高人民法院审判监督业务指导	128 元
最高人民法院执行业务指导	128 元